natürlich oekom!

Mit diesem Buch halten Sie ein echtes Stück Nachhaltigkeit in den Händen. Durch Ihren Kauf unterstützen Sie eine Produktion mit hohen ökologischen Ansprüchen:

- 100 % Recyclingpapier
- mineralölfreie Druckfarben
- Verzicht auf Plastikfolie
- Kompensation aller CO_2-Emissionen
- kurze Transportwege – in Deutschland gedruckt

Weitere Informationen unter www.natürlich-oekom.de und #natürlichoekom

Bibliografische Information der Deutschen Nationalbibliothek:
Die Deutsche Nationalbibliothek verzeichnet diese Publikation in der Deutschen Nationalbibliografie; detaillierte bibliografische Daten sind im Internet über www.dnb.de abrufbar.

oekom – Gesellschaft für ökologische Kommunikation mbH
Goethestraße 28, 80336 München

Layout und Satz: Reihs Satzstudio, Lohmar
Korrektur: Katharina Spangler
Umschlaggestaltung: Laura Denke, oekom verlag
Umschlagabbildung: © Adobe Stock: JAYANNPO, Stafeeva
Druck: CPI books GmbH, Leck

ISBN 978-3-98726-047-6

Michael Wunsch
Birgit Heilig

Soziale Innovationen

Lösungen, wie wir sie heute wirklich brauchen

Inhalt

Vorwort 9

1 Einleitung 11

Eine schöne neue Welt: Leben im Überfluss 11

Im fünften Gang voraus: Technik als Motor des modernen Lebensstils 12

Harte Nüsse: Gesellschaftliche Herausforderungen verstehen 16

2 Die Herausforderungen unserer Zeit 23

Man erntet, was man sät: Ausgelaugte Böden 23

Gemeinsam Landwirtschaft gestalten: Wie das WirGarten-Social-Franchise zukunftsfähigen Gemüsebau ermöglicht 28
Gastautorinnen: Mona Knorr und Inke Magens (WirGarten e. V.)

Wer hat, dem wird gegeben: Ungleichheit von Wohlstand und Einfluss 30

Die Genossenschaft als solidarische und demokratische Wirtschaftsform – Beispiel kooperativer Supermarkt 36
Gastautoren: Kevin Herschbach (FoodHub München eG) und Fabian Gebert (WirMarkt Supermarkt Hamburg eG)

37 Grad und es wird noch heißer: Die Klimakrise 38

Gemeinwohlökonomie als Soziale Innovation 42
Gastautor: Dr. Christoph Harrach (Nachhaltigkeitsökonom und zertifizierter Gemeinwohlökonomie-Berater)

Bis zum letzten Tropfen: Die nahende Verknappung 44

Im Kreislauf kriegen wir die Kurve 51
Gastautorin: Anika Oppermann (Mehrwegverband Deutschland e. V.)

Mehr als nur eine Laus über die Leber: Belastete Psyche 52

Wir stellen keine Menschen ein, um Hafer zu rösten, wir rösten Hafer, um Menschen einzustellen! 59
Gastautoren: Marcus Maxeiner und Timm Duffner (HEYHO GmbH)

Was Hänschen nicht lernt: Defizite im Bildungssystem 61

Eine neue und nachhaltige Lehr- und Lernkultur 65
Gastautorin: Christina Schulze (BildungsCent e. V.)

3 Die Grenzen der Technik 69

Was nicht passt, wird passend gemacht: Der Mensch und seine Umwelt 69
Höher, schneller, weiter: Technischer Fortschritt als Selbstzweck? . . . 71
Gut gemeint, aber nicht gut gemacht: Die negativen Folgen 75

4 Die Komplexität der Gesellschaft 83

Mehr als die Summe ihrer Teile: Komplexe Systeme 83
Sand im Getriebe: Warum Technik allein keine Lösung ist 92
Biegen statt brechen: Resilienz 97
Neue Besen kehren gut? Innovationen in einer komplexen Gesellschaft 106

5 Soziale Innovationen ... 109
Butter bei die Fische: Was sind Soziale Innovationen? ... 109
Definition und Erläuterung ... 109
Ebenen Sozialer Innovationen ... 113
Ursprünge Sozialer Innovationen ... 116
Große Sprünge machen: Soziale Innovationen unternehmen ... 122
Wer nicht wagt, der nicht gewinnt: Vom Wert Sozialer Innovationen 128
Die Notwendigkeit Sozialer Innovationen ... 128
Der soziale Wert Sozialer Innovationen ... 130
Der ökonomische Wert Sozialer Innovationen ... 130
Steine im Weg: Hindernisse für Soziale Innovationen ... 133
Auf zu neuen Ufern: Wie es besser gehen kann ... 136
Mit gutem Beispiel voran: Soziale Innovationen früher und heute .. 140
Alles im Fluss: Heutige und zukünftige Trends ... 144
Einmal in die Hände gespuckt: Was jede*r tun kann ... 150
Mehr erfahren ... 150
Mehr mitreden ... 151
Mehr unterstützen ... 152
Mehr selbst starten ... 153

Schlusswort ... 155
Danksagung ... 158
Anmerkungen ... 159

Vorwort

Wenn man den Begriff »Innovation« in eine Internetsuchmaschine eingibt, erscheint immer wieder das gleiche Bild: blaue, mit Schaltkreisen und geradlinigen Netzwerken versehene Grafiken, Bilder von Glühbirnen, Hände, über denen wie von Zauberhand Zahnräder schweben. Die wenigsten der Bilder sind grün, geschweige denn bunt oder stellen ganze Menschen dar, sondern sie zeigen Objekte in kühlen Farben wie Grau und Blau.

Innovation wird uns als gleichbedeutend mit Technik präsentiert und in vielen Diskussionen, seien sie öffentlich oder in unserem privaten Umfeld, werden die gegenwärtigen multiplen Krisen als Probleme dargestellt, die die Technik schon irgendwie wieder lösen kann. Dabei wird übersehen, dass Krisen auch gesellschaftliche Veränderungen mit sich bringen. Diese Veränderungen gehen manchmal bewusst vor sich, manchmal sind sie eher beiläufige Begleiterscheinungen von technischen Innovationen. Da sich das Verhalten von einzelnen Menschen wie auch in einer Gesellschaft selten von einem Tag auf den anderen ändert und nicht so greifbar und sichtbar ist wie technische Gerätschaften, kommen oft erst Jahre später in den rückblickenden Analysen Soziologen oder Historiker auf diese Veränderungen und machen sie bewusst. Diese Beschreibung rein im Nachhinein greift unserer Meinung jedoch viel zu kurz.

Wir beide, Michael und Birgit, arbeiten seit Jahren in einem Feld, in dem diese gesellschaftlichen Veränderungen zentraler Inhalt sind. Es geht dabei um zwei Dinge: Wie man diese Veränderungen im Zuge der Einführung neuer technischer Innovationen bewusst begleiten und gestalten kann, aber vor allem darum, dass diese Veränderungen selbst als Instrument zur Bewältigung von Krisen und Herausforderungen genutzt werden können, und darum, dass man sie als eine eigenständige Form der Innovation einsetzen und steuern kann: Soziale Innovation als Gegengewicht zur technischen Innovation.

Bei unserer Arbeit zeigte sich in den letzten Jahren immer deutlicher, dass das Feld »Soziale Innovationen« noch nicht systematisch beackert wird – es fehlt an Forschungen, an gezielten fördernden und flankierenden Maßnahmen bei der praktischen Umsetzung und vor allem am Bewusstsein dafür, dass Innovation eben nicht nur in Chemielaboren und Maschinenfabriken entsteht.

Dabei kommen wir in unserer täglichen Arbeit mit Menschen aus unterschiedlichsten Bereichen in Kontakt, die außerhalb dieser Labore für Innovationen sorgen. Sie engagieren sich für eine bessere Welt, sie meckern nicht nur über Missstände, sondern packen an und wollen ihren aktiven Teil dazu beitragen, die Missstände zu verbessern. Dabei treffen sie auf große Hürden und Widerstände gegen das Vorhaben, das Konzept »Soziale Innovationen« bekannter zu machen. Diese Menschen bei ihrer Arbeit indirekt zu unterstützen, ist einer der Gründe für dieses Buch. Einige von ihnen haben dankenswerterweise den Text konkret mit einem Gastbeitrag über ihre Arbeit bereichert.

Aber vor allem wollen wir einer immer noch vorherrschenden Technikfixierung etwas entgegensetzen. Wir wollen aufzeigen, warum wir Soziale Innovationen für *das* entscheidende Werkzeug bei der Bewältigung aktueller und zukünftiger Krisen halten, welche Chancen in ihnen liegen und was es für die Umsetzung braucht.

Das Buch vertritt unsere persönlichen Ansichten. Es soll keine wissenschaftliche Abhandlung sein und erhebt auch keinen Anspruch auf Vollständigkeit. Wir haben versucht, die getätigten Aussagen mit recherchierten Zahlen, Daten und Fakten bestmöglich zu hinterlegen. Dennoch sind unsere Aussagen widerlegbar, diskutierbar und zeigen eine – unsere – Sicht der Dinge. Mit diesem Buch wollen wir einen – an manchen Stellen durchaus provokativ gemeinten – Debattenbeitrag über Innovation leisten und zu Diskussionen anregen.

Im Wesentlichen beziehen wir uns auf die Situation in Deutschland, die aber natürlich sehr große Parallelen zu anderen Industrieländern aufweist und in weltweite Entwicklungen eingebettet ist. Wir nehmen die Leser*innen mit auf eine ziemlich rasante Reise, die unterschiedliche Haltepunkte in der menschlichen Kulturgeschichte, in der technischen Entwicklung und in gesellschaftlichen Strukturen ansteuert. Es geht viel um Krisen und Schwierigkeiten, vor denen wir als Gesellschaft und als gesamte Menschheit stehen. Doch es geht auch um Optimismus und Mut. Wir möchten Wege aufzeigen, auf denen wir gemeinsam gut durch diese Krisen kommen können und stellen Lösungen vor, auf die wir uns dabei stützen können: Lösungen, wie wir sie heute wirklich brauchen.

1

Einleitung

Eine schöne neue Welt: Leben im Überfluss

Die meisten Menschen in Deutschland leben – trotz einiger Abstriche durch die Covid-19-Pandemie und die Energiekrise – in immer noch beispiellosem Wohlstand. Die deutsche Lebenserwartung liegt durchschnittlich für Mädchen bei 83,4 Jahren und für Jungen bei 78,5 Jahren[1]; in den Supermärkten können wir aus unzählig vielen Varianten von Müsli, Käse und Senf wählen; staatliche Schulbildung, Krankenkassen und Rente sind garantiert; es gibt in Deutschland mehr Mobiltelefonanschlüsse als Menschen. Wir leben länger, gesünder und viele von uns auch erfüllter als alle Generationen vor uns oder im Vergleich zu Menschen im globalen Süden. Noch nie und fast nirgendwo sonst hatten so viele Menschen so viel zur Verfügung. Wir sind bereits im Schlaraffenland angekommen. Was will man mehr?

Ein nicht ganz so üppiges, aber ein ähnlich positives Bild kann auch von Ländern des globalen Südens gezeichnet werden. So hatten Menschen in Indien im Jahr 1900 eine durchschnittliche Lebenserwartung von gerade mal 20,1 Jahren. Zu dieser Zeit starben mehr als die Hälfte aller Kinder, bevor sie das fünfte Lebensjahr erreicht hatten. Das durchschnittliche jährliche Einkommen einer Inderin oder eines Inders belief sich gerade mal auf rund 1.100 Dollar im Jahr.[2]

Seitdem haben sich die Umstände in Indien radikal verändert. Die Lebenserwartung lag im Jahr 2019 bei 70,8 Jahren, nur noch 3,5 Prozent der Kinder starben vor dem fünften Lebensjahr und das Einkommen lag bei (noch bescheidenen, aber merklich steigenden) 6.700 Dollar. Und das bei einer Zunahme der indischen Bevölkerung von knapp 300 Millionen auf 1,37 Milliarden Menschen zwischen den Jahren 1900 und 2019. Trotz dieser stark gestiegenen Anzahl an Menschen hat es Indien – und neben ihm einige weitere Länder des globalen Südens – geschafft, mehr Reichtum für jede*n Einzelne*n zu generieren.

Der Zustand der globalen Gesellschaft ist nicht ganz so schlimm und düster, wie es einige annehmen.[3] Nicht selten zeigen Medien verstörende Bilder von hungernden Kindern, von ganzen Dörfern, die keinen Zugang zu Wasser haben, oder von Mädchen, die nicht zur Schule gehen dürfen. Natürlich gibt es weiterhin dramatische Zustände in manchen Teilen dieser Erde und die Klimakrise macht die Lage nicht einfacher. Doch die Häufigkeit ist geringer, als es den Anschein hat. Der Trend geht dahin, dass das Elend zusehends sinkt. Der gute Weg zum Wohlstand für jeden Menschen auf dieser Erde, in einer nicht allzu fernen Zukunft, scheint zumindest möglich.

Dieser Trend wird gemeinhin als »ökonomische Entwicklung« bezeichnet. Dadurch, dass jeder Mensch die Möglichkeit hat, durch ein eigenes Einkommen sein Leben selbst gestalten zu können, werden wir alle ein kleines Stückchen reicher. Der globale Marktplatz macht es möglich – so heißt es zumindest.

Im fünften Gang voraus: Technik als Motor des modernen Lebensstils

Zwei Treiber stecken hinter diesem rasant fortschreitenden Trend: *Technische Innovationen* und *billige Energie*. Beide sind zu einem selbstverständlichen Teil des Alltags geworden. Vielen ist meist nicht bewusst, wie viele elektrische Apparate das tägliche Leben prägen. Dabei sind hier noch nicht mal hochtechnische Endgeräte wie das allgegenwärtige Mobiltelefon mit seinen unzähligen Funktionen oder das durch Künstliche Intelligenz selbstfahrende Auto gemeint. Sondern es ist auch die ungesehene, aber notwendige Infrastruktur aus Transistoren, Glasfaser, Funkmasten, Kraftwerken und vielen weiteren Gerätschaften im Hintergrund, die diese grundlegende Veränderung gebracht hat. Das Leben spielt sich auf der Grundlage dieser Infrastruktur ab, denn erst sie ermöglicht es, ein Mittagessen ohne Holzfeuer zuzubereiten und im Anschluss ein Bild davon in Echtzeit an sämtliche Freund*innen weltweit versenden zu können.

Ein großer Teil der volkswirtschaftlichen Anstrengung geht in die Aufrechterhaltung dieser technischen Grundlagen, die dieses moderne Leben ermöglicht. Unter den 45,4 Millionen Erwerbstätigen[4] in Deutschland arbeiten Putz- und Wachpersonal, Ingenieur*innen, Verwaltungsfachkräfte, Handwerker*innen, IT-Techniker*innen, Manager*innen und viele andere daran, dass diese Grundlage des Wohlstands nicht dem Rost und Verfall anheimfällt. Um dies zu ermöglichen, nutzen sie einen großen Teil der volkswirtschaftlichen Ressourcen.

Diese technischen Veränderungen haben auch viele ökonomisch weniger entwickelte Länder in den letzten Jahren implementiert. Zwar gibt es leider immer noch (zu) viele Regionen, in denen beispielsweise der Zugang zu trinkbarem Wasser ein großes Problem darstellt und noch nicht alle Menschen Zugang zum Internet haben. Dennoch versorgen Stromleitungen, Brunnen und Satelliten dieser Erde bereits eine so kritische Masse an Menschen, dass sich die positiven Effekte in den Statistiken aller Staaten ablesen lassen. Das Bild, das sich dabei herauskristallisiert, ist ein sehr eindeutiges: Durchschnittlich gesehen lebt die Menschheit ein gesünderes, längeres und reicheres Leben auf der ganzen Welt als je zuvor.

»Jede hinreichend fortschrittliche Technologie ist von Magie nicht zu unterscheiden«, sagt der Science-Fiction-Autor Arthur C. Clarke.[5] Die Technik, in die dieses moderne Leben eingebettet ist, wirkt auch wahrhaftig magisch: Türen öffnen sich automatisch, wenn man vor sie tritt; Personen sprechen in Echtzeit miteinander, obwohl sie hunderte Kilometer voneinander entfernt sind; man kann Geräusche einfangen und zu jeder Zeit wieder abspielen. Technik ermöglicht es wortwörtlich, Berge zu versetzen, fremde Planeten zu erkunden und dreckiges Geschirr zu spülen. Der gegenwärtige Reichtum und Wohlstand sind aufgebaut auf den technischen Errungenschaften unserer Vorfahren. Der Strom, der durch die Apparate fließt, ist die Lebenskraft des heutigen modernen Lebens.

In früheren Gesellschaften konnte nicht auf die universelle Kraft des elektrischen Stroms und der Technik gesetzt werden. Wollten die Menschen in diesen Gesellschaften mehr erreichen, ohne mehr arbeiten zu müssen, mussten sie sich andere Ressourcen erschließen und Alternativen im Rahmen der vorhandenen Umstände finden.

So nutzten sie häufig das »Konzept« der Ausbeutung: Durch die Sklaverei ließen Menschen manuelle Arbeiten erledigen, die selbst auszuführen sie als unwürdig betrachteten. Dadurch, dass die Versklavten in schlechtesten Bedingungen lebten, blieben die Kosten dieser Form von »Energieleistung«

vergleichsweise günstig. Einige große Imperien wie das Römische Reich waren essenziell auf die Arbeitskraft von Sklavinnen und Sklaven angewiesen. Es wird geschätzt, dass zeitweise zwischen 15 bis 25 Prozent der Bevölkerung des Römischen Reichs in Sklaverei lebende Personen waren.[6] Auch wenn heutzutage weiterhin schätzungsweise rund 24,9 Millionen Männer, Frauen und Kinder in Sklaverei arbeiten,[7] hat der moderne Mensch eine Form gefunden, seine Bedürfnisse nach mehr Luxus und Freizeit einfacher zu befriedigen: Elektrizität und Brennstoffe.

Rechnet man die Leistung, die die Menschheit durch Erdöl, Kohle, Wasserkraft und Co. erhält, in menschliche Arbeitskraft um, zeigt sich ein interessantes Bild. Laut Umweltbundesamt lag der gesamte Energieverbrauch in Deutschland 2019 bei rund 2514 Terawattstunden.[8] Umgerechnet auf die durch einen Menschen erbrachte mögliche Leistung (von rund 80 Watt pro Stunde[9]) »stehen« damit allen deutschen Bürger*innen insgesamt rund 7,1 Milliarden »Energiesklaven« zur Verfügung.[10] So viele »Sklavinnen und Sklaven« bräuchte es, um den gesamten deutschen Energieverbrauch zu decken. Das sind fast so viele Menschen, wie bereits auf der Erde leben. Jede*r Einzelne nutzt damit die durchschnittliche Energie im Wert von über 86 »Energiesklaven«. Die Fragen der Umwelt- und Klimaschädlichkeit an dieser Stelle außen vor gelassen, ist das historisch gesehen schlicht der »Magie der Technik« zu verdanken! Und die alten Römer würden angesichts der heutigen Möglichkeiten vor Neid erblassen.

Technik fällt nicht vom Himmel und ihr Vorhandensein ist kein Naturgesetz; sie wird erst vom Menschen ersonnen. Moderne Gesellschaften legen heute hohen Wert auf Technik – als Grundlage für Innovation sowie ökonomisches Wachstum und als faszinierende externe »Weiterentwicklung« des Menschen selbst. Ihr hoher Stellenwert begründet die immensen Anstrengungen und den hohen Energieeinsatz für ihre Förderung. In die Erfindung und Verbreitung von Technik wird viel Geld gesteckt, denn nicht nur Forschung und Entwicklung sind sehr kostenintensiv – insbesondere im Bereich der Grundlagenforschung, bei der die Wahrscheinlichkeit neuer Durchbrüche eher gering ist – sondern auch der Bau erster Versionen neuer Apparaturen und die Verbesserungen und Weiterentwicklungen. So wurde in den letzten Jahrzehnten immer mehr Geld in neue Technik investiert: Von öffentlicher Seite in Form von Förderungen für Grundlagenforschung, von privatwirtschaftlicher Seite als Investitionen in Hightech-Start-ups und von privaten Konsument*innen über den Kauf neuer Utensilien wie Smartphones und Smart-Home-Geräten inklusive ihrer kontinuierlichen »verbesserten« Varianten.

Dem Ganzen liegt ein Technikoptimismus zugrunde, der im Boom technischer Entwicklungen Ende des 19. und Anfang des 20. Jahrhunderts wurzelt. Technische Innovationen führten innerhalb weniger Jahrzehnte zu radikalen Veränderungen für den Alltag: Reisen, Kommunikation, Medizin – die damals in diesen Bereichen aufgekommenen Erfindungen beziehungsweise Weiterentwicklungen waren bahnbrechende Wegbereiter für die heutige moderne Lebensweise. Die Eisenbahn ermöglichte einen bis dato nicht gekannten Komfort und Geschwindigkeit beim Reisen; Telefon und Telegraf reduzierten Kommunikationszeiten auf quasi Echtzeit und Erfindungen wie Anästhesie und Penicillin verminderten gesundheitliches Leid und retteten Menschenleben. Der damals vorherrschende Technikglaube führte dazu, dass bis heute technische Innovationen als Allheilmittel gegen alle möglichen Probleme gelten – und das durchaus mit einer gewissen Berechtigung angesichts der vielen positiven Auswirkungen, die durch den Aufschwung um die vorletzte Jahrhundertwende ausgelöst wurden. Technischer Fortschritt führte zu essenziellen wie existenziellen Verbesserungen des Lebens, die das Vertrauen in Technologie grundlegend in der modernen westlichen Gesellschaft verankerte.

Doch die alleinige Fokussierung auf Technik stellt die Gesellschaft auch vor Probleme und bringt »Nebenwirkungen« mit sich, die zu Beginn des Technologiezeitalters weder beabsichtigt noch absehbar waren. Insbesondere in ökologischer Hinsicht haben diese Folgen einen Punkt erreicht, an dem die Nettokosten der Technik ihre Nettovorteile längst übersteigen, wie wir später noch betrachten werden. In Verbindung mit politischen und wirtschaftlichen Entwicklungen wachsen diese Folgen von kleinen, lokal begrenzten Problemen zu Herausforderungen für die gesamte Gesellschaft heran – Herausforderungen, die zu groß und komplex sind, um sie weiter mit Technik allein lösen zu können.

Trotz des heutigen Wohlstands ist die Weltgemeinschaft noch weit davon entfernt, Reichtum, ökologische Nachhaltigkeit und Gerechtigkeit adäquat miteinander zu vereinbaren. In den letzten Jahrhunderten wurde das Leben von Milliarden von Menschen durch die Verbreitung technischer Neuerungen geradezu auf den Kopf gestellt. Doch die saftigen Kosten für diese positiven Veränderungen werden nun allmählich fällig. Wenn der Mensch weiter (fast) untätig zusieht, wie er sich selbst die Grundlage seiner eigenen Existenz zerstört, werden die Überlebenschancen für große Teile der Menschheit zusehends geringer. Die entstandenen Probleme sind keine rein technischen Probleme. Es sind soziale, ökologische, ökonomische Probleme oder anders gesagt: gesellschaftliche Herausforderungen.

Harte Nüsse: Gesellschaftliche Herausforderungen verstehen

Das Leben ist nicht perfekt – und sicherlich auch nicht die Gesellschaften, in denen der Mensch bisher gelebt hat. Immer schon wurde er mit Herausforderungen konfrontiert, die das (Zusammen-)Leben erschwert haben, von Naturkatastrophen und Seuchen bis hin zu Kriegen.

Und trotz – oder teilweise auch wegen – der technischen Fortschritte seit der Industrialisierung ist es heute nicht anders: Gesellschaftliche Herausforderungen existieren und werden in einer Gesellschaft, die aufgrund globaler Vernetzung komplexer aufgestellt ist als je zuvor, nicht weniger. Sie variieren aber natürlich in ihrer Schwere und in der Anzahl der betroffenen Personen.

Bisher gibt es keine allgemeingültige Definition, was gesellschaftliche Herausforderungen genau sind.[11] Dafür ist der gesellschaftspolitische Prozess, in dem ein Dialog rund um gesellschaftliche Herausforderungen auf allen Ebenen der Gesellschaft stattfinden sollte, noch zu intransparent und zu wenig strukturiert. Zwar gibt es eine Vielzahl an politischen Interessensvertretungen, aber der politische Prozess sieht bisher nicht vor, dass alle immer gleichermaßen gehört werden.

Dadurch können potenziell zwei Schwierigkeiten bei der Identifizierung gesellschaftlicher Herausforderungen auftreten. Zum einen haben nicht alle eine ausreichende Vertretung, um ihre Interessen in den politischen Diskurs einzubringen. Darunter finden sich diejenigen, die keine eigene Stimme besitzen, wie beispielsweise Tiere oder die Natur als Ganzes oder auch diejenigen, die es schwer haben, sich auszudrücken, wie beispielsweise Menschen mit geistigen Beeinträchtigungen oder Kinder. Außerdem können sich einige nicht eindeutig unter einem Schirm zusammenfinden, wie beispielsweise Nichtautofahrer*innen – sie mögen zwar alle an den Abgasen von Verbrennungsmotoren, die sie selbst nicht verursacht haben, leiden, sind aber im

Gegensatz zu Autofahrer*innen viel zu divers, um sich unter einem Dach zu finden.

Zum anderen gibt es einige Interessengruppen in der Gesellschaft, die durch eine Vormachtstellung ihren Problemen mehr Gehör verschaffen können. Dazu gehören Männer, die weiterhin überproportional wichtige Positionen in unserer Gesellschaft bekleiden, die Industrie, die durch ihre schiere Masse an finanziellen Ressourcen und dem Allzeitargument »Arbeitsplätze« überzeugen kann, oder die Baby-Boomer-Generation, die einen größeren Anteil an der Bevölkerung ausmacht als jüngere Generationen.[12]

Dies stellt nicht nur ein Problem für die Politik dar, die durch diese Schieflage keine informierten Entscheidungen treffen kann, sondern auch für Gestalter*innen Sozialer Innovationen. Wenn die Gefahrenrufe benachteiligter Menschen (und anderer Lebewesen) ernsthaft gehört werden sollen, braucht es eine neue Art des gesellschaftspolitischen Diskurses über gesellschaftliche Herausforderungen. Ansonsten besteht das Risiko, dass über zu viele ernst zu nehmende Probleme zu wenig Bescheid gewusst wird.

Die Vereinten Nationen haben zumindest versucht, das Thema einzufangen und mit der Liste der Nachhaltigkeitsziele einen Überblick über 17 zentrale Bereiche, innerhalb derer sich gesellschaftliche Herausforderungen manifestieren, zu erstellen. Diese Liste behandelt das Thema jedoch nicht abschließend, sondern sollte als Annäherung und Rahmensetzung betrachtet werden. Letztlich handelt es sich um eine Zusammenstellung derjenigen gesellschaftlichen Herausforderungen, auf die sich innerhalb der Vereinten Nationen verständigt werden konnte. Die 17 Nachhaltigkeitsziele sollen als grundlegende, gemeinsame Zielvorstellungen dienen, an denen die Staaten ihr politisches Handeln ausrichten. Dass dabei gewisse Probleme nicht eingehender behandelt wurden oder gar nicht auf die Liste aufgenommen worden sind, ist aufgrund der weltweiten Vielzahl an Herausforderungen und aufgrund der dahinter liegenden politischen Prozesse unvermeidlich.

Ein weiterer Versuch zur Definition beziehungsweise Beschreibung von gesellschaftlichen Herausforderungen ist das Konzept der existenziellen Risiken. In diesem geht man von ein paar wenigen Herausforderungen aus, die zwar als sehr unwahrscheinlich gelten, aber besonders fatale Auswirkungen hätten, wenn sie tatsächlich einträten. »Existenziell« bezieht sich dabei auf die gravierende Gefahr für die Menschheit, die von diesen Bedrohungen ausgeht. Sie könnten die menschliche Gesellschaft massiv zurückwerfen oder gar die Menschheit ausrotten. Existenzielle Risiken können vom Menschen selbst verursacht sein, zum Beispiel durch einen Atomkrieg, aber auch durch Naturkatastrophen. Die menschliche Existenz hängt den Vertreter*innen dieser Theorie nach an einem seidenen Faden. Nur sorgfältige Planung und frühzeitige Investitionen in Vorsorgesysteme können vor dem unwahrscheinlichen, aber desaströsen Eintreten von globalen Katastrophen schützen.[13]

Ein anderer Versuch, gesellschaftliche Herausforderungen zu beschreiben, orientiert sich an den natürlichen Grenzen der Welt, an den »planetaren Grenzen«. Werden diese überschritten, gibt es einen Punkt, an dem das Ökosystem der Erde aus dem Gleichgewicht gerät und durch seine Beschädigungen und Zerstörungen die Menschheit existenziell bedrohen kann.[14] Viele Ressourcen stehen nur in einem eingeschränkten Maß zur Verfügung, wie fossile Rohstoffe oder Wasser (im Sinne von trinkbarem Wasser), oder halten nur eine bestimmte Belastung aus, innerhalb derer sie sich regenerieren können (zum Beispiel Wälder, die nicht so schnell nachwachsen können wie sie gerodet werden). Der Mensch hat diese Ressourcen und Ökosysteme schon immer zu seinem Vorteil und (Über-)Leben genutzt, allerdings brauchen sie Zeit und Raum für Regeneration. Werden sie jedoch zu schnell und in zu großem Ausmaß verwendet und belastet, können ganze Ökosysteme zusammenbrechen. Die Überschreitung der planetaren Grenzen bedeutet eine komplette Überlastung der natürlichen Systeme und ist eine menschengemachte Problematik. Als eindrückliches Zeichen wurde der »Erdüberlastungstag« ausgerufen, der Tag, an dem der Verbrauch rechnerisch die natürlichen Kapazitäten eines Jahres überschreitet.[15]

Das Konzept der planetaren Grenzen beschreibt die ökologischen Begrenzungen. Eine etwas weitere Perspektive nimmt die sogenannte »Donut-Ökonomie« ein. Sie kritisiert die rein biologisch-ökologische Betrachtungsweise und erweitert sie durch die Einbeziehung von menschlichen Bedürfnissen wie Gesundheit, Frieden, rechtliche Gleichstellung und dergleichen. Thematisch steht die Donut-Ökonomie damit den Nachhaltigkeitszielen der Vereinten Nationen näher. Werden diese Grenzen überschritten, kann von einer gesellschaftlichen Herausforderung gesprochen werden.[16]

Bei der obigen Betrachtung der unterschiedlichen Rahmenwerke zur Einordnung gesellschaftlicher Herausforderungen wird schnell klar: Die Anzahl Bedrohungen für die menschliche Gesellschaft ist beachtlich. Um die Vielzahl und Unterschiedlichkeit der Probleme gut beschreiben zu können, bedarf es einer Definition, die – so gut es geht – alle gleichermaßen umfasst. Außerdem sollte eine Begriffserklärung klar machen, dass gesellschaftliche Herausforderungen in engem Zusammenspiel miteinander stehen. Eine gesellschaftliche Herausforderung kommt selten allein. Sie liegt eingebettet in einem größeren Spannungsfeld zwischen Umwelt, Politik, Wirtschaft und Gesellschaft und ist oft eng mit anderen Herausforderungen verbunden. Solche wechselseitigen Verbindungen und Ursächlichkeiten finden sich zum Beispiel zwischen der Klimakrise, der psychischen Gesundheit, der Art des Wirtschaftens und der Veränderung in der Zusammensetzung der Gesellschaft wie durch Migration oder demografischen Wandel. Nichts geschieht isoliert, sondern in ständiger, voneinander abhängiger Veränderung. Daher ist es nicht immer leicht, gesellschaftliche Herausforderungen genau voneinander abzugrenzen. Um sie richtig zu begreifen, gilt es daher, diese Abhängigkeiten zu identifizieren und darzustellen.

Aufbauend auf diesen Grundüberlegungen haben wir eine Definition erarbeitet, die als Basis für die Diskussion in diesem Buch dient. Nachfolgend wollen wir **gesellschaftliche Herausforderungen** auf folgende Weise definieren:

Eine gesellschaftliche Herausforderung beschreibt ein Zusammenspiel aus Prozessen, die ursächlich dafür sind, dass die Lebensgrundlagen (ökologisch, sozial, wirtschaftlich, soziopsychologisch) der Menschheit als Ganzes oder in Teilen beeinträchtigt werden. Diese Prozesse bedingen einander und können von verschiedenen Personengruppen unterschiedlich wahrgenommen und bewertet werden.

- **Ein Zusammenspiel aus Prozessen:** Eine gesellschaftliche Herausforderung entsteht aus dem Zusammenwirken unterschiedlicher Systeme. Ändern sich diese Systeme, verändert sich auch die Herausforderung. Schlimmstenfalls wird sie größer, bestenfalls verschwindet sie komplett. Hier kann man auch von »Emergenz« sprechen, also der Entstehung von neuen Eigenschaften oder Strukturen aus einem System, die nicht durch die Einzelteile des Systems erklärt werden können. Das Ergebnis ist mehr als nur die Summe seiner Teile. Gesellschaftliche Herausforderungen sind in diesem Verständnis das Ergebnis von untereinander wirkenden Systemprozessen.

- **Lebensgrundlagen:** Menschen benötigen zum Überleben mindestens Wasser, Luft, Schlaf und Nahrung. Aber auch Gesundheit, der Austausch mit anderen Menschen, Teilhabe, Sexualität, das Ausleben der eigenen Wünsche oder eine aktive Beschäftigung gehören zu den grundlegenden menschlichen Bedürfnissen.

- **Die Menschheit als Ganzes oder in Teilen:** Das Problem eines einzelnen Menschen reicht nicht aus, um als gesellschaftliche Herausforderung zu gelten. Es muss sich um die Beeinträchtigung von zumindest einer Bevölkerungsgruppe handeln, damit von einer gesellschaftlichen Herausforderung die Rede sein kann.

- **Beeinträchtigung der Lebensgrundlagen:** Ein Sachverhalt gilt dann als gesellschaftliche Herausforderung, wenn ein oder mehrere Systeme so stark beeinträchtigt sind, dass Menschen ihre Grundbedürfnisse nicht mehr oder nur eingeschränkt stillen können.

- **Bedingen einander:** Wie weiter vorne bereits dargestellt, hängen verschiedene gesellschaftliche Herausforderungen miteinander zusammen und beeinflussen sich wechselseitig.

- **Werden unterschiedlich wahrgenommen und bewertet:** Gesellschaftlichen Herausforderungen liegen oft Annahmen zugrunde, die politisch, kulturell oder religiös geprägt sein können. In einem sich ständig im Fluss befindlichen gesellschaftlichen Diskurs wird entschieden, welche Annahmen als wichtig und wertebildend erachtet werden und welche Herausforderungen drängend und schwerwiegend genug sind, um aktiv angegangen und gelöst zu werden.[17]

Insbesondere der letzte Aspekt beeinflusst die Bewältigung von gesellschaftlichen Herausforderungen ganz entscheidend. Denn auch, wenn eine bestimmte Anzahl von Menschen betroffen ist, wird das Problem dieser Gruppe nicht immer von allen Teilen der Gesellschaft als problematisch oder relevant anerkannt, sei es, weil diese Gruppe keine Kaufkraft hat, keine Wählerstimmen einbringt oder in einem anderen Teil der Welt lebt und nicht sichtbar ist. Was für den einen Vorteile bringt, mag einer anderen Gruppe zum Nachteil gereichen. Was eine Gruppe als wünschenswert definiert, können andere als Bedrohung wahrnehmen. Gesellschaftliche Herausforderungen sind ein Teil (und Ergebnis) des gesellschaftlichen Diskurses und können selten objektiv beschrieben werden. Doch selbst wenn Bedrohungen der eigenen Lebensgrundlage lediglich subjektiv wahrgenommen werden, heißt das nicht, dass sie nicht existieren. Vielmehr sollten die Ängste und Sorgen von Gruppen ernst genommen und informiert diskutiert werden. Durch einen verbesserten gesellschaftlichen Dialog werden Themen sichtbar, die eine Herausforderung für einen Teil der Gesellschaft, potenziell vielleicht für die Mehrheit, darstellen oder sich im Lauf der Zeit dahin entwickeln könnten. Im besten Fall entstehen aus solchen Dialogen Leitfäden, wie die oben genannten Nachhaltigkeitsziele der Vereinten Nationen oder andere Handlungsempfehlungen. Zu dieser Art von Mitsprache benötigt es Beteiligungsformate wie zum Beispiel Bürgerdialoge, aber auch die gezielte und bewusste Einbeziehung von Vertreter*innen der Betroffenengruppen in Entscheidungsgremien.

Im Folgenden beschreiben wir einige gesellschaftliche Herausforderungen, die ursächlich für eine Vielzahl von Schäden für die Gesellschaft sein können. In der Auswahl der Beispiele haben wir uns für solche entschieden, die besonders tiefgreifende Auswirkungen nach sich ziehen. Einige Herausforderungen, wie zum Beispiel der Klimawandel, sind weithin bekannt; andere, wie die Zerstörung der Böden, sind im öffentlichen beziehungsweise medialen Diskurs weniger präsent und entsprechend auch eher Fachleuten geläufig. Wir haben versucht, ökologische sowie soziale Krisen darzustellen. Zum Teil sind sie bereits offensichtlich und spürbar, andere sind bisher kaum sichtbar und stehen in ihrem größeren Ausmaß erst noch bevor. Mit dieser Auswahl an Beispielen soll das breite Spektrum an gesellschaftlichen Herausforderungen aufgezeigt und ihr Zusammenspiel dargelegt werden.

Um mit der geballten Darstellung an Krisen nicht Hoffnungslosigkeit oder Resignation zu wecken, geben wir zu jeder beschriebenen Herausforderung ein konkretes Beispiel für einen Lösungsansatz. Es soll zeigen, wie Soziale Innovationen in der Gegenwart aussehen können. In diesen Gastbeiträgen stellen einige Sozialinnovator*innen ihre Initiativen vor. Sie sind ein wichtiger Baustein, reichen aber natürlich nicht aus. Es bedarf vieler weiterer Initiativen und auch grundlegender Veränderungen für eine sozial und ökologisch nachhaltige Gesellschaft. Die in diesem Buch vorgestellten Sozialen Innovationen sind jedoch erste gute Schritte in die richtige Richtung.

Die Betrachtung der ausgewählten Herausforderungen erfasst natürlich nicht jeden ihrer Aspekte und geht nicht zu sehr in die Tiefe. Dies würde den Rahmen dieses Buches sprengen (und zu jedem Thema gibt es bereits zahlreiche detaillierte Publikationen). Uns ist wichtig, klarzumachen, wie wichtig die Erforschung und genaue Betrachtung der Zusammenhänge und Ursachen dieser Problemlagen ist. Erst dadurch wird ersichtlich, an welchen Hebeln man für eine Lösung ansetzen und wo man den Grundstein für Soziale Innovationen legen kann – denn sie sind eine sehr geeignete Antwort auf die Vielzahl an gesellschaftlichen Herausforderungen, denen die Menschheit gegenübersteht.

2

Die Herausforderungen unserer Zeit

Man erntet, was man sät: Ausgelaugte Böden

Den Böden geht es nicht gut. Auslaugung von Böden ist ein essenzielles ökologisches Problem, das in der öffentlichen Debatte um den Klimawandel und seine sozialen Folgen jedoch wenig Erwähnung findet. Die Vereinten Nationen schätzen, dass ein Drittel der Böden weltweit geschwächt sind.[1]

»Regional sind [...] Verluste von bis zu 50 Tonnen pro Hektar und Jahr möglich. 50 Tonnen Boden entsprechen einem Bodenverlust von circa fünf Millimeter pro Jahr. Im Laufe eines Menschenlebens bedeutet das den kompletten Verlust der fruchtbaren Ackerkrume«, schreibt das Verbraucherportal des Bundesinformationszentrums Landwirtschaft über die Entwicklungen in Deutschland.[2] Im Klartext bedeutet dies: Verlust der fruchtbaren Ackerkrume heißt Verlust von Nahrungsmitteln. Es handelt sich bei diesem Problem um ein ernst zu nehmendes existenzielles Risiko für die gesamte Menschheit.

Der Grund dafür liegt zum einen in der Bodenversiegelung durch Bebauung, aber zum überwiegenden Teil an der intensiven Art und Weise, wie Landwirtschaft betrieben wird. Seit Jahrzehnten machen Forscher*innen und Interessengruppen darauf aufmerksam, dass die Methoden des Lebensmittelanbaus nicht nachhaltig sind. Schweres landwirtschaftliches Gerät zerstört durch den Druck die mikrobiologische Vielfalt in den Böden und damit die dem Boden eigentlich innewohnende Regenerationskraft. Übermäßige Düngung aufgrund einer zu großen Tierhaltung bringt das mikrobiologische und chemische Gleichgewicht der Böden zusätzlich aus dem Takt. Fehlendes Wurzelwerk in den Böden aufgrund von Abholzung führt dazu, dass Erde bei Regen und Wind abgetragen wird, Wasser nicht mehr gespeichert werden kann und der Boden bis zur Unfruchtbarkeit austrocknet. Rohstoffabbau wie Tagebau für Kohle hat zur Folge, dass großflächige Areale nicht mehr zur landwirtschaftlichen Nutzung geeignet sind. Diese Probleme treten nicht nur an wenigen begrenzten Stellen auf, sondern auf Anbauflächen weltweit.

Leider ist vielen die Komplexität nicht bewusst, die im Boden, wie in allen anderen Biotopen, steckt. Jedes Mal, wenn ein Traktor über ein Feld fährt, drückt er die Erde unter seinen Reifen zusammen. Durch den Druck wird die Luft- und Wasserdurchlässigkeit des Bodens stark beeinträchtigt, was den etlichen Bakterien, Nematoden, Würmern und Käfern, die in ihm leben, lebenswichtige Versorgung erschwert. Wird der Boden dann gepflügt, also einmal das Unterste zuoberst gekehrt und umgekehrt, werden diese Lebewesen zusätzlich geschwächt, da Organismen, die an das Leben unter der Erde gewöhnt sind, oberirdisch nicht lange überleben können. Wind und Regen verteilen dann den ausgelaugten Oberboden in alle Himmelsrichtungen. Vor allem Ackerflächen in Hanglagen, mit wenig Windschutz durch Hecken, mit langen Brachen und geringer Fruchtfolge sind anfällig für die Elemente. Böden können sich grundsätzlich von diesen Strapazen erholen, brauchen dafür aber Zeit und Ruhe, die sie nicht bekommen. Das Tempo, in dem sie weggewaschen oder -geweht werden, ist größer als die gewährte Dauer zur Regeneration. Die auf dem Feld verteilten Chemikalien in Düngemitteln, Pestiziden und Herbiziden geben ihnen dann den Rest.

Die Lebewesen im Boden sind existenziell für die menschliche Versorgung – denn sie zersetzen anorganische und organische Materie so, dass Pflanzen sie aufnehmen und verwerten können. Sie wandeln abgestorbene Blätter, Äste, Pflanzen- und Tierreste in einem immerwährenden Kreislauf in wertvolle Grundstoffe um, in den Humus, den die Pflanzenwurzeln wieder für neues Wachstum nutzen können.[3] Humus hat die Eigenschaft, den Boden aufzulockern, was das Wurzelwachstum erleichtert und Wasser und Nährstoffe besser im Boden hält. Humus, produziert in einem gut abgestimmten Zyklus von zigtausend Arten lebender »Zersetzer«, bildet schlicht die Grundlage der Fertilität der Äcker. Im Grunde eine banale Information – jede*r Hobbygärtner*in mit Komposthaufen weiß um den Wert von Humus.

Nur, was machen Landwirt*innen, wenn der Humus und damit die Fruchtbarkeit der Böden abnehmen? Sie nutzten mehr Düngemittel zum künstlichen und schnellen Aufbau der Fruchtbarkeit. Und schon beginnt der Teufelskreis: Der Boden wird noch mehr beansprucht, die Fruchtbarkeit sinkt, der Einsatz von Chemikalien steigt, bis schließlich nur noch tote Erde übrig bleibt. Ein Glücksfall für Unternehmen, die mithilfe avancierter Technik die chemischen Stoffe und Maschinen zur Aufrechterhaltung dieses negativen Kreislaufs herstellen, denn dadurch haben sie doch die Landwirt*innen an ein quasi »abhängig machendes« System angeschlossen. Der Biolandbau könnte eine großflächige Lösung sein, um anders mit den Böden und ihren Lebewesen umzugehen. Der Umstieg dauert jedoch bis zu zwei Jahre und ist mit hohen finanziellen Risiken und Investitionen verbunden, die durch die Nachfrage seitens der Verbraucher*innen noch nicht gedeckt werden. Dies wäre aber notwendig, damit mehr Landwirt*innen Interesse am Umstieg bekommen. Bis dahin sind sie im Teufelskreis der Düngemittelabhängigkeit weiter gefangen und die Böden degradieren weiter.[4]

Die Klimakrise wird diesen besorgniserregenden Verlust an fruchtbaren Böden nur noch weiter beschleunigen. Die Produktion von Humus wird stark durch Temperatur sowie Wasser- und Nährstoffangebot beeinflusst. Durch den Klimawandel bedingte, zunehmend extremere Wetterereignisse wirken unterschiedlich auf die Bodenlebewesen ein und beeinflussen dadurch stark die Qualität von Humus. Der Bundesverband Boden klärt diesbezüglich auf:[5]

> »Steigende Temperaturen können zu einer erhöhten biologischen Aktivität führen, wodurch bei ausreichender Feuchtigkeit und Sauerstoff die Umsatzrate verstärkt wird und der Humusabbau zunimmt. Steigende Niederschläge wiederum können – wenn sie zu einer Vernässung des Bodens führen – den Humusabbau hemmen. Die Zusammenhänge sind so komplex, dass gegenwärtig keine gesicherten Aussagen über die Veränderungen der Gehalte und Vorräte an organischer Substanz möglich sind.«

Nun, wird man sich fragen, ein bisschen Boden weniger, kann das so schlimm sein?

Ja, kann es. Bis zu einem gewissen Punkt kann man immer stärker ausgelaugten Böden noch Ernten abringen, aber je schlechter die Bodenqualität – und je weniger urbares Land insgesamt – vorhanden ist, desto schlechter und geringer fallen die Ernten aus. Je schlechter die Ernten, desto größer das Risiko für Lebensmittelknappheit, insbesondere in Ländern des globalen Südens. Bereits die Auswirkungen des russischen Angriffskriegs auf die Getreideexporte aus der Ukraine in einige afrikanische Länder wie Ägypten haben im Jahr 2022 zu massiven Problemen geführt. Die negativen Folgen von Missernten beziehungsweise geringeren Ernteerträgen betreffen schätzungsweise 2,6 Milliarden Menschen – mehr als ein Drittel der Weltbevölkerung. Lebensmittelknappheit und Hunger sind wiederum eine zentrale Ursache für Migration, die zu weiteren Versorgungsproblemen führen kann.

Wie konnte es so weit kommen? Die Schuld nur den Landwirt*innen zuzuschieben, greift hierbei zu kurz. Denn die Auslaugung der Böden ist eine negative Folge des eingangs erwähnten, durchaus positiven technischen Fortschritts. Mit effizienteren Pflug-, Sä- und Erntemaschinen und immer besseren Düngern konnten die Erträge gesteigert und somit eine immer größere Zahl an Menschen immer besser ernährt werden. Das Problem ist, dass »besser« oft nicht reicht. Es muss schon das Maximum her, das aus dem Boden herausgeholt werden kann. Denn die Verbraucher*innen wollen nicht nur viel an Menge, sondern auch einen möglichst niedrigen Preis. Die Haltung »Geiz ist geil« wurde den Menschen jahrelang anerzogen, in der Werbung und in Verbindung mit den Ketten der Discountmärkte, die durch ihre Preispolitik den Landwirt*innen immer mehr Dumpingpreise aufnötigen. Und zu diesen Niedrigpreisen ist Landwirtschaft schlicht nicht mehr gewinnbringend zu betreiben. Um aber zu verhindern, dass zu viele Bäuerinnen und Bauern ihren Betrieb einstellen und die Ernährungssicherheit gefährdet wird, gibt die öffentliche Hand Subventionen. Die Kosteneinsparung des Handels wird also auf die Allgemeinheit in Form der Steuerzahler*innen verlagert. Solche sogenannten Externalitätskosten gibt es in verschiedenen Branchen und Formen.

Viele Landwirt*innen sind abhängig von zerstörerischen Anbaumethoden, Maschinen und Chemikalien, die unmittelbar für die Verschlechterung der Böden verantwortlich sind. Damit befinden sie sich auch eingebunden in ein weiter gefasstes, ausbeuterisches System, aus dem sie nur schwer ausbrechen können. Hier wird das komplexe Netz zwischen unserem Handeln und der Natur deutlich: Die technischen Instrumentarien ermöglichen die Nutzung vergleichsweise billig hergestellter fossiler Brennstoffe, Düngemittel und Unkrautbekämpfungsmittel. Diese Mittel begünstigen wiederum eine intensive Landwirtschaft, die die Ernährungsgrundlage für eine große Bevölkerung sicherstellt. Dadurch kann eine immer geringere Anzahl Landwirt*innen immer mehr Menschen ernähren, die ihre Zeit für andere Tätigkeiten als für Nahrungsbeschaffung oder -produktion nutzen können. In ihrer »gewonnenen« Zeit genießen die Konsument*innen die Errungenschaften der auf billiger Energie basierenden Technik, etwa an Spielkonsolen, in Autos, je nach Jahreszeit beheizten oder gekühlten Einkaufszentren oder auf Fernreisen nach Thailand. Allerdings muss für diese Art von Konsum Geld übrig bleiben, ermöglicht durch das Preisdumping bei Lebensmitteln. Die Gesellschaft befindet sich in einem Kreislauf von Technik, die zu mehr Technik führt.

Doch diese Art des Konsums und Freizeitvertreibs verbraucht sehr viele Ressourcen, basierend auf fossilen Brennstoffen, umgewandelt in schädliche Emissionen wie Kohlenstoffdioxid, welche den Klimawandel beschleunigen und die Böden zusätzlich schädigen. Nicht nachhaltig betriebene Landwirtschaft und gesellschaftlicher Konsum befeuern also die Verringerung urbarer Böden. Eine sich verstärkende Rückkopplungsschleife, bei der der Mensch seine eigene Lebensgrundlage zerstört. Die zunächst positive Entwicklung auf technischer Seite, nämlich stabilere Versorgungssicherheit mittels neuer Landmaschinen, Chemikalien und Konsumgüterproduktion, wird ihm dadurch zum Verhängnis.

Diese Folgen landwirtschaftlicher und ökonomischer Praxis sind ein eindrucksvolles Beispiel dafür, wie Technik kurz- und mittelfristig ungeahnte Möglichkeiten eröffnet – hier sichtbar im Bevölkerungswachstum und der verbesserten Nahrungsmittelversorgung der letzten Jahrzehnte. Gleichzeitig kann sie bei unmäßigem Einsatz die Grundlage für das Überleben der Menschen und unzähliger weiterer Lebewesen komplett ruinieren. Um hier gegenzusteuern, braucht es nicht nur einen anderen Einsatz von Technik, sondern auch eine Veränderung im Verhalten vieler Menschen an mehreren Stellen: Landwirt*in, Zwischenhändler*in, Endverbraucher*in.

Es gibt bereits alternative Modelle, die solch eine Verhaltensänderung in der Landwirtschaft ermöglichen. Dazu gehört etwa die Solidarische Landwirtschaft, kurz Solawi. Im Rahmen der Solawi werden direkte Vertriebswege von Landwirt*innen zu Konsument*innen etabliert. Dies nimmt Landwirt*innen den Druck in den Preisverhandlungen mit Zwischenhändler*innen und Supermarktketten auf dem nationalen wie internationalen Markt. Solidarische Landwirtschaft arbeitet mit dem Ansatz, die Kosten des landwirtschaftlichen Betriebs von mehreren Privathaushalten tragen zu lassen. Dafür erhalten diese Haushalte die Ernteerträge und profitieren davon, dass sie die Produktionsweisen mitbestimmen können. Gleichzeitig erfreuen sich Landwirt*innen größerer Planbarkeit und Nähe zu den Konsument*innen ihrer Produkte.[6] Die Landwirt*innen haben damit die Möglichkeit, aus dem Abhängigkeitskreislauf der weltweiten Märkte auszusteigen, die Anbaumethoden in Absprache mit den Konsument*innen zu verändern und regionale Ernährungssouveränität zu sichern. Im folgenden Gastbeitrag beschreiben die zwei Betreiberinnen einer Solawi-Initiative, wie dieses Modell ein Baustein für eine sozial, ökologisch und ökonomisch nachhaltigere Zukunft sein kann. Ihre Initiative stellt einen von vielen möglichen und notwendigen Lösungsansätzen dar, die es benötigt, um die Probleme in der Landwirtschaft abseits technischer Instrumentarien zu lösen.[7]

Gemeinsam Landwirtschaft gestalten: Wie das WirGarten-Social-Franchise zukunftsfähigen Gemüsebau ermöglicht

Gastautorinnen:
Mona Knorr und Inke Magens (WirGarten e. V.)

Heute in der Landwirtschaft neu zu gründen oder außerfamiliär einen Betrieb zu übernehmen bedeutet, sich für den Kauf von Land, Gebäuden und Maschinen privat hoch verschulden zu müssen.[8] Diesem unternehmerischen Risiko und der damit verbundenen privaten Lebensentscheidung stehen allerdings wenig unternehmerische Chancen gegenüber – ganz im Gegenteil: Unattraktive Geschäftsmodelle mit niedrigen und schwankenden Marktpreisen, geringer Unternehmer*innenlohn und zunehmende Wetterextreme sind mittlerweile Normalität in der Landwirtschaft. Die wirtschaftlich und personell angespannte Situation lässt wenig Raum, nachhaltigere Systeme wie humusaufbauende regenerative Landwirtschaft zu etablieren, für die zum Teil neue Maschinen angeschafft und Ertragsverluste einkalkuliert werden müssen.

Eine Situation, die vor allem für viele junge Menschen privat und beruflich nicht mehr tragbar ist. Die Konsequenz: Bei fast zwei Dritteln aller landwirtschaftlichen Betriebe in Deutschland ist die Hofnachfolge ungeklärt, jeden Tag geben zehn von ihnen auf und immer weniger Menschen wollen in der Landwirtschaft arbeiten und gründen. Durch fehlende Hof- beziehungsweise Betriebsnachfolger*innen entstehen immer größer strukturierte Anbaueinheiten und die vielfältigen Strukturen verschwinden.

Ein WirGarten ist eine Bürgergenossenschaft, die nach dem gemeinschaftsgetragenen Modell der Solidarischen Landwirtschaft wirtschaftet: Nach dem Motto »Kosten und Ernte teilen« tragen die Mitglieder durch monatliche Beiträge die Betriebskosten eines Gemüsebaubetriebs. Durch ihre Mitgliedschaft in der Genossenschaft werden sie zu Miteigentümer*innen des Betriebs und finanzieren durch ihre Genossenschaftsanteile die Investitionen. Die Jahreserntverträge schaffen Absatz- und Umsatzsicherheit, die Mitglieder bekommen dafür wöchentlich eine frische Gemüsevielfalt aus ihrem Betrieb und werden durch vielfältige Kommunikation, Veranstaltungen wie Mitgärtneraktionen und Communityarbeit wieder dichter an die Erzeugung ihrer Lebensmittel herangeholt.

Für die Erzeuger*innen bedeutet ein WirGarten vor allem mehr Sicherheit und weniger Risiko: Sie müssen sich bei der Gründung oder Hofübernahme nicht privat hoch verschulden und sich nicht lebenslang an einen Ort binden, weil sie in der Genossenschaft angestellt sind. Sie haben ein gutes und sicheres Gehalt, können Urlaub auch in der Saison machen und haben bezahlte Überstunden. Die finanzielle Sicherheit durch das genossenschaftliche Modell und die enge Kommunikation mit den Mitgliedern schafft Räume, regenerative Anbaupraktiken auszuprobieren und zu etablieren – ein Selbstläufer ist es aber leider nicht: Es müssen sich darüber hinaus politische Rahmenbedingungen ändern, damit sich bodenaufbauende Landwirtschaft auch monetär stärker lohnt.

Damit genossenschaftliche Gemüsebaubetriebe in ganz Deutschland entstehen können, wurde WirGarten von Anfang an als Social

Franchise angelegt. Das Ziel: Gründung und Betriebsführung durch zentrale Services wie Markennutzung, IT und umfassende Beratung von Beginn an zu erleichtern und zu vereinfachen. Im Jahr 2017 entstand der Pilotbetrieb in Lüneburg, anschließend wurden Wissen und Erfahrungen systematisch im WirGarten e. V. aufbereitet und das kostendeckende Social Franchise entwickelt. Das ursprünglich auf Gründungen fokussierte Angebot wurde im Jahr 2022 auf Hofnachfolgen und Betriebsumstrukturierungen erweitert. Das Praxishandbuch und Muster wie Anbau- und Finanzplanung werden von Anfang an kostenfrei für alle zur Verfügung gestellt – um mehr Wirkung zu erzielen und auch Solawis außerhalb des WirGarten-Systems zu unterstützen.

Solawi bedeutet übrigens nicht automatisch nachhaltige (Land-)Wirtschaft. Deshalb sind alle WirGärten zu ökologischen Mindeststandards wie Bioanbau, Blüh- und Gehölzstreifen und einer großen Anbauvielfalt verpflichtet. Die Nutzung samenfester Sorten und die Etablierung des regenerativen Mulchgemüsebaus, der den Boden bedeckt hält, Bodenleben fördert und Wasser einspart, sind in den Leitlinien des WirGarten-Systems enthalten.

Regenerative Praktiken sind auch in der Satzung jeder WirGarten-Genossenschaft verankert – so gestalten Erzeuger*innen und Verbraucher*innen gemeinsam einen Baustein für zukunftsfähige Landwirtschaft.

Wer hat, dem wird gegeben: Ungleichheit von Wohlstand und Einfluss

Materielle Ungleichheit bei Einkommen und Vermögen wird von vielen als ein völlig normaler Zustand beschrieben. Es heißt, eine Marktwirtschaft, die auf Leistung ausgerichtet ist, führe zwangsläufig zu Unterschieden im materiellen Wohlstand. Die Aussicht auf mehr Reichtum halte außerdem die Menschen dazu an, fleißige und produktive Mitglieder der Gesellschaft zu sein. Ein gewisser Grad an Ungleichverteilung wird diesem Glaubenssatz folgend in Deutschland toleriert und sogar befördert; dadurch gerate die Gesellschaft nicht aus den Fugen. Doch ab wann knirscht es? Ab wann ist es zu viel der Ungleichheit?

Deutschland ist im internationalen Vergleich bezüglich der Einkommensverteilung ein faires Land. Zur Berechnung der Gleichverteilung von bestimmten Sachen wie beispielsweise Einkommen oder Vermögen in einer Bevölkerung nutzt man den sogenannten Gini-Koeffizienten. Er kann zwischen null und eins liegen. Ist er gleich null, haben alle Personen von der untersuchten Sache gleich viel. Liegt er bei eins, befindet sich alles in der Hand einer Person.

Für die Einkommensverteilung lag der Gini-Koeffizient in Deutschland im Jahr 2018 bei unter 0,311. Auch wenn direkte Vergleiche bei der Berechnung mit Vorsicht zu genießen sind, liegt Deutschland in einem ähnlichen Feld wie beispielsweise Südkorea oder Dänemark – mit einem im internationalen Vergleich geringen Wert. Die Lohnunterschiede zwischen Viel- und Geringverdienenden in Deutschland sind also vergleichsweise gering. Das ist ein überraschend positives Ergebnis für eine Gesellschaft, die sich stark auf internationale Märkte und individuelle Leistung ausgerichtet hat.[9]

Die deutsche Version einer sozialen Marktwirtschaft bietet eine gewisse Sicherheit. Kann jemand sein eigenes Einkommen aus verschiedenen Gründen nicht selbst bestreiten, erhält er zumindest eine Grundsicherung. Der komplette finanzielle Absturz wird über diese Unterstützung meist vermieden, auch wenn über die Ausgestaltung dieses Sicherheitsnetzes und darüber, ob es Armut nicht doch eher verstärkt und zementiert, heftig diskutiert wird.[10] Denn in den letzten Jahren hat sich die Wahrscheinlichkeit, in Armut abzurutschen, deutlich erhöht. Wer heute in Armut lebt oder sich sozioökonomisch nahe der Armutsgrenze befindet, hat ein größeres Risiko, auch von Armut betroffen zu bleiben als noch vor 30 Jahren.[11] Dabei leben bereits viele Menschen in Deutschland unter der relativen Armutsgrenze: »Im Jahr 2018 [der letzten Datenauswertung] lebten auf Grundlage der monatlichen Haushaltsnettoeinkommen 15,8 Prozent der gesamtdeutschen Bevölkerung in relativer Einkommensarmut,« heißt es in einem Bericht des Statistischen Bundesamts. Das sind über 13 Millionen Menschen. Seit der Erhebung ist davon auszugehen, dass die Auswirkungen der Covid-19-Pandemie vor allem Geringqualifizierte, Alleinerziehende, Selbstständige und Zuwanderer*innen besonders hart getroffen haben und weiterhin treffen werden.[12]

Die Höhe des Einkommens ist wiederum mit vielen weiteren Faktoren verknüpft, die das Leben eines Individuums ausmachen. Ein niedriger sozioökonomischer Status geht mit einem erhöhten Risiko einher, an Krankheiten zu sterben, und mit einer verringerten Lebenserwartung, hat das Robert Koch-Institut analysiert.[13] Wer wenig verdient, stirbt also früher.

Doch es ist vor allem eine zweite Messgröße neben dem Einkommen, die in Deutschland Sorge verursacht: das Vermögen. Materielle Vermögenswerte wie Immobilien, Anlagen in Form von Aktien und Wertpapieren, Edelmetallen oder Schmuck und Kunst sind in der Gesellschaft nicht gleichmäßig verteilt. Das ist jedem klar. Wie groß der Unterschied zwischen Reichen und Armen ist, ist jedoch nicht jedem offensichtlich. Ein Blick in die Daten zeigt ein besorgniserregendes Bild: Das Nettogesamtvermögen lag nach dem neuesten Armuts- und Reichtumsbericht der Bundesregierung in Deutschland im Jahr 2018 je Haushalt durchschnittlich bei 163.000 Euro. Im Jahr 2013 belief es sich noch auf 123.000 Euro. Allerdings ist dieser Wert nur bedingt aussagekräftig. So besitzen Haushalte in Ostdeutschland im Durchschnitt rund die Hälfte weniger als in Westdeutschland.[14] Man nimmt an, dass die wohlhabendsten 10 Prozent der deutschen Haushalte über die Hälfte des gesamten Nettovermögens besitzen. Neueste Forschungen des Deutschen Instituts für Wirtschaftsforschung aus dem Jahr 2020 legen nahe, dass die Zahl sogar noch höher liegen könnte als bisher angenommen, nämlich bei rund zwei Drittel des Nettovermögens in Hand von nur 10 Prozent der Haushalte. Die obersten 1 Prozent in Deutschland besaßen im Jahr 2021 demgegenüber über 31 Prozent des gesamten Vermögens. Die 10 Prozent, die in der unteren Hälfte der Verteilung zu finden sind, verfügen gerade mal über etwa 1 Prozent des Gesamtvermögens.[15]

Dieses Ungleichgewicht ist auch im Gini-Koeffizienten für Vermögen abzulesen. Die aktuelle Erhebung aus dem Jahr 2021 gibt den Gini-Koeffizienten für Vermögen in Deutschland mit 0,788 an. Der Gini-Koeffizient für Vermögen liegt in Deutschland damit mehr als doppelt so hoch wie die gleiche Berechnung für Einkommen (0,311).[16] Beim Vermögen liegt also eine doppelt so hohe Ungleichverteilung vor wie beim Einkommen. Und das eine zieht das andere nicht selten nach sich: Wer ein hohes Vermögen hat, kann dadurch oft auch Einkommen generieren, beispielsweise in Form von Zinsen, Ausschüttungen von Dividenden oder Mieteinnahmen.

Ursachen für die ungleiche Verteilung liegen unter anderem in der geringen Sparsumme der Deutschen. Wer auf soziale Absicherung durch den Staat angewiesen ist, hat kaum Geld zum Zurücklegen übrig, darf aber auch je nach

Art der Unterstützung bestimmte Sparbeträge gar nicht überschreiten.[17] Vermögensaufbau ist dadurch nur eingeschränkt möglich. Zudem ist die Zahl der Menschen in Deutschland, die zur Miete wohnen, im Vergleich zu anderen Ländern sehr hoch. Vor allem ärmere Haushalte in Mietwohnungen haben dadurch nur einen geringen Betrag übrig (wenn überhaupt), den sie zum Sparen anlegen können. Eine positive steuerliche Entwicklung für Wohlhabende seit den 1990er-Jahren hat dazu geführt, dass materielle Vermögenswerte weniger stark besteuert werden, insbesondere im Verhältnis zu Erwerbseinkommen. Viele Menschen am unteren Rand der Vermögensskala konnten darüber hinaus viele der politischen Fördermaßnahmen zum Vermögensaufbau nicht nutzen, da sich diese eher an die Mittelschicht richten.[18]

Vermögen ist eine wichtige Grundvoraussetzung für ein gesundes und erfülltes Leben, denn mit gewissen Rücklagen auf der hohen Kante lassen sich Krisen besser verkraften, und man hat mehr Wahlfreiheit in seinem Leben.[19] Auch wenn Geld allein nicht glücklich macht, hilft es bis zu einem gewissen Punkt ganz ungemein dabei, das Leben ruhiger bewältigen zu können. Sind Personen dank ihrer Ersparnisse nicht gezwungen, jedes Jobangebot anzunehmen, haben sie eine bessere Verhandlungsbasis und müssen sich nicht mit schlechter bezahlten Jobs abfinden, die mit finanziellen Einbußen einhergehen und eine finanzielle Abwärtsspirale in Gang setzen können.

Schulden sind das Gegenteil von Vermögen und können sehr negative Folgen auf das individuelle Leben haben. Die durchschnittliche Verschuldung lag im Jahr 2021 bei 31.087 Euro pro Person[20] und im Jahr 2022 gab es in Deutschland über 5,9 Millionen Überschuldete, also Personen, die mit ihrem Vermögen oder ihren Einnahmen ihre Schulden nicht mehr abzahlen können.[21] In ihrem Fall wird der Zusammenhang zwischen sozialer beziehungsweise gesundheitlicher Situation und der Finanzlage besonders deutlich: Überschuldete Menschen sind häufiger krank, während sie gleichzeitig das Gesundheitssystem weniger in Anspruch nehmen,[22] haben öfter Depressionen[23] und leben öfter in sozialer Isolation. In über einem Drittel der überschuldeten Haushalte lebt mindestens ein Kind.

Diese Kinder sind ein Teil der rund 2,88 Millionen Kinder in Deutschland, die von Armut bedroht sind. »Armut begrenzt junge Menschen,« schreibt eine Studie der Bertelsmann Stiftung. Sie nennt unter anderem geringere Teilhabe am gesellschaftlichen Leben, gesundheitliche Beeinträchtigungen und weniger finanzielle Unterstützung in der Bildung als negative Folgen von Armut für Kinder und Jugendliche.[24] Da die soziale Durchlässigkeit in Deutschland leider stark mit den finanziellen Verhältnissen zusammenhängt, ist die Wahrscheinlichkeit, als Erwachsene*r am Existenzminimum zu leben, höher, wenn man bereits als Kind in Armut lebte. Die Konsequenz: Armut wird verstetigt und vererbt.

Oft entscheidet das Vermögen auch darüber, in welchen Regionen man zu leben sich leisten kann, und damit auch darüber, auf welche regionalen privaten und öffentlichen Leistungen zugegriffen werden kann – wie beispielsweise öffentliche Verkehrsmittel, Lebensmittelversorgung oder Freizeitangebote.[25] Während an einigen Orten das Angebot gut ausgebaut ist, lässt es an anderen zu wünschen übrig – es braucht nicht viel Fantasie, um sich auszurechnen, welche Orte Personen mit hohem Wohlstand für ihren Wohnort bevorzugen.

Übermäßige materielle Ungleichheit entspricht aber auch einer ungleich starken Einflussnahme auf die Gesellschaft. Statistisch gesehen gehen Menschen mit weniger Einkommen seltener zur Wahl. Das kann dazu führen, dass die Wahlbeteiligung ganzer Stadtteile, in denen Menschen mit weniger Vermögen und niedrigem Einkommen leben, sehr niedrig ausfällt.[26] Dadurch sind die Interessen von Gruppen mit niedrigem Wohlstand im politischen System unterrepräsentiert.

Wer Geld hat, ist tendenziell in mehr und in prominenten Stellen in gesellschaftlichen Gremien vertreten: Stiftungsvorstände, Aufsichtsräte von Unternehmen, Parteizugehörigkeit, Ehrenmitgliedschaften, Beratungsfunktionen für Ministerien, Anteile an Unternehmen, Managementpositionen. In vielen Fällen sind diese Rollen rein aus eigener Anstrengung erarbeitet worden, doch darf man nicht vergessen, dass Vermögen und die Familie schon beim Bildungsweg entscheidende Weichen stellen, nämlich welche Schule, welches Studium man absolviert und bisweilen auch, in welche Firmen man eintritt. Manchmal entscheidet nur der Zufall der Geburt, welche Türen einem dank der bestehenden familiären Verbindungen offenstehen und welche nicht. Da diese Netzwerke allerdings einen großen Teil des demokratischen Diskurses im Land ausmachen, handelt es sich hierbei doch um eine Schieflage, in der wenige viel und viele wenig entscheiden können. Politik passiert nun mal nicht nur an der Wahlurne und in den Ministerien, sondern zu einem großen Teil in Unternehmen, Interessensverbänden, Klubs und Vereinen, bei Weinabenden und Abendveranstaltungen.

Wer Geld hat, dem wird oft eine höhere Wertigkeit zugesprochen und der trägt schnell einen Nimbus als erfolgreiche und leistungsstarke Persönlichkeit. Bringt die Person zusätzlich über einen bekannten Namen einen »Familienbonus« mit, gilt dies umso mehr. Dadurch wird sie schneller in bestimmte Zirkel und Gruppen aufgenommen, hat kürzere Wege zu Entscheidungs- und Wissensträger*innen und kann sich dadurch mehr Informationen, leichtere Zugänge zu wichtigen Jobs oder Positionen und damit auch mehr Einfluss verschaffen. Nicht zuletzt fallen für bestimmte Klubs und auch die in diesen Kreisen dazugehörigen Hobbys hohe Kosten an, die nicht jede*r stemmen kann. Die, die wenig haben, werden nicht nur seltener in diese Kreise gebeten, sie können auch finanziell gar nicht mithalten. Die Höhe der materiellen Vermögenswerte entscheidet über die Möglichkeit zur Einflussnahme an der Gesellschaft und zu Zugängen zu wichtigen Kontakten. Wohlhabende können ihre Stimme mehr und öfter in den gesellschaftlichen Diskurs einbringen als diejenigen, die weniger haben.

Dass diese subjektiv wahrgenommene und objektiv bestätigte Ungleichheit als Ungerechtigkeit von den weniger gut gestellten Menschen wahrgenommen wird, ist nicht verwunderlich. Schließlich haben sie weniger Möglichkeiten, ein Leben zu führen, das materiell erfüllend ist, in dem sie an der Gesellschaft teilnehmen und Zufriedenheit finden können. Ihre Lebensqualität und selbst ihre Lebenserwartung sind im Vergleich zu den Reichen geringer. Dass das kapitalistische System – oft unbegründeterweise – andere bevorzugt, führt zu großer Frustration. Viele fühlen sich abgehängt von einem unfairen System, das sich vermehrt den Interessen der Reichen beugt. Hinzu kommt, dass der soziale Aufstieg in Deutschland wesentlich schwieriger und die Durchlässigkeit zwischen verschiedenen Schichten um einiges niedriger ist als in anderen Ländern. Die Maxime, dass sich Leistung lohnt, hält ihr Versprechen oft nicht.[27]

Dieses Ungleichgewicht öffnet unweigerlich populistischen und antidemokratischen Strömungen unterschiedlichster Couleur das Tor.[28] Selbst Ultrareiche warnen seit einigen Jahren davor, dass ein Aufstand der Massen bevorsteht.[29] Zu große Ungleichheit schafft Risse im sozialen Zusammenhalt.

Es werden einige soziale Neuerungen im gesellschaftlichen System benötigt, um Ungleichheit zu beseitigen oder zumindest gegenzusteuern. Politische Maßnahmen sind hier einer der größten Hebel, etwa über Änderungen der Steuerpolitik, womöglich auch mit potenziell richtig drastischen Maßnahmen im Monetär- und Wirtschaftssystem. Das bedingungslose Grundeinkommen ist eine dieser eher radikalen, entsprechend umstrittenen Ideen. Für eine fairere und ausgeglichene Verteilung an wirtschaftlichem Vermögen kann eine knapp 150 Jahre alte Erfindung sorgen: die Genossenschaften. Sie bieten eine alternative Form der Eigentumsstruktur von Unternehmen und ermöglichen damit eine gleichmäßigere wirtschaftliche Teilhabe. Auch wenn Genossenschaften kein neues Konstrukt sind, erleben sie seit einigen Jahren eine gewisse Renaissance und sind ein ausgleichendes Konzept in der Unternehmenswelt.

Die Genossenschaft als solidarische und demokratische Wirtschaftsform – Beispiel kooperativer Supermarkt

Gastautoren: Kevin Herschbach (FoodHub München eG) und Fabian Gebert (WirMarkt Supermarkt Hamburg eG)

Die Genossenschaft hat in Deutschland eine lange Tradition. Im 19. Jahrhundert wurde das Konzept von Friedrich Wilhelm Raiffeisen und Hermann Schulze-Delitzsch als Möglichkeit zur Selbsthilfe für die ländliche Bevölkerung angesichts der durch die Industrialisierung verursachten Armut entwickelt und im Jahr 1889 durch das Genossenschaftsgesetz im deutschen Recht verankert. Schnell entwickelte sich die Unternehmensform zu einem Erfolgsmodell für demokratisches Wirtschaften.

Heute findet die Genossenschaft erneut Anklang bei Menschen, die gemeinsam etwas bewegen wollen. In einer Zeit der zunehmenden finanziellen Ungleichheit ist sie ein Rettungsanker, mit dem sich die ökonomische, gesellschaftliche und politische Teilhabe fördern lässt. Sozialunternehmer*innen und Genossenschaftsmitglieder lösen solidarisch und demokratisch Probleme, bei denen der Markt versagt.

Die Kosten einer Genossenschaftsgründung stemmen die Mitglieder gemeinsam. Dabei gibt jeder so viel, wie er oder sie sich leisten kann.

Bei den geschäftlichen Entscheidungen, die wiederum von allen Mitgliedern gemeinsam getroffen werden, spielt das beigesteuerte Kapital jedoch keine Rolle: Jedes Mitglied hat genau eine Stimme.

Dadurch wird eine Form der Demokratie greifbar gemacht, in der wirklich jeder Mensch eine Stimme hat, egal wie vermögend sie oder er ist. Das Recht auf Mitbestimmung geht dabei einher mit einem gewissen Maß an Verantwortung: Meldet die Genossenschaft Insolvenz an, sind die Einlagen der Mitglieder dahin.

Im Genossenschaftsrecht verankert ist zudem der sogenannte Förderzweck, der besagt, dass es das oberste Ziel einer jeden Genossenschaft sein muss, zum Wohlergehen der Mitglieder in wirtschaftlicher, sozialer oder kultureller Hinsicht beizutragen.

In den derzeit überall in Deutschland entstehenden solidarischen Supermärkten (z. B. SuperCoop in Berlin, FoodHub in München, WirMarkt in Hamburg und Köllektiv in Köln) besteht der Förderzweck darin, den Mitgliedern hochwertige und fair produzierte Lebensmittel zu anständigen Preisen anbieten zu können. Der für den Eintritt notwendige Pflichtanteil an der Genossenschaft fällt dabei bewusst niedrig aus und kann auch von anderen Mitgliedern verschenkt werden. Eine Rendite gibt es nicht: Gewinne werden in den Supermarkt reinvestiert, um die Leistungen für die Mitglieder weiter auszubauen. Es profitiert nicht, wer am meisten Kapital beisteuert, sondern wer die Genossenschaft am intensivsten nutzt.

Eine gesunde Ernährung wird nicht nur durch den Geldbeutel bestimmt, sondern auch durch die eigene Bildung. Daher laden genossenschaftlich organisierte Supermarkte zu Infoveranstaltungen ein und involvieren alle Mitglieder in die Sortimentsgestaltung. Die Teilnahme an der Generalversammlung wiederum erfolgt mit möglichst geringen Hürden. Eine Digitalisierung der Abläufe bietet hier große Chancen. Wer eigene Ideen in eine Genossenschaft einbringt, erlebt demokratische Teilhabe hautnah und fühlt sich dadurch vielleicht inspiriert, auch in der Politik wieder ein Wörtchen mitreden zu wollen.

Wer in so einer Genossenschaft angestellt ist, erlebt eine völlig andere Art der Erwerbstätigkeit. Mitarbeiter*innen sind einander gleichgestellt und mitverantwortlich für die Führung des Unternehmens. Viele Genossenschaften gestalten ihre Abläufe nicht nur demokratisch, sondern soziokratisch, legen Meinungsverschiedenheiten mit systemischem Konsensieren bei und leben ein Höchstmaß an Transparenz. Wer möchte da nicht mitwirken?

Trotz ihrer langen Geschichte ist die Genossenschaft aktueller denn je, setzt sie mit ihren kollektiven Eigentumsstrukturen und ihren demokratischen Entscheidungsprozessen doch einen markanten Kontrapunkt zu unserem derzeitigen Wirtschaftssystem. Wir laden alle Leser*innen herzlich dazu ein, sich zusammenzutun und gemeinsam etwas auf die Beine zu stellen. Denn schon Raiffeisen wusste: »Was dem Einzelnen nicht möglich ist, das vermögen viele.«

37 Grad und es wird noch heißer: Die Klimakrise

Seit Jahrzehnten weisen wissenschaftliche Daten deutlich in Richtung einer globalen Erwärmung, deren Tempo ungewöhnlich ist und nachweislich auf die Verbrennung fossiler Rohstoffe seit Beginn der Industrialisierung zurückzuführen ist. Die Auswirkungen dieser Erwärmung, die sich in einem hochkomplexen System in unterschiedlichen Formen ausgestalten, sind mittlerweile überall zu spüren, auch in Deutschland. Hitzewellen rollen über Indien, Kanada, Südeuropa, aber auch über die Polarregionen Sibiriens und Lapplands. An einigen Stellen der Welt kommt es zu Starkregen und Überschwemmungen, während es an in anderen Regionen zu vermehrten Dürren kommt.[30] Durch die globale Erwärmung schmilzt immer mehr Polareis und so öffnet sich eine Passage am Nordpol entlang, die ganzjährig Europa und Asien eisfrei verbindet[31] – eine gefundene Möglichkeit für Logistikunternehmen und gleichzeitig ein Vorbote des anstehenden Desasters. Hört sich das alarmistisch an? Hoffentlich! Denn all das ist gerade mal eine kleine Vorschau auf die wahrscheinlich verheerenden Auswirkungen, die noch bevorstehen.

Sicherlich hat sich der Mensch schon oft an klimatische Veränderungen anpassen müssen, sei es durch natürlichen Klimawandel oder durch Migration in andere Klimaregionen. Jedoch war die bisherige Anpassungszeit an die sich ändernden Gegebenheiten selten so kurz wie jetzt. Innerhalb kürzester Zeit werden sich sämtliche Bereiche der Gesellschaft, von der Landwirtschaft über Gebäude bis hin zum Gesundheitswesen, an immer wieder extremere Wetterumstände anpassen müssen. In Deutschland werden Starkwetterereignisse wie heftiger (Dauer-)Regen und längere Trockenheit weiterhin zunehmen. Es ist mit längeren Hitzeperioden im Sommer und weniger kalten Wintern zu rechnen.[32] Stürme, Hitzewellen, Trockenheit, Waldbrände, Wasserknappheit, Starkregen, Überflutungen und auch der Anstieg des Meeresspiegels werden sich auch hierzulande bemerkbar machen.

Flora und Fauna in vielen Regionen Deutschlands werden sich teils dramatisch verändern beziehungsweise tun dies bereits. Vor allem Tiere und Pflanzen, die es kühl und feucht mögen, werden immer weniger Raum zum Leben finden. Dabei ist weniger die Klimaveränderung an sich das Problem, sondern das ungewöhnlich hohe Tempo dieser Entwicklung, mit der viele Tiere und Pflanzen nicht Schritt halten können. Zusammen mit den ohnehin schon reduzierten Naturschutzräumen, einem hohen Versiegelungsgrad der Landschaften, dem übermäßigen Einsatz von künstlichen Pestiziden, Herbiziden und Düngern wird diese zu schnelle Erwärmung die Vielfalt der Tier- und Pflanzenarten noch weiter reduzieren. Der Verlust der Biodiversität bedroht die Lebensgrundlagen und die Nahrungssicherheit für die Menschen zusätzlich – vielleicht sogar in größerem Ausmaß als die Erwärmung an sich.

Was werden die weiteren Folgen dieser Wetterveränderung für die Gesellschaft sein? Niemand kann es mit Sicherheit sagen, aber mit großer Wahrscheinlichkeit lässt sich prognostizieren, dass ein Lebensstil, wie er in den westlichen Industriestaaten, auch hier in Deutschland, bisher gepflegt wurde, nicht mehr im gleichen Ausmaß möglich sein wird. Besonders hart wird es die deutsche Landwirtschaft treffen, die bereits heute mit Dürren zu kämpfen hat. Trockene Böden und kurze heftige Regenfälle werden dem Boden stark zusetzen. Wie bereits erläutert, können Regenstürme und Hochwasser die fruchtbare Schicht ausgetrockneter Böden leichter abtragen. Missernten werden aufgrund der widriger werdenden Wetterbedingungen häufiger vorkommen.

Bodenbewässerung wird wegen des knapper werdenden Wassers nicht mehr so einfach möglich sein. Die Landwirt*innen müssen daher auf Anbausorten setzen, die weniger Wasser benötigen und mit trockenen Böden gut zurechtkommen. Gleichzeitig ist mit weniger Ernten insgesamt zu rechnen. Mehr Anpassung, mehr Umstellungen, neue Fruchtfolgen und Anbausorten, dazu der geringere Ertrag werden zu einem Anstieg der Kosten für Lebensmittel führen und, global betrachtet, zu einer geringeren Versorgungssicherheit. Das bedeutet soziale Schieflagen, wenn die Verbraucher*innen hierzulande mit den höheren Preisen zu kämpfen haben und diejenigen mit einem geringen Einkommen eine prozentual höhere finanzielle Belastung erfahren. International gesehen wird eine schlechtere Versorgungslage bei Lebensmittel ebenfalls zu sozialen Ungleichheiten führen – reiche Staaten können die höheren Preise für Lebensmittelimporte eher zahlen als ärmere Länder. Darin liegt ein massives Konfliktpotenzial.

Auch die Forstwirtschaft wird unter der Klimakatastrophe zunehmend leiden, denn die größere Hitze und die Trockenheit sowie die milden Winter setzen den Bäumen stark zu. Sie werden anfälliger gegenüber Schädlingen wie dem Borkenkäfer und werden den vermehrt auftretenden Waldbränden, wie sie in den letzten Jahren in Teilen Brandenburgs schon aufgetreten sind, zum Opfer fallen. Abgesehen davon, dass Wälder wichtige Kohlenstoffdioxidspeicher und Sauerstofflieferanten sind, begünstigt das Schwinden der Wälder Erosion und weiteren Bodenabtrag mit allen Folgen für Pflanzen und Tiere. Waldbrände können auch eine Bedrohung für Siedlungen werden und nicht zuletzt für Gewerbegebiete und Industrieanlagen.

Wirtschaftlich ist Dürre in Deutschland ein Problem für den Nachschub in der Industrie und für die Energieversorgung. Viele Güter werden in Deutschland über Binnenfrachtschifffahrt transportiert. Sinken jedoch im Sommer die Wasserpegel der Flüsse, können Frachtschiffe nicht mehr fahren oder nur noch einen Teil der eigentlichen Last zuladen und müssen für den Transport der gleichen Menge an Gütern mehrere Fahrten durchführen. Das verteuert wiederum die Endpreise für die verschifften Güter, die Waren kommen verspätet an und es kommt zu Nachschubproblemen, wie etwa an deutschen Tankstellen in den Jahren 2018 und 2022.[33]

Doch nicht nur die Veränderung des regionalen Klimas in Deutschland wird sich bemerkbar machen, sondern auch lokale Ereignisse in anderen Regionen der Welt. Es ist damit zu rechnen, dass Überschwemmungen, Dürren und Brände in anderen Ländern die Lieferketten von deutschen Unternehmen stark beeinträchtigen werden und damit auch die hiesige Produktion, Verarbeitung und Warenverfügbarkeit. Bis zu 70 Prozent der ökonomischen

Schäden nach Naturkatastrophen gehen nicht auf direkte physische Zerstörungen zurück, sondern auf Betriebsunterbrechungen, die intern oder extern durch den Ausfall von Zulieferern ausgelöst werden.[34]

Deutschland ist zwar ein exportstarkes Land, trotzdem ist die deutsche Wirtschaft in vielen Bereichen abhängig von Importen aus vielen Ländern der Welt. Und einige dieser Länder werden heftig durch die Klimakatastrophe getroffen. So ist vorauszusehen, dass Importe aus Ländern, die den Auswirkungen des Klimawandels besonders stark unterliegen und ökonomisch nicht gut genug ausgestattet sind, um sich ausreichend anzupassen, von Lieferengpässen betroffen sein werden; hierzu zählen beispielsweise Indien, Pakistan und Bangladesch. Das ist kein gutes Zeichen, beispielsweise für Kleidung oder Technik, die in diesen Ländern für Deutschland produziert werden. Die ökonomischen Folgen würde Deutschland nicht allein tragen: Es wird mit einer Verringerung des globalen Bruttoinlandsprodukts von bis zu 20 Prozent gerechnet.[35]

Langfristige klimatische Veränderungen werden zudem weltweit zu mehr Migrationsdruck führen. Dort, wo die Böden gar keine Früchte mehr abwerfen und um das lebensnotwendige Wasser gekämpft werden muss, werden Menschen nicht mehr leben können. Wer kann, wird sich auf den Weg in Gefilde machen, wo (Über-)Leben möglich ist. Die meisten werden innerhalb ihrer Länder oder in Nachbarstaaten migrieren, soweit dort bessere Bedingungen herrschen. Personen mit den nötigen Mitteln für eine kostspielige und gefährliche Reise werden jedoch versuchen, sich auch aus weiter entfernten Regionen bis nach Europa beziehungsweise Deutschland durchzuschlagen. Es ist noch schwer abzuschätzen, welches Ausmaß die klimainduzierten Fluchtbewegungen nach Deutschland annehmen werden.[36]

Bereits heute hinterlässt der derzeitige Klimawandel seine ersten Spuren, wie die bereits genannten Beispiele aus Land- und Forstwirtschaft, Wirtschaft und Migration zeigen. Es geht schon lange nicht mehr nur um die Frage, wie die schlimmsten Auswirkungen der Klimakrise verhindert werden können, sondern um die Frage, wie man mit ihnen umgeht und sich anpasst. Für strukturelle Probleme wie Lebensmittelengpässe, für kollektive Auswirkungen wie geringere Produktivität am Arbeitsplatz wegen extremer Hitze bis zu individuellen Schutzmaßnahmen gegen Hitzschläge werden Anpassungen im hiesigen Lebenswandel nötig sein. Auch die Gesellschaft als Ganzes wird um eine Kurskorrektur nicht herumkommen. Sämtliche Versorgungssysteme, die als

Grundlage und Stabilisierung des Wohlstands dienen, sei es die Trinkwasserversorgung, die Gebäudeversicherung oder das Gesundheitswesen, müssen anders gedacht und neugestaltet werden.

Die Klimakrise ist eine Herausforderung gigantischen Ausmaßes und sowohl bei den Versuchen, noch die schlimmsten Entwicklungen aufzuhalten, wie auch bei den Anpassungen gibt es unzählige Lösungsansätze. Technische Lösungen haben hier ihren Anteil, etwa in Form effektiverer Nutzung von erneuerbaren Energien. Not macht erfinderisch und Neues ist gefragt, auch in Maßnahmen, die einen kleinen Beitrag dazu leisten, den Umgang mit Nachhaltigkeit im Allgemeinen und den Folgen der Klimakrise im Speziellen zu erleichtern. Die anderen Beispiele in diesem Kapitel und die genannten Lösungsansätze spielen auch bei der Bewältigung der Klimakrise eine Rolle. Im hier folgenden Beispiel soll es allerdings zuerst um eine andere Teillösung gehen, die sich mit der Ausrichtung von Unternehmen auseinandersetzt: die Gemeinwohlökonomie. Sie macht mithilfe einer bestimmten Berechnungsmethode die Auswirkungen unternehmerischen Handelns auf soziale, ökologische und ökonomische Nachhaltigkeit sichtbar und legt damit offen, was Firmen im Guten wie im Schlechten für Gesellschaft und Umwelt bewirken (können).

Gemeinwohlökonomie als Soziale Innovation

Gastautor: Dr. Christoph Harrach (Nachhaltigkeitsökonom und zertifizierter Gemeinwohlökonomie-Berater)

Die plural-ökonomische Bewegung der Gemeinwohlökonomie (GWÖ) kann als Soziale Innovation verstanden werden. Ihre Thesen und Praktiken verbreiten sich seit den 2010er-Jahren weltweit, ausgehend vom gleichnamigen Buch des Autors Christian Felber. Das Ziel ist es, einen Beitrag zur gesellschaftlichen Veränderung durch die Transformation des Wirtschaftssystems zu bewirken. Die GWÖ geht dabei neue Wege, um die nachhaltige Entwicklung in den Handlungsfeldern Wirtschaft, Politik, Bildung und Zivilgesellschaft zu fördern.

Die Ansätze der GWÖ zur Problemlösung sind innovativ und werden deshalb international nachgeahmt: Aktuell umfasst die Bewegung weltweit 11.000 Unterstützer*innen, rund 5.000 Mitglieder in über 170 Regionalgruppen, 35 GWÖ-Vereine, über 1.000 bilanzierte Organisationen, knapp 60 Gemeinden und Städte sowie 200 Hochschulen, die die Vision der Gemeinwohlökonomie verbreiten, umsetzen und weiterentwickeln.

Im Handlungsfeld Wirtschaft bietet die GWÖ mit ihrer Gemeinwohlbilanz ein erprobtes Managementwerkzeug, um die Auswirkungen von Unternehmen jeglicher Branche und Größe auf das Gemeinwohl systematisch zu erheben und zu bewerten. Herzstück der GWÖ-Bilanz als ein Standard zur Nachhaltigkeitsberichterstattung ist die Gemeinwohl-Matrix. Sie operationalisiert die definierten Grundwerte der GWÖ und setzt sie mit den Stakeholdern des Unternehmens in Beziehung. Die Werte der GWÖ werden in die Aspekte Menschenwürde, Solidarität und Gerechtigkeit, ökologische Nachhaltigkeit und Transparenz und Mitentscheidung unterteilt. Als relevante Stakeholder oder Berührungsgruppen identifiziert die GWÖ Gruppen wie Lieferant*innen, Eigentümer*innen und Finanzpartner*innen, Mitarbeitende, Kund*innen, Mitunternehmen und das gesellschaftliche Umfeld. Dies schließt auch solche Gruppen ein, die heute noch keine Stimme haben, wie beispielsweise Pflanzen, Tiere oder nachfolgende Generationen. Durch die Kombination der GWÖ-Werte mit den Berührungsgruppen entsteht eine Matrix mit 20 thematischen Feldern, die im Rahmen einer Gemeinwohlbilanzierung bearbeitet werden.

Der Prozess zur GWÖ-Bilanzierung kann als Maßnahme zur Berufsbildung Nachhaltige Entwicklung (BBNE) verstanden werden. Durch die Teilnahme an den Bilanzierungsworkshops erhalten Mitarbeiter*innen aller Unternehmensbereiche neues Wissen und Werkzeuge, wie der betriebliche Alltag und die entsprechenden Prozesse zukunftsfähiger gestaltet werden können. Dadurch entstehen im Unternehmen positive Effekte für drei Unternehmensbereiche. Erstens profitiert das Personalwesen durch eine bessere Mitarbeiter*innenbindung, die auf die Aspekte Beteiligung und Mitbestimmung, Verbesserungen des Betriebsklimas und Schaffung einer klaren Wertebasis zurückzuführen sind. Die GWÖ-Workshops bieten auch einen geeigneten Rahmen, damit sich nachhaltigkeitsorientierte Mitarbeiter*innen mit ihren privaten Überzeugungen in die Organisationsentwicklung einbringen können, was zu einer Steigerung ihres Commitments führt. Zweitens entstehen für das Marketing positive Wirkungen, da Transparenz über die unternehmerischen Tätigkeiten hergestellt wird, was zu einer Stärkung von Vertrauen bei bestehenden und neuen Kund*innen führt. Und drittens entstehen Vorteile für das Innovationsmanagement durch die vielen Verbesserungsideen, die festgeschrieben werden. Daraus können wertvolle Veränderungsimpulse erwachsen, zum Beispiel die Optimierung der Lieferkette oder der Energieeffizienz, neue Produktentwicklungen durch eine Kooperation mit anderen Marktteilnehmer*innen oder Verbesserungen im betrieblichen Gesundheitswesen.

Insgesamt führt also die Arbeit mit der GWÖ zu ökonomischen Vorteilen. Allerdings ist der erhebliche Zeitaufwand zur Erstellung einer Gemeinwohlbilanz ein zentrales Hemmnis für Unternehmen, sich daran zu beteiligen. Hier könnten durch steuerliche Vorteile für gemeinwohlorientierte Unternehmen finanzielle Anreize geschaffen werden, damit sich mehr Unternehmen der Gemeinwohlökonomie anschließen können.

Bis zum letzten Tropfen: Die nahende Verknappung

In den letzten Jahrzehnten haben sich die Menschen in Deutschland und anderen westlichen Industriestaaten an einen Lebensstandard gewöhnt, der nur unter hohem materiellen und menschlichen Einsatz aufrechtzuerhalten ist. Die Zahl der Menschen in den westlichen Staaten sinkt zwar tendenziell, global steigt die Bevölkerung allerdings an, und gleichzeitig schaffen es immer mehr Staaten, ihren Bürger*innen einen am »westlichen« Lebensstil orientierten Wohlstand zu verschaffen. Da dieser Wohlstand in diesem geradezu exzessiven Ausmaß früher oder später an seine Grenzen stoßen muss, stellt sich eine neue Herausforderung: die Verknappung von Ressourcen in verschiedener Ausformung.

Zum einen die Grundlagen: die natürlichen Ressourcen. Im Durchschnitt verbraucht jeder Mensch hierzulande 16 Tonnen Rohstoffe pro Jahr: Wasser, Metallerze, fossile Energieträger und vieles mehr.[37] Diese Rohstoffe – in Verbindung mit technischen Erfindungen – sind die Basis für den ausladenden Lebenswandel vor allem im globalen Norden. Wie jedoch anhand der planetaren Grenzen deutlich wird, sind die Ressourcen der Erde nicht unendlich und teilweise auch nicht erneuerbar.

Ein Marker für den übermäßigen Verbrauch ist der vor einigen Jahren eingeführte »Erdüberlastungstag«. Er zeigt an, an welchem Datum im Jahr ein Land so viele Ressourcen verbraucht hat, wie die Erde in einem Jahr regenerieren und an natürlichen Vorräten »bereitstellen« könnte. In den Industriestaaten rückt dieses Datum immer weiter nach vorne. Im Jahr 2023 fiel der deutsche Erdüberlastungstag auf den 4. Mai. Das war der Tag, an dem das Land die ihm global im Durchschnitt zur Verfügung stehenden natürlichen Ressourcen verbraucht hatte.[38] Würde man der Berechnung konsequente Taten folgen lassen, hätte Deutschland ab diesem Tag für den Rest des Jahres sämtlichen Energie- und Ressourcenverbrauch einstellen müssen. Doch der Verbrauch läuft weiter, sodass Deutschland mittlerweile die Ressourcen von über zwei Erden pro Jahr verschleißt. Und hier leben nur 83 Millionen Menschen. In vielen anderen Ländern sieht es nicht besser aus; ein wirklich nachhaltiger Lebenswandel scheint in der Gegenwart selbst in armen Ländern kaum noch möglich.

Als wäre das nicht schon genug, warnen Forscher*innen schon seit einigen Jahren vor der Verknappung weiterer Rohstoffe, darunter Gold, Rohöl, Kupfer und Zink. Technische Innovationen und das Auffinden immer neuer Vorkommen lassen das Fördermaximum – also den Zenit der Förderung – immer weiter nach hinten rutschen. Aber irgendwann ist definitiv Schluss. Recycling ermöglicht zwar die Rückgewinnung eines bestimmten Anteils dieser Stoffe, aber für fossile Brennstoffe gibt es nach dem Verbrennen kein Zurück. Metalle der seltenen Erden werden indes in Konsumgütern oft in so geringen Mengen verwendet, dass sich eine Rückgewinnung gar nicht rentieren würde – dennoch werden sie ja aus dem Boden gefördert und als Rohmaterial aufgebraucht.[39] Wenn das Fördermaximum für Rohstoffe erreicht ist, werden die Preise für diese Materialien steigen, denn die Kosten für den Abbau aus weniger gut erreichbaren Förderorten oder für die Aufbereitung qualitativ minderwertiger Vorkommen steigen gleichzeitig an, während die noch vorhandenen Mengen immer mehr schwinden.

Ein wenig beachteter Rohstoff ist von besonderer Bedeutung und macht daher auch besonders viele Sorgen: Phosphor. Als Teil der oben erwähnten planetaren Grenzen[40] ist er einer der wichtigsten Ausgangsstoffe in der Landwirtschaft. Alle Lebewesen brauchen Phosphor, auch der Mensch. Die DNA und Teile der Zellen enthalten diesen chemischen Stoff. Phosphor ist einer der drei Grundstoffe[41] für Düngemittel, und man schätzt, dass rund die Hälfte der Menschheit mit Lebensmitteln ernährt wird, die mit Phosphor in Form von Mineraldünger angebaut werden. Da er nicht künstlich hergestellt werden kann, wird er aus Minen abgebaut; die größten Vorkommen befinden sich vor allem in Marokko. Als chemisches Element verbleibt er in den Lebewesen, die ihn aufgenommen haben. Alternativ lagert er sich im Boden ab oder wird durch Wasser ausgeschwemmt. Eine Extraktion aus Pflanzen, dem Boden oder dem Wasser – außer in Abwasser über menschliche Exkremente – wäre sehr kostspielig. Phosphor stellt damit eine endliche Ressource dar, die mit jedem Kilo, das genutzt wird, weniger zur Verfügung steht, da sie kaum zu recyceln beziehungsweise aus anderen Materialien herauszulösen ist. Ohne Phosphor werden die jetzigen landwirtschaftlichen Anbaumethoden jedoch nicht möglich sein.[42] Das ist für ein Land wie Deutschland besonders schwerwiegend, da fast die gesamten mehr als 200.000 Tonnen Phosphor, die man hierzulande jährlich verbraucht, importiert werden.[43]

Es ist stark umstritten, wann das Fördermaximum von Phosphor erreicht sein wird. Manche sehen es schon überschritten, andere gehen noch von vielen Jahrzehnten aus. Fakt ist jedoch, dass der Abbau der Vorkommen immer teurer wird. Dies treibt die Kosten für Düngemittel und somit auch die Preise für Nahrungsmittel in die Höhe. Zudem sind die Methoden, um Phosphor aus immer unreineren Vorkommen zu extrahieren, ökologisch mit immer mehr Nachteilen behaftet. Die Frage, inwieweit technische Innovationen hierfür Abhilfe schaffen können, ist nicht geklärt. Im Gegenzug zu Wasser, Stickstoff oder Kohlenstoff kommt Phosphor nicht in der Luft vor und kann auch nicht aus ihr gewonnen werden. Die Landwirtschaft vieler Staaten wird also voraussichtlich bis zur vollkommenen Erschöpfung der Phosphorvorkommen von Exportländern abhängig sein, die über 80 Prozent der geschätzten Vorkommen besitzen. Dies wiederum hat negative Auswirkungen auf die

Ernährungssicherheit. Um die Verknappung von Phosphor abzufedern oder sogar abzuwenden, muss sich einiges am landwirtschaftlichen System ändern: Die Effizienz des Phosphoreinsatzes müsste gestärkt werden (weniger chemische Düngung) und weitere Quellen von Phosphor müssten erschlossen und genutzt werden (aus landwirtschaftlichen Abfällen und Essensresten, aus Mist und selbst aus menschlichen Exkrementen). Ein weiterer Weg wäre die Umstellung der Ernährung in der Breite, weg von stark phosphorverbrauchenden Lebensmitteln wie Fleisch, hin zu einer pflanzenbasierten Ernährung.[44]

Der Mangel und die Verteuerung von Rohstoffen werden eine weitere Verknappung nach sich ziehen, nämlich in der Produktion diverser Industrie- und Wirtschaftszweige. Und diese werden auch ohne Materialmangel schon ihre Probleme bekommen: Extreme Wetterereignisse, wie Trockenheit und Starkregen, werden dazu führen, dass einige Lebensmittel und Waren knapper werden. Ernteeinbußen und Beeinträchtigungen der Lieferketten, insbesondere aus Ländern des globalen Südens, werden der Industrie zusetzen, ganz zu schweigen von den Investitionen, die notwendig werden, um mit den Folgen der Klimakrise zurechtzukommen. Hierzu zählen Kosten für den Wiederaufbau von zerstörten Produktionsanlagen, für Ernteausfälle und den Ausgleich von Wassermangel. Letzterer wird vor allem für diejenigen Industrien kritisch, die große Mengen an Wasser benötigen, wie beispielsweise die Chemie-, Metall- und Papierindustrie. Auch wird weniger Wasser für die Kühlung von Kraftwerken in der Energieerzeugung zur Verfügung stehen.[45]

Obendrauf kommen noch die volkswirtschaftlichen Kosten und Verluste, die durch hitzebedingte Arbeitsausfälle entstehen. Diese belaufen sich laut einer Studie seit dem Jahr 2000 bereits auf 145 Milliarden Euro, was durchschnittlich 6,6 Milliarden Euro pro Jahr ausmacht.[46] Die Kosten könnten laut einer anderen Studie bis zum Jahr 2050 auf bis zu 900 Milliarden Euro anwachsen.[47] Die Versicherungen stellen sich bereits jetzt auf höhere Risiken durch die Klimakrise ein.[48]

Apropos Geld: Auch das könnte knapp werden. Um die deutschen Klimaziele[49] zu erreichen, müssen Industrie, Handel, Staat und Privathaushalte – also quasi jeder Bereich des gesellschaftlichen Lebens – umgestellt werden. Dekarbonisierung lautet die Devise, also die Umstellung der Wirtschaft auf einen Betrieb mit möglichst niedrigem Kohlenstoffdioxidausstoß oder bestenfalls auf CO_2-Neutralität. Das dafür notwendige Investitionskapital ist immens.[50] Um weltweit allein die Forschung und konzeptionelle Entwicklung von Geräten zu finanzieren, mit deren Hilfe die Energiegewinnung auf klimaneutral umgestellt werden kann, sind laut der Internationalen Energieagentur globale Investitionen von mindestens 320 Milliarden US-Dollar bis zum Jahr 2030 notwendig.[51] Mit dieser Summe sind noch nicht mal Bau, Installation und Betrieb dieser Geräte abgedeckt.

Diese Investitionen werden wiederum an anderer Stelle fehlen. Das Geld für die bisherige oder frühere Entwicklung neuester technischer Gadgets und Extras wird in Zukunft verstärkt in die Vermeidung und Linderung von Klimafolgen fließen müssen. Expert*innen warnen, dass der Klimawandel und die Dekarbonisierung zu einer Dämpfung des Wirtschaftswachstums führen und finanzielle Einschränkungen verursachen wird.[52]

Eine weniger materiell ausgerichtete Verknappung hält im Zuge des demografischen Wandels in Deutschland Einzug. Sowohl die Anzahl von Personen zwischen 15 und 24 als auch ihr prozentualer Anteil an der Bevölkerung ist in den letzten Jahren gesunken. Am Ende des Jahres 2021 machten junge Menschen nur noch 10,1 Prozent der deutschen Bevölkerung aus. Das sind über 6 Prozentpunkte weniger als noch im Jahr 1984 – der Tiefststand seit Beginn der Datenerhebung im Jahr 1950.[53] In den Bundesländern unterscheiden sich diese Zahlen teils merklich. So lag der Anteil junger Menschen in Bremen beispielsweise bei 11,1 Prozent und in Mecklenburg-Vorpommern bei nur 8,2 Prozent. Junge Personen stellen allerdings in naher Zukunft die arbeitende Bevölkerung dar. Sie werden zukünftig als Bäcker*innen, leitende Angestellte, Forscher*innen und Automechaniker*innen arbeiten. Gibt es zu wenige junge Menschen, werden viele dieser Stellen jedoch nicht mehr besetzt werden können.

Gleichzeitig steigt die Anzahl der älteren Menschen. Der Bevölkerungsanteil an Personen, die 65 Jahre und älter sind, ist zwischen den Jahren 1991 und 2020 um 7 Prozentpunkte gestiegen. Zwar ist der Anteil von Personen, die auch noch im hohen Alter arbeiten, gleichermaßen gestiegen, aber es ist zu erwarten, dass Personen in höherem Alter durchschnittlich weniger produktiv sind als junge Personen.[54] Der Fachkräftemangel, der bereits jetzt ein ernst zu nehmendes Problem in Deutschland darstellt, wird dadurch noch verstärkt. Immer weniger Stellen in Unternehmen und öffentlichen Institutionen können besetzt werden, und Arbeitskraft verwandelt sich damit immer mehr zu einem limitierten Faktor in der Wirtschaft. Inwieweit die Automatisierung durch Roboter, Maschinen und Algorithmen die Lücke wird füllen können, ist unklar.

Weniger Arbeitskräfte bedeutet zumindest bei gleichbleibender Produktivität aber auch, dass weniger Steuern und Sozialabgaben an den Staat gezahlt werden. Gleichzeitig wird mehr für die Renten und Pensionen des steigenden Anteils der älteren Bevölkerung ausgegeben werden müssen, auch die Kosten für die Krankenversicherungen nehmen in einer immer älter werdenden Bevölkerung zu. Insgesamt wird der Staat bei höheren Ausgaben mit weniger Einnahmen rechnen können, was entweder zur Verknappung bei Sozialleistungen führen wird oder zur Verknappung der Nettolöhne, da immer weniger sozialversicherungspflichtig Beschäftigte immer mehr Leistungsempfänger*innen finanzieren müssen.

Die Formen der ins Haus stehenden Verknappungen sind also höchst unterschiedlich, ebenso wie ihre Ursachen. Einfach nur alles auf einen »zu hohen Verbrauch« zu schieben, greift zu kurz. Denn dieser hohe Verbrauch ist in den wenigsten Fällen Selbstzweck, sondern stellt die Grundlage eines gewissen Wohlstands und Lebensstils sicher. Aus dem komplexen Zusammenspiel zwischen natürlichen Grundlagen und menschlichen Handlungen spinnt sich ein Netz aus vielfältigen Verbindungen, das nicht mit einer einfachen Lösung zu entwirren ist.

Die nahende Verknappung bedeutet nicht das Ende der Menschheit. Aber sie bringt sicherlich eine erzwungene Abkehr von einer extravaganten Lebensweise mit sich. Wenn keine seltenen Erden mehr im Boden zu finden sind, können sie auch nicht geschürft werden. Auch Energieträger wie Erdöl und Erdgas werden ihrem Ende zugehen. Und bis sie vollends erschöpft sind, werden sie konstant teurer werden, bis zu einem Punkt, an dem es nicht mehr ökonomisch sinnvoll ist, sie zu extrahieren. Das Verschwinden des günstigen Verhältnisses von Arbeitskräfteangebot zu Konsumnachfrage, von dem die Babyboomer-Generation profitiert hat, wird zu weiteren Verwerfungen führen. Wenn der Mensch seinen Lebensstil nicht ändert, steht ihm damit potenziell ein »peak everything« – eine Verknappung aller erdenklichen gesellschaftlichen Faktoren – bevor.

Keine billige Energie, fehlende Arbeitskraft, weniger Mineralien und Metalle, Mehrkosten – die Umwälzungen und Verwerfungen für die Gesellschaften der Industriestaaten werden massiv sein. Es ist gut möglich, dass an diesem Punkt auch das Maximum an angehäuftem Vermögen und Wohlstand, die maximale Qualität der Hochtechnologie und der Höchststand der globalen Bevölkerung erreicht werden. Einige Wissenschaftler*innen rechnen damit, dass der Menschheit noch zwanzig bis vierzig Jahre bleiben, um neue Systeme für den Umgang mit den globalen Ressourcen zu entwickeln und einzusetzen.[55]

Ein Niedergang des hochtechnologischen, ressourcenintensiven und konsumfreudigen Lebensstils wird nicht sofort spürbar sein und auch nicht abrupt, sondern er wird eher schleichend eintreten. In einem System befindet sich bisweilen noch so viel restliches Momentum, dass es noch eine Weile unverändert weiter funktioniert – wie ein Auto, dessen Tank schon leer ist, aber noch ein Stück weiterrollt. Von vielen noch unbemerkt gehen der Menschheit wichtige Grundlagen aus. Es ist nur noch eine Frage der Zeit, bis vor allem den Menschen in den Industriestaaten schmerzhaft bewusst werden wird, dass die historisch einmalige Reise der letzten 200 Jahre zu Ende gehen muss.[56]

Wie kann der Ressourcenverbrauch eingeschränkt werden? Wie können Ressourcenflüsse in der Wirtschaft nachhaltiger aufgestellt werden? Dazu gibt es bereits in Politik, Forschung, Industrie und in zivilgesellschaftlichen Initiativen zahlreiche Ansätze, auch mit sozial innovativen Ideen. Einer davon ist ein altes Konzept in neuem Gewand: Mehrweg. Der folgende Gastbeitrag untersucht, wie Mehrweg einen Teil der Verpackungsflut eindämmen kann und damit Ressourcen einspart. Das Besondere an diesem Beispiel ist die ganzheitliche Betrachtungsweise, die nicht nur technische Möglichkeiten, sondern auch die Änderung des Konsumverhaltens in Deutschland miteinbezieht. Denn gerade bei Verknappung gibt es unzählige Hebel, über die ein Umsteuern möglich wird.

Im Kreislauf kriegen wir die Kurve

Gastautorin:
Anika Oppermann (Mehrwegverband Deutschland e. V.)

Was auch immer wir kaufen oder transportieren – es kommt in der Regel in einer Verpackung daher. Verpackungen sind ein wichtiger Bestandteil von Produkten, dienen sie doch dem Produktschutz, dem Transport, der Information und dem Marketing. Leider erfüllen sie diese Funktionen meist nur einmalig und enden meist früher als später im Abfall. Allein in Deutschland sind im Jahr 2020 rund 18,8 Millionen Tonnen Verpackungsabfall angefallen. Das Versprechen, Einwegverpackungen in ihrer unendlichen Vielfalt zu recyceln, hat sich bisher nicht erfüllt, da nur beispielsweise 15 Prozent der Kunststoff-Einwegverpackungen wieder als Rezyklat in Verpackungen eingesetzt werden. Unser aktuelles lineares Wirtschaftsmodell berücksichtigt nicht, dass Ressourcen begrenzt sind. Ohne ambitionierte Maßnahmen wird sogar erwartet, dass der Verpackungsmüll in Europa bis zum Jahr 2040 um weitere 19 Prozent und das Kunststoffverpackungsaufkommen um 46 Prozent zunehmen wird.

Dabei gibt es verschiedene Lösungsansätze, um Verpackungsmüll zu vermeiden und Kreisläufe von Verpackungsmaterial zu schließen, um weder Wertstoffe zu verlieren noch Ressourcen zu verschwenden. Einer dieser Lösungsansätze ist Mehrweg. Mehrwegverpackungen sind Verpackungen, die dazu bestimmt sind, mehrfach zum gleichen Zweck wiederverwendet zu werden. Seit Jahrzehnten sind Mehrwegverpackungen in der Getränkeindustrie und im Bereich der Transportverpackungen etabliert. In den letzten Jahren kommen immer mehr Start-ups, nachhaltig ausgerichtete Unternehmen und Forschungseinrichtungen dazu, Mehrweglösungen für neue Anwendungsbereiche wie Versandhandel, vorverpackte Lebensmittel, Thekenware im Supermarkt, Drogerieartikel und Kosmetik bis hin zum Außer-Haus-Verzehr zu entwickeln, zu nutzen oder darüber zu forschen. Unterstützt werden diese

Entwicklungen durch Kommunikation und Öffentlichkeitsarbeit von Umwelt- und Verbraucherschutzverbänden und der Gesetzgebung, wie durch das Mehrwegangebotspflicht seit Anfang des Jahres 2023.

Um die Thematik im gesamtgesellschaftlichen Interesse voranzutreiben, hat sich der gemeinnützige Mehrwegverband Deutschland e. V. im Februar 2022 gegründet. Die Transformation zu zirkulären Wertschöpfungsketten können wir nur gemeinsam mit einer Vielfalt an Akteuren schaffen. Deswegen bilden ein interdisziplinäres und intersektorales Netzwerk an Mitgliedern aus Wirtschaft, Wissenschaft und Zivilgesellschaft, deren Vernetzung und Erfahrungsaustausch sowie das Schaffen von Räumen für Kollaboration innerhalb des Verbands und mit Dritten das Fundament für unser Wirken. Um den Wandel von linearen Wertschöpfungsketten hin zu wirtschaftlich effizienten und ökologisch vorteilhaften Mehrwegsystemen zu beschleunigen, stehen der Auf- und Ausbau der Rückgabe- und Reinigungsinfrastruktur einschließlich der digitalen Infrastruktur, die Standardisierung, die politische Interessenvertretung, die Öffentlichkeitsarbeit, das Stärken von Kompetenzen sowie die Förderung von Wissenschaft und Forschung zu Mehrweg-Themen im Fokus. Ein Jahr Mehrwegverband hat uns nun gezeigt, dass wir gemeinsam viel bewegen können, um unser Verpackungsproblem in den Griff zu bekommen und Mehrweg zum neuen Standard zu machen.

Mehr als nur eine Laus über die Leber: Belastete Psyche

In den letzten Jahren ist die Aufmerksamkeit für das mentale Befinden der Bevölkerung – vor allem im globalen Norden – gestiegen. In Deutschland wird mehr darüber gesprochen, wie man sich fühlt, was einem auf dem Herzen liegt und welche Wünsche man im und an das Leben hat. Das hat unter anderem damit zu tun, dass sich die Arbeitswelt in den letzten Jahrzehnten verändert hat. So schreibt das Robert Koch-Institut, dass

»bei zunehmender gesellschaftlicher Komplexität und steigenden Anforderungen in einer modernen Industrie-, Dienstleistungs- und Wissensgesellschaft [...] eine gute psychische Gesundheit als gesamtgesellschaftliches Ziel einen erhöhten Stellenwert erreicht [hat].«[57]

Psychische Gesundheit wird also wichtiger, je komplexer die Lebens- und Arbeitsumstände sind und je mehr sich in einer Gesellschaft die Wirtschaft von körperlichen, produzierenden hin zu kopflastigen, dienstleistungsorientierten Tätigkeiten ausrichtet.

Die Weltgesundheitsorganisation WHO definiert psychische Gesundheit als einen »Zustand des Wohlbefindens, in dem eine Person ihre Fähigkeiten ausschöpfen, die normalen Lebensbelastungen bewältigen, produktiv arbeiten und einen Beitrag zu ihrer Gemeinschaft leisten kann.«[58] Psychische Störungen demgegenüber

»stellen Störungen der psychischen Gesundheit dar, die oft durch eine Kombination von belastenden Gedanken, Emotionen, Verhaltensweisen und Beziehungen zu anderen gekennzeichnet sind. Beispiele für psychische Störungen sind Depressionen, Angststörungen, Verhaltensstörungen, bipolare Störungen und Psychosen.«[59]

Inwieweit sich ein Mensch psychisch gesund und wohlfühlt, wird bestimmt durch individuelle Merkmale und insbesondere auch durch das soziale Umfeld und die Umstände, unter denen er lebt. Zudem variiert die Art des Umgangs mit verschiedenen Situationen im Leben stark von Person zu Person.

Entgegen dem weitverbreiteten Eindruck nimmt die Anzahl der psychischen Erkrankungen *nicht* zu.[60] Was steigt, ist die gesellschaftliche Wahrnehmung und Sensibilisierung gegenüber psychischen Problemen. Noch vor wenigen Jahren waren psychische Beschwerden stigmatisiert oder gar tabuisiert, während gegenwärtig immer offener über psychisches Befinden und die Ursachen seelischer Erkrankungen wie Angsterkrankungen, Depressionen, Burn-out und andere gesprochen wird.[61] Vor allem während der Covid-19-Pandemie wurde die psychische Gesundheit zu einem weltweiten Fokusthema und fand ihren Weg in die Alltagswelt.

Seit den 1970er-Jahren werden in Deutschland Daten zur psychischen Gesundheit erhoben. Die häufigsten psychischen Erkrankungen sind Angststörungen, affektive Störungen wie Depression oder bipolare Störungen sowie Suchterkrankungen. In einer Umfrage im Jahr 2010 gaben fast 62 Prozent der Befragten an, sich durchschnittlich oder besser als durchschnittlich wohlzufühlen, annähernd 28 Prozent fühlten sich unterdurchschnittlich wohl und 10,5 Prozent antworteten, dass sie sich in ihrer psychischen Gesundheit beeinträchtigt fühlten.[62] Damit fühlte sich über ein Drittel weniger als durchschnittlich gut. Einschneidende negative Ereignisse, wie die Covid-19-Pandemie, lassen das Wohlbefinden in der Bevölkerung natürlich sinken.[63]

Gesundheit und Wohlempfinden werden durch sehr viele unterschiedliche Faktoren beeinflusst. Die individuellen Charakteranlagen stehen in ständigem Austausch mit der Umwelt. In einer stressigen oder belastenden Situation greift man entweder auf angeborene oder erlernte Mechanismen zurück, um mit diesen umzugehen. Doch nicht immer greifen die instinktiven Methoden[64] und nicht jeder Mensch hat alternative Methoden zum Umgang mit Stress erlernt. Biologische Vorbedingungen wie Alter oder genetische körperliche Erkrankungen, aber auch persönliche Erfahrungen in der Kindheit haben einen Einfluss auf die seelische Gesundheit und Stabilität. So sind Kinder von Eltern, die selbst eine Angst- oder depressive Störung haben, tendenziell anfälliger dafür, auf schwierige Situationen mit Angst oder Rückzug zu reagieren. Sozioökonomische Faktoren wie Bildung, die berufliche und finanzielle Situation sowie Unterstützung durch die Familie oder das soziale Netzwerk beeinflussen die seelische Verfassung und Widerstandsfähigkeit ebenfalls sehr stark.[65]

Das Zusammenspiel dieser unterschiedlichen und nur zum Teil beeinflussbaren Variablen hat Auswirkung auf das Empfinden, auf die emotionale und mentale Verfassung und damit auf die Kraft, mit der sich Menschen in die Gesellschaft einbringen können. Menschen, die sich psychisch gesund fühlen, können ihre Potenziale besser abrufen. Diese Potenziale sollen nicht im ökonomischen Sinne verstanden werden, sondern in Hinsicht auf Selbstfürsorge, gesellschaftliches Engagement, zum Beispiel in Vereinen, politischen Gruppen oder im Ehrenamt, aber auch im essenziellen zwischenmenschlichen Miteinander. Wenn sich Menschen emotional stabil und seelisch sicher fühlen, haben sie mehr mentale Ressourcen, um sich um andere zu kümmern und sie zu unterstützen. Wer selbst mit Krisen und seelischen Krankheiten zu kämpfen hat, befindet sich unter einem hohen Stresslevel und damit in einer Art Überlebensmodus. Diese Situation weist durchaus Parallelen zu finanziell prekären Lebensverhältnissen auf: Wer ständig damit beschäftigt ist, sich ökonomisch oder gesundheitlich über Wasser zu halten, braucht dafür seine ganze Kraft, zieht sich entsprechend mehr und öfter zurück und stößt damit nicht selten auf Unverständnis im Umfeld.

Da stellt sich die Frage: Wenn psychische Erkrankungen zusehends enttabuisiert werden und gleichzeitig nicht weiter steigen, wieso ist das Thema dann noch eine gesellschaftliche Herausforderung? Ganz einfach: Weil gerade das steigende Bewusstsein für psychische Erkrankungen, ihre Ursachen und Folgen im Zusammenhang mit anderen gesellschaftlichen Herausforderungen eine zusätzliche Komplexität ins Spiel bringt und die wechselseitige Beeinflussung nicht zu unterschätzen ist. Außerdem sind die immer besseren Erkenntnisse über die Funktionsweise der menschlichen Psyche wichtige Ansatzpunkte für Lösungen gesellschaftlicher Herausforderungen. Zwei Beispiele, die aus individueller wie struktureller Perspektive in Wechselwirkung tiefgreifende psychische Auswirkungen haben: der Arbeitsalltag und die Klimakrise.

Es gibt inzwischen ausreichend wissenschaftliche Untersuchungen, auf welche Weise die Arbeitswelt Einfluss auf die psychische Gesundheit von Menschen nehmen kann. Auf der einen Seite bildet die Erwerbsarbeit eine Basis für den Lebensunterhalt und je nach Verdienst einen nicht unerheblichen Beitrag zum persönlichen Wohlstand. Zusätzlich bringt die Arbeit eine Anbindung an eine soziale Gruppe mit sich und stellt für viele Menschen einen Ort dar, an dem sie Selbstwirksamkeit und Bestätigung erfahren. Auf der anderen Seite kann Arbeit zu massiven Belastungen führen, wenn sie von hohem Zeitdruck geprägt ist oder von Anforderungen, die als nicht bewältigbar empfunden werden. Wird Mitarbeitenden kein oder nur wenig Handlungsspielraum zur Verfügung gestellt, kann dies zu Gefühlen der Überforderung, Hilflosigkeit und Ohnmacht führen, die auf Dauer Burn-out oder Depressionen auslösen können. Schlechte Bezahlung, die dazu führt, dass man trotz Vollzeitjob auf zusätzliche Gelder vom Staat für die Deckung der Lebenshaltungskosten angewiesen ist, befristete Verträge, Arbeitsplatzunsicherheit und schlechte Führung durch Vorgesetzte können zu einem konstant erhöhten Stresslevel der Angestellten führen. Diesen im Griff zu halten oder zu regulieren kann eine große Menge Energie kosten. Wird der erhöhte Stresspegel zu einem Dauerzustand, sind nicht nur seelisch-geistige Erschöpfungen die Folge, sondern auch körperliche Beschwerden in Form eines geschwächten Immunsystems, chronischer Entzündungen, unspezifischer Schmerzen und weiterer Symptome.

Die Einführung von technischen Hilfsmitteln und Instrumenten hat in den letzten Jahren nicht zwangsläufig zu einer Entlastung am Arbeitsplatz gesorgt. Zwar mögen einige körperlich schwere und gesundheitsschädigende Tätigkeiten reduziert oder abgemildert worden sein, doch im Gegenzug hat die Verdichtung der Aufgaben massiv zugenommen. Der Wettbewerbsdruck auf Firmen, sich auf einem globalen Arbeitsmarkt durchsetzen zu müssen, wirkt sich auch auf die Mitarbeitenden aus. Mit der digitalen Vernetzung wurden eine Mentalität der ständigen Erreichbarkeit und die Erwartung an eine beschleunigte Reaktion auf sich immer schneller verändernde Märkte etabliert. Nicht zuletzt ausgelöst durch technische Innovationen zwingt diese Beschleunigung und Verdichtung auch die Arbeitnehmer*innen zu immer schnelleren Anpassungen an aktuelle Entwicklungen und führt zu einer steigenden Anzahl an Aufgaben.

Es ist unklar, wie dieser Trend sich fortsetzen wird, da nicht zuletzt der demografische Wandel einen massiven Bruch in der Erwerbslandschaft mit sich bringen wird. Weniger Arbeitskräfte bei annähernd gleichbleibenden oder steigenden Erwartungen an die Qualität und Quantität der Ergebnisse – das klingt nach einer Zuspitzung der Lage in Deutschland. In einer Befragung der Bundesanstalt für Arbeitsschutz und Arbeitsmedizin antwortete rund jede*r Zehnte, dass sie oder er bereits jetzt unter Burn-out leidet.[66] Diese Belastung wirkt sich nicht nur negativ auf die Lebensqualität der Menschen und ihre Fähigkeit zu gesellschaftlicher Teilhabe aus, sondern zieht nicht zuletzt durch die höhere Anzahl von Krankheitstagen höhere Kosten für das Gesundheitssystem und die Volkswirtschaft nach sich.

Mit psychischen Erkrankungen musste die Menschheit schon immer leben. Die Frage ist, wie man mit Erkrankungen umgehen kann, wenn die eigenen, individuell verfügbaren Maßnahmen zur Bewältigung nicht greifen oder nicht ausreichen. Kommt Hilfe beim Umgang mit dem Unwohlsein zu spät, können sich die Beschwerden als chronische Erkrankung festsetzen. Menschen mit dauerhaften psychischen Beeinträchtigungen haben es besonders schwer in der Gesellschaft. Oft verlieren sie ihre Anstellung (was Depressionen durch zum Beispiel den Wegfall sozialer Kontakte oder eines strukturierten Tagesablaufs verschlimmern kann) oder haben es schwer, eine solche zu finden. Mit dem Anstieg von Stressoren in der Arbeitswelt und in der Umwelt ist das Risiko groß, dass mehr Menschen erkranken, dauerhaft krank bleiben und weniger Ressourcen für ökonomische wie gesellschaftliche Teilhabe haben.

Dies sind psychische Belastungen im unmittelbaren, individuellen Umfeld. Dazu kommen aber die großen Themen: Die Angst vor Krieg ist seit dem russischen Überfall auf die Ukraine im Februar 2022 für viele, insbesondere jüngere Menschen in Mitteleuropa näher denn je. Auch die Angst um die Gesundheit haben alle während der Covid-19-Pandemie eindrücklich durchlebt. Aber über allem schwebt die Klimakrise, die sich in Deutschland noch in vergleichsweise moderaten Dimensionen abspielt, aber auch hier schon deutliche Spuren hinterlässt und nicht nur jungen Menschen wie der Klimabewegung Fridays for Future, die seit dem Jahr 2019 vor allem Schüler*innen wöchentlich zu Demos auf die Straße treibt, ernsthafte Sorgen bereitet. Schon die Angst vor der Bedrohung, vor den kommenden Konsequenzen der Erderwärmung, setzt vielen Menschen zu. Auch wenn die konkreten Folgen aufgrund sehr dynamischer wechselseitiger Entwicklung nicht zu 100 Prozent detailliert vorhersagbar sind, so zeigen doch sämtliche Daten aus der Klimaforschung, dass die Umwälzungen massiv sein werden. Neueste Studien weisen darauf hin, dass das Klima als Umweltfaktor einen starken Einfluss auf das geistige Wohlbefinden hat.[67]

Durch den Klimawandel ausgelöste Katastrophen wie beispielsweise Wirbelstürme oder Überflutungen sind wie viele andere Naturkatastrophen für Betroffene traumatisch. Die Wahrscheinlichkeit, nach dem Durchleben eines solchen Ereignisses psychisch (beispielsweise an posttraumatischen Belastungsstörungen oder Depressionen) zu erkranken, ist doppelt so hoch wie bei Personen, die diese Erfahrungen nicht machen. Vor allem betroffen sind diejenigen Personen, die ohnehin schon verletzlicher sind, wie Kinder und Jugendliche.[68]

Auch die durch Klimaveränderungen ausgelöste Migration kann psychische Probleme nach sich ziehen. Wer sein Zuhause zwangsweise verlassen muss, verliert einen wichtigen Halt, seine lokalen Wurzeln und seine geografische Heimat. Die Rede ist hier nicht nur von Menschen aus anderen Teilen der Welt, sondern vom drohenden Verlust der Heimat direkt vor unserer Tür: nämlich vom Verlust von Haus und Hof hier in Deutschland. Starkwetterereignisse wie die Flut an der Ahr im Jahr 2021 und die Waldbrände in Brandenburg im Sommer 2022 geben einen Vorgeschmack darauf, wie Regionen zunehmend unter Druck geraten, immer schwerer zu bewirtschaften sind und teilweise sogar unbewohnbar werden. Während aktuell andere Landstriche auf der Welt schon massiv unter Druck geraten, lebt es sich in Deutschland im Großen und Ganzen noch sicher. Aber es ist nicht auszuschließen, dass durch massive Hitzewellen, Dürre, Brände und ähnliches sich auch in manchen Regionen in einem der bisher noch reichsten und sichersten Länder der Welt die Frage stellt: Gehen oder bleiben?

Extremwetterereignisse und vor allem Hitze können zudem aggressives Verhalten auslösen. Mehrere Studien haben gezeigt, dass starke Wärme – nicht zuletzt aufgrund des schlechten Schlafs während der tropischen Nächte, die auch in Deutschland jedes Jahr zunehmen – zu höherer Gereiztheit und schneller zu Unfällen, aber auch zwischenmenschlichen Konflikten führt. Auch hier steht eine tiefgreifende Entwicklung noch am Anfang: Die klimawandelbedingte Ressourcenverknappung wird das Aggressionspotenzial in der Bevölkerung mit Sicherheit verstärken und zu Verteilungskämpfen führen.[69]

Und es kommt noch eine zusätzliche Komponente hinzu: Das Gefühl der Ohnmacht, Hilflosigkeit und Verzweiflung angesichts der Tatsache, dass in der Gesellschaft nicht genügend getan wurde und wird, um das Schlimmste zu verhindern. Die Daten liegen seit Jahrzehnten auf dem Tisch und zumindest die Tendenz ist klar. Die Klimakrise ist eine globale und allumfassende Aufgabe, die dringend großer Würfe zu ihrer Bewältigung bedarf – in technischer, politischer, wirtschaftlicher, aber vor allem auch in soziopsychologischer Hinsicht. Die Diskussionen über Lebensqualität, Wohlstand, Lebensraum und Gemeinwohl werden massive Verschiebungen im gesellschaftlichen Wertegerüst mit sich bringen.

Dennoch ist dank zunehmender Aufklärung und Sensibilisierung in den öffentlichen Medien vielen durchaus bewusst, dass man als Einzelne*r viel für die eigene psychische Gesundheit tun kann. Nicht umsonst boomen Meditation, Yoga, Achtsamkeitsübungen und ähnliche Konzepte, die ein Gegengewicht zu vielen kleinen und großen Stressoren bilden und helfen sollen, mit seelischen Belastungen umzugehen. Auch professionelle Angebote zur Behandlung wie Psychotherapie werden mittlerweile weit weniger tabuisiert als noch vor zehn, zwanzig Jahren und breit genutzt (so breit, dass es aufgrund der begrenzten Kassenzulassungen Wartezeiten für einen Therapieplatz von durchschnittlich fast fünf Monaten[70] gibt). Und auch zivilgesellschaftliche wie unternehmerische Organisationen suchen nach Wegen, wie Menschen mit psychischen Erkrankungen konstruktiv geholfen werden kann. Ein fester Tagesablauf, eine klare Aufgabe, die Anbindung in ein soziales Umfeld sind wichtige stabilisierende Faktoren, gerade für Betroffene, die sich auf dem Weg der Genesung befinden oder dauerhaft mit psychischen Einschränkungen leben müssen.

Im folgenden Gastbeitrag stellt sich ein Unternehmen vor, das Räume geschaffen hat, um genau solchen Menschen Sicherheit und Stabilität zu bieten. Die Müslirösterei HEYHO stellt *ein* Puzzleteil bei der Lösung dieser Herausforderungen dar, sie beschäftigt Menschen mit Sucht- oder psychischen Erkrankungen und zeigt einen von vielen möglichen innovativen Wegen für die Verknüpfung von Arbeitswelt und eingeschränkter Belastbarkeit auf.

Wir stellen keine Menschen ein, um Hafer zu rösten, wir rösten Hafer, um Menschen einzustellen!

Gastautoren: Marcus Maxeiner und Timm Duffner (HEYHO GmbH)

Die Welt ist in den letzten Jahrhunderten um einiges komplizierter geworden. In unserer vernetzten und gefühlt immer schneller werdenden Welt haben viele Menschen das Gefühl, nicht mehr gebraucht zu werden. Die Ausgrenzung bestimmter Personengruppen, Stigmatisierung und Vorurteile scheinen akzeptierter Alltag geworden zu sein. Das zeigt sich besonders in unserer Arbeitswelt.

Wenn man zum Beispiel mal im Knast saß, an Suchterkrankungen litt oder eine psychische Erkrankung hat, ist es nicht leicht, eine Anstellung zu bekommen. Das trifft für viele Personen in Deutschland zu: Der Anteil psychisch erkrankter Menschen beispielsweise liegt bei rund 28 Prozent der erwachsenen Gesamtbevölkerung. Bei Arbeitslosen wird diese Zahl weit höher eingeschätzt.[71] Vor allem wer schwer psychisch erkrankt ist, hat Nachteile. Rund 7 Prozent der Menschen mit anerkannter Schwerbehinderung haben eine psychische Behinderung. Dazu zählen auch Menschen mit Suchterkrankung. Bei diesen Personen kommt es häufiger zum Abbruch ihrer Ausbildung, zum Verlust des Arbeitsplatzes oder zur Frühberentung.[72]

Viele Arbeitgeber haben es schwer, sich auf die Bedürfnisse dieser Personen einzustellen. Damit wird für viele psychisch Erkrankte die zweite Chance zum Fehlschlag.

Dabei wollen Menschen doch alle mehr oder weniger dasselbe. Sie wollen so sein können, wie sie sind. Sie wollen einen positiven Beitrag leisten. Sie wollen gesehen und gehört werden. Sie wollen ein gewisses Maß an Sicherheit. Dabei sind sie alle ein bisschen anders, und darin liegt etwas Gutes.

Oft ist es ein Mangel an Kontakt mit verschiedenen Menschen, der Vorurteile, Hass und Rassismus sprießen lässt. Kontakt mit Menschen aus anderen Kulturen, mit anderen Lebensläufen und Ansichten hilft dabei, die Welt mal mit den Augen des anderen zu sehen. Kontakt macht Spaß und führt vor Augen, dass alle Menschen am Ende gleich sind. Wir können die Welt zum Guten ändern, indem wir sie anders sehen und sie im Miteinander positiv gestalten. Jeder Mensch – egal wie krumm der Lebenslauf – hat ein Talent, das nur darauf wartet, entdeckt zu werden.

In unserer kleinen Bio-Rösterei leben wir eine Normalität, die wir uns für die Gesellschaft als Ganzes wünschen. Bei uns treffen Menschen mit unterschiedlichen Lebensläufen und Talenten aufeinander. Ob jemand mal eine Weile im Knast verbracht hat, eine Suchterkrankung hatte oder aus psychischen Gründen nicht so viel leisten kann wie jemand anders, spielt bei uns keine Rolle.

Wir glauben an zweite Chancen und schaffen echte Perspektiven für Menschen, die vom ersten Arbeitsmarkt ausgeschlossen sind. Dabei erleben wir jeden Tag die gute Energie, die entsteht, wenn Menschen mit den unterschiedlichsten Geschichten aufeinandertreffen.

Und wir sind stolz auf unsere Produkte! In unserer Rösterei in Lüneburg entstehen unerwartete Geschmacksexplosionen als Gegenentwurf zum Frühstückseinheitsbrei. Wir rösten all unsere Produkte auf Blechen in Handarbeit. Die herausragenden Biorohstoffe beziehen wir von sozial und ökologisch denkenden Betrieben. Uns ist wichtig, dass unsere Produkte genauso bunt sind wie unser Team. Daher arbeiten wir beständig an neuen Geschmacksrichtungen. Damit ermöglichen wir unseren Kunden, genussvolles Essen mit gutem Tun zu verbinden.

Was Hänschen nicht lernt: Defizite im Bildungssystem

Die obigen Kapitel beleuchten Probleme, die, wenn sie nicht gelöst werden, die Stabilität der Gesellschaft nachhaltig beeinträchtigen können: Die Nahrungssicherheit ist durch das Auslaugen der Böden gefährdet, eine zu ungleiche Verteilung der Vermögen bringt soziale Instabilität und weniger Zusammenhalt, die Klimakrise wird die Umwelt und den derzeitigen Lebensstil sehr negativ beeinflussen, eine potenzielle Verknappung der Ressourcen wird die menschliche Fähigkeit zur Anpassung ausgiebig auf die Probe stellen und die psychische Gesundheit wird in den nächsten Jahren harten Anforderungen ausgesetzt sein.

All diese Herausforderungen mögen unüberwindbar wirken und ein Hang zu Resignation und zum Aufgeben wäre nur allzu verständlich. Die richtige Vorbereitung kann aber aus den meisten Hürden Möglichkeiten entstehen lassen.[73] Denn das ist eine der größten Stärken des intelligenzbegabten Menschen: Wenn ihm das Leben Zitronen gibt, macht er Limonade draus. Wenn der Mensch also das Know-how zur Verfügung hat, um mit seinen Herausforderungen umzugehen, kann er auch oft aus der Not eine Tugend machen.

Entsprechend stellt sich die berechtigte Frage, ob die Menschen in Deutschland auf die heutigen und morgigen Probleme vorbereitet werden:

- Erhalten Menschen ausreichend Wissen darüber, wie man mit einer großen, kollektiven Krise umgeht? Und genauso im »Kleinen«, mit welchen Methoden man größere Anforderungen an die eigene Psyche bewältigen kann?
- Lernen sie, Komplexität zu verstehen und mit ihr umzugehen? Werden sie darauf vorbereitet, Ungewissheit und gewisse Risiken auszuhalten und ihnen adäquat zu begegnen?

- Lernen sie, wie man in Gemeinschaft kreative Lösungen erarbeitet?
- Lernen sie, welches Potenzial sie als Einzelperson haben, wie sie diese Fähigkeiten fördern und pflegen können und wie sie sich durch das Vertrauen in diese Fähigkeiten gestaltend in eine Gemeinschaft einbringen können?

Große Fragen. Zunächst ein Blick darauf, welches Wissen und welche Fähigkeiten die Menschen benötigen, um auf die Veränderungen von heute und morgen mit aktiver Lösungsgestaltung antworten zu können.

Ein Faktor, der allen vorliegenden Problemen gemein ist: Sie sind komplex. Gesellschaftliche Herausforderungen heißen nicht nur so, weil sie ein Problem *für* die Gesellschaft darstellen, sondern auch, weil sie ein *Produkt der Gesellschaft selbst* sind, basierend auf den Handlungen Einzelner über die Aktivitäten von Gruppen, immer in Wechselwirkung mit dem großen System aus Gesamtgesellschaft, Politik etc. Sie setzen sich zusammen aus der Art und Weise, wie eine Gesellschaft die Realität interpretiert und den Wertmaßstäben, die sie anlegt. Sie setzen sich zusammen aus den geschriebenen und ungeschriebenen Regeln des Zusammenlebens, multipliziert mit der Kraft der Entwicklungen und Handlungen in einem umfassenden globalen Netz des ökonomischen Handelns, das hiesige Verhältnisse mit weit entfernten in Verbindung bringt und dadurch zu sehr vielen unsichtbaren und mittelbaren Zusammenhängen führt.

Das Verstehen von Komplexität ist daher eine der wichtigsten Fähigkeiten, die wir als Menschheit benötigen, um die Probleme überhaupt erfassen zu können. Erst mithilfe dieses Wissens kann man die Systeme, die zu übermäßiger Ungleichheit in der Gesellschaft und einem nicht nachhaltigen Umgang mit der Natur führen, verändern. Grundlage dafür ist abstraktes Denken, das Wissen um soziale Zusammenhänge, aber auch die Fähigkeit, intuitive Bewertungen und Entscheidungen mit objektiven Kriterien abzugleichen, Entscheidungsprozesse zu reflektieren und gegebenenfalls gegen die eigene Intuition zu agieren. Dieses Wissen und diese Fähigkeiten müssen erlernt und trainiert werden, am besten von klein an.

Außerdem benötigt man in einer sich stetig ändernden Welt mehr Toleranz für *Ungewissheit*. Viele Organisationen und Institutionen planen vorrangig für *Unsicherheit*.[74] Sie entwerfen wünschenswerte Ziele innerhalb von vorher erstellten Prognosen und Annahmen, die sie dann mit den ihnen zur Verfügung stehenden Mitteln versuchen zu erreichen. Da die Prognosen abweichen können, entwerfen sie noch eine Handvoll alternativer Pläne. Doch was ist, wenn die Zukunft so unklar ist, dass alle Prognosen zu kurz greifen? Was, wenn das chaotische Zusammenspiel zwischen den Veränderungen in Natur und Gesellschaft so schnell und unkontrolliert vonstattengeht, dass die Annahmen nicht mehr zu halten sind? Dann gilt es, mit Ungewissheit umzugehen, und die kann überwältigend sein. Ungewissheit stellt den Menschen auf die Probe, denn Dinge, die man nicht kennt, erzeugen Angst. Die psychologische Stärke in Form von Resilienz, mit solcher Ungewissheit umzugehen, kann jedoch erlernt werden.

Es gibt viele weitere Fähigkeiten, die es in der Gesellschaft zu stärken gilt, um mit heutigen und zukünftigen gesellschaftlichen Problemen umgehen zu können. Eine ist Kommunikations- und Kompromissfähigkeit. Denn viele Menschen werden gemeinsam an einem Strang ziehen müssen, und auch die jeweiligen Staaten müssen sich auf eine bestimmte Vorgehensweise und gemeinsame Haltung verständigen.

Zusätzlich braucht es Empathie und die Fähigkeit, anderen zuhören zu können. Denn nur wer sich gegenüber anderen öffnet, kann deren Lebenslagen verstehen und somit auch deren Bedürfnisse und Wünsche.

Des Weiteren sollte der Umgang mit divergierenden Ansichten und Konflikten erlernt werden. Schließlich fordern Demokratie, Partizipation und Diversität jede*n Einzelne*n heraus, seine oder ihre eigenen vorgefertigten Meinungen und Glaubenssätze zu hinterfragen.

Aufbauend auf diesen Eindrücken gilt es, Kreativität für die Erarbeitung von Lösungen in komplexen Zusammenhängen zu entwickeln. Diesem Zweck können divergentes Denken, Kreativitätsmethoden und *Design Thinking* dienen, geistige Werkzeuge, die man den Lernenden von morgen mit an die Hand geben kann.

Anschließend müssen potenzielle Lösungen breit kommuniziert werden können. Ob in Verhandlungen in einem Unternehmen, mittels Werbung auf Social Media, im politischen Aushandlungsprozess oder im Vertrieb durch den Markt – ohne die überzeugende Verbreitung von Lösungen werden diese nicht angenommen, nicht übernommen und nicht erfolgreich sein.

Führungsqualitäten sind ebenfalls zentral, insbesondere einbeziehende und fördernde Aspekte. Über gute Führung kann man in anderen Menschen die Lust und den Mut zum Engagement wecken und über geschickte Teilhabekonzepte dafür sorgen, dass auch bisher wenig inkludierte Gruppen gehört werden. Interessanterweise decken sich all diese Fähigkeiten sehr stark mit den Skills, die Arbeitgeber*innen bei zukünftigen Mitarbeitenden suchen.[75]

Das deutsche Bildungssystem ist, trotz seiner Bandbreite an Grundschulen, weiterführenden Schulen, Hochschulen, Berufsschulen und Bildungsstätten für Erwachsene, kaum auf die Vermittlung dieser Qualifikationen vorbereitet. Ersichtlich wird dies unter anderem bei der Betrachtung der Messgrößen, die herangezogen werden, um die Effektivität des Schulsystems zu untersuchen. Die PISA-Studie misst über längere Zeiträume anhand gewisser Indikatoren das erlernte Wissen der Schüler*innen. Die Indikatoren: Lesen, mathematische und naturwissenschaftliche Kompetenzen.[76]

Diese Schlüsselqualifikationen sind in der Gegenwart zweifelsohne weiterhin wichtig. Doch sie sind ein Zeichen dafür, welche Qualifikationen gesellschaftlich beziehungsweise bildungspolitisch als relevant eingestuft werden. Denn nur dem, was gemessen wird, wird auch Wert zugesprochen. Die oben genannten kritisch wichtigen Fähigkeiten wie Kreativität, soziale Kompetenzen und Umgang mit Komplexität werden in den Studien nicht oder nur sehr implizit betrachtet. Auch wenn es sich hierbei sicherlich um Faktoren handelt, die weniger einfach zu messen sind als Kenntnisse in den MINT-Fächern und Deutsch, so spielen sie eine essenzielle Rolle für den nachhaltigen Fortbestand der Gesellschaft.

An diesem Punkt verfehlt die momentane Funktion der Bildungseinrichtungen den tatsächlichen Bedarf. Deutsche Bildungsstätten sind nicht darauf ausgerichtet, Zukunftsgestalter*innen hervorzubringen. Stattdessen scheint das Ziel weiterhin, Mitarbeitende für Unternehmen heranzuziehen, die kritisches Denken, soziale Kompetenzen und Unternehmertum hinten anstellen. Man bildet Fließbandarbeiter*innen, Sachbearbeiter*innen und Administrationskräfte aus, die natürlich einen wichtigen Beitrag leisten, aber die unsichere, komplexe Zukunft wird nicht allein mit Mathe, Rechtschreibung und Technikwissen zu lösen sein (von der Frage, welche dieser Arbeiten mittelfristig durch Künstliche Intelligenz übernommen werden, ganz zu schweigen).

Kritik am Bildungs- und Schulsystem ist nicht neu. Seit vielen Jahren warnen Expert*innen vor seiner fehlenden Passung zu den gesellschaftlichen Anforderungen. Schulgebäude sind marode, es mangelt an Lehrpersonal und zeitgemäßem Unterrichtsmaterial, Kinder mit erhöhtem Betreuungs- und Sprachlernbedarf erhalten selten die Unterstützung, die sie benötigen, und so weiter.[77] Hier kristallisiert sich zusehends eine Krise heraus, bei der die Qualität der Bildung nicht mehr zu den Anforderungen der Realität passt. Mit mündigen und entsprechend (aus-)gebildeten Personen gewappnet, könnte man beruhigter auf die anstehenden gesellschaftlichen Herausforderungen blicken. Denn Bildung, im breiteren Verständnis von rein fachlicher Bildung bis hin zur Ausbildung und Hebung individueller Fähigkeiten, ist ein großer, vielleicht sogar der größte Hebel bei der Bewältigung gesellschaftlicher Herausforderungen. Der Blick auf die derzeitigen Zustände der deutschen Bildungslandschaft kann einem aber schon mal das Herz in die Hose rutschen lassen – hier wird die Bildung selbst zum Problemgegenstand. Immerhin hat sogar das Bundesministerium für Bildung und Forschung den Ernst der Lage verstanden – doch ist es ohne die Zusammenarbeit der Kultusministerien aller Bundesländer kaum in der Lage, das Bildungssystem so zu reformieren, wie es nötig wäre.[78]

Zum Glück ist es noch nicht zu spät, das Ruder herumzureißen (sonst würden wir wohl kaum dieses Buch schreiben). Mit dem richtigen Einsatz von Ressourcen können wir die versteckte Kraft von Sozialen Innovationen nutzen, um das Schlimmste abzuwenden und eine resiliente und lebenswerte Gesellschaft zu gestalten. Einen kleinen Beitrag zum Thema Bildung leistet der Verein BildungsCent. Der folgende Gastbeitrag beschreibt, wie er versucht, ein ganzheitliches Bildungsverständnis zu etablieren, das lebenslanges Lernen als Entwicklung versteht und zukunftsfähiges Denken und Handeln stärkt.

Eine neue und nachhaltige Lehr- und Lernkultur

Gastautorin: Christina Schulze (BildungsCent e. V.)

»Lernen ist immer. Wir transformieren Lernorte zu Möglichkeitsräumen, in denen sich Menschen als Gestalter*innen von Gesellschaft erfahren können. So verändern wir die Welt – ein Projekt nach dem anderen«, so die Mission von BildungsCent e. V. Die gemeinnützige Organisation mit Sitz in Berlin arbeitet seit dem Jahr 2003 im gesamten Bundesgebiet mit über 6.500 Schulen und Bildungseinrichtungen zusammen.

Zweck von BildungsCent e. V. ist die Förderung einer neuen und nachhaltigen Lehr- und Lernkultur – in Form von zukunftsweisenden Programmen und innovativen Formaten. Die zentrale Frage in der täglichen Arbeit ist, wie es gelingen kann, dass sich Schulen und andere Lernorte zu Lebensräumen entwickeln, in denen alle Lernenden – generationsübergreifend – ihre Potenziale positiv entfalten können. BildungsCent e. V. betrachtet Schulen als entscheidende Orte gesellschaftlicher Transformation hin zu mehr Nachhaltigkeit und Zukunftsfähigkeit.

Gesellschaftlich wichtige Themen und Herausforderungen sollten selbstverständlicher Teil des Schullebens sein. Hierzu zählen Themen wie unter anderem die Klimakrise, die Digitalisierung, die Stärkung der Demokratie, der demografische Wandel oder der Erhalt der Biodiversität. Neue Themen brauchen dabei neue Formate. Der Fokus von BildungsCent e. V. liegt auf nonformalen, informellen Lernräumen und einer Bildung für nachhaltige Entwicklung, für die Menschen begeistert werden sollen. Neben jungen Menschen zählen hierzu auch Lehrkräfte, Erzieher*innen, Mitarbeiter*innen aus Kommunen, Wissenschaft und Zivilgesellschaft oder Eltern, die alle als wichtige Kooperationspartner*innen betrachtet werden.

Insbesondere junge Menschen brauchen Räume, in denen sie an der Gestaltung ihrer Umwelt aktiv teilhaben können. Lernen muss dabei selbst- und handlungswirksam sein und über das Schulgebäude hinausgehen. BildungsCent e. V. entwickelt daher erfahrungs- und handlungsorientierte Formate, in denen sich junge Menschen ausprobieren können. Sie werden frühzeitig und wirksam mit ihren Ideen und Lösungsoptionen für gesellschaftliche Fragen beteiligt und ernst genommen. Orte und Menschen außerhalb der Schule sowie innovative Methoden spielen hierbei eine wichtige Rolle.

Durch die Begegnung mit Expert*innen – zum Beispiel aus dem Bereich Nachhaltigkeit – erfahren Schüler*innen, dass sich Menschen aus Wissenschaft, Wirtschaft, Journalismus, dem Aktivismus, der Zivilgesellschaft und der Praxis mit den drängenden Fragen unserer Zeit beschäftigen. Sie erkennen, wie gemeinsam mit anderen an Lösungen gearbeitet wird und wie sie sich selbst engagieren können. Sie können alle ihre Fragen stellen und erleben die Motivation erwachsener Menschen, sich für eine nachhaltige und zukunftsfähige Entwicklung einzusetzen.

Bei Expeditionen an Orte außerhalb der Schule lernen Schüler*innen mehr über nachhaltige Antworten auf drängende Fragen – beispielsweise in der Landwirtschaft –, oder sie erleben eindrückliche Orte, an denen der Klimawandel bereits konkret erlebbar wird, zum Beispiel auf dem Weltacker Pankow.

Im Rollentausch mit den eigenen Lehrkräften entwickeln Schüler*innen selbst Fortbildungen zu Nachhaltigkeitsthemen für das Schulpersonal und setzen diese selbstständig um. In beteiligungsorientierten Workshops können junge Menschen eigene Projektideen für ihre Schule entwickeln oder sich in die Konzeption neuer Formate von BildungsCent e. V. einbringen. So wird gewährleistet, dass die Formate junge Menschen ansprechen und einen Bezug zu ihrer Lebenswelt haben.

Der Ansatz von BildungsCent e. V. folgt im Kern einem Vier-Schritte-Prozess: Wissen aufbauen – selbst Handeln – den eigenen Lernprozess reflektieren – neue Fragen stellen. Dieser Ansatz orientiert sich an den Prinzipien der Bildung für nachhaltige Entwicklung. Es geht um ein ganzheitliches Bildungsverständnis, das lebenslanges Lernen als Entwicklung versteht und zukunftsfähiges Denken und Handeln stärkt. Hierfür braucht es ausreichend Freiräume, die Veränderung und (Soziale) Innovation ermöglichen. Gefördert werden so Gestaltungskompetenzen wie Kommunikation, Kooperation und der Wechsel von Perspektiven, Partizipation, Kreativität und Empathie wie auch vernetztes und kritisches Denken im Sinne der 21st-Century-Skills. Auf diese Weise soll es gelingen, junge Menschen – unabhängig von Herkunft, Kultur oder Milieu – auf die großen gesellschaftlichen Herausforderungen der Welt vorzubereiten. Sie werden gestärkt, dieser Welt selbstbewusst und zuversichtlich zu begegnen.

3

Die Grenzen der Technik

Was nicht passt, wird passend gemacht: Der Mensch und seine Umwelt

Die vorherige Beschreibung verschiedener gesellschaftlicher Herausforderungen soll einen Einblick bieten, womit sich Soziale Innovationen zentral beschäftigen. Wie in der Einleitung erläutert, ist Technik zweifellos eine zentrale Triebfeder der heutigen Lebensweise in Deutschland. Unserer Ansicht nach reicht dies aber nicht als Rechtfertigung für eine Fokussierung ausschließlich auf technische Lösungen für Probleme wie in Kapitel 2 beschrieben. Doch da Technik nach wie vor eine zentrale Rolle in Gesellschaft, Politik und Wirtschaft spielt, gerade bei der Debatte um die Zukunftsgestaltung, soll hier ihre Rolle mit Vor- und Nachteilen ausgiebiger beleuchtet werden.

Der Mensch ist ein intelligentes Tier. Schon immer hat er sich Tricks ausgedacht, um seine Ziele besser zu erreichen. Feuer zu machen ist einer der in seiner eigenen Geschichte einschneidendsten Tricks, den er sich zu eigen machen konnte. Ursprünglich verwendete man dafür einen Stock, der durch einen Seilantrieb so lange auf einem Stück Holz gerieben wurde, bis die Reibungshitze einige Holzspäne zum Glühen brachte. Der Stock, das Stück Holz, das Seil und die Holzspäne bilden zusammen die »Technik«. Sie stellen zusammengenommen ein »Sachsystem« dar. Alle diese Gegenstände wurden durch den Menschen so angepasst, dass sie für ihn einen gewissen Nutzen erfüllen. Das heißt, sie wurden durch die Hand des Menschen künstlich verändert. Aber auch die Bewegung des Stocks durch den Menschen ist ein Teil dieser Technik. Erst in dieser Tätigkeit werden die Dinge zu einem funktionierenden technischen System.

Technik kann alles Erdenkliche sein. Von der Zahnbürste bis hin zum Hirnimplantat. Der Mensch hat sich unzählige Dinge zunutze gemacht und sie gemeinsam mit seinen Handlungen zu Systemen verwandelt, die ihn leichter seine Ziele erreichen lassen. Jedes Lebewesen verändert in gewissem Maße sein Umfeld. Ob Ameisen geschäftig Tannennadeln sammeln und zu großen Haufen aufschichten oder eine Wisentherde gemütlich grast – alle modifizieren in unterschiedlichem Ausmaß ihre Umwelt. Keine andere Art kann das eindrucksvoller und tiefgreifender als der Mensch.

Mit den »Sachsystemen«, also dem Zusammenspiel aus Instrumenten und Verfahrensweisen, ist der Mensch bereits viele Kilometer in die Erdschicht vorgedrungen, hat die Tiefsee und das Weltall bereist und sich in allen klimatischen Zonen der Erde niedergelassen. Er hat gelernt, Kohle und Eisen zu schürfen, Pflanzen und Tiere durch Domestizierung an seine Bedürfnisse anzupassen und die Oberfläche des Planeten mit Pulsadern von Verkehrsstraßen zu durchziehen. Das Ausmaß des menschengemachten Abdrucks auf der Erde ist beeindruckend, man spricht sogar von einem eigenen Erdzeitalter, dem Anthropozän, also der Phase, in der der Mensch das Bild der Erde durch Veränderungen wie die Umgestaltung riesiger Landflächen durch Rodung oder Bebauung nachhaltig prägt. All dies wurde erst möglich durch die Verwendung von Technik. Durch sie verfügen wir über schier unbegrenzt erscheinende Möglichkeiten zur Formung und Umgestaltung unserer Umwelt.

Dabei gibt es große regionale Unterschiede. So nutzen die Inuit auf Grönland und die Tuareg in der Sahara völlig unterschiedliche Techniken, um in ihrer jeweiligen Umwelt überleben zu können. Beide Gruppen verstehen es nicht nur meisterhaft, die wenige verfügbare Nahrung für sich nutzbar zu machen – seien es nun Robben und Wale oder Kamelmilch und Hirse –, sondern haben auch Kleidung und Behausungen den klimatischen Bedingungen entsprechend entwickelt. Ihre unterschiedlichen Lösungen zum Umgang mit klimatischen Extremen in Form von Kälte wie Hitze zeugen von der tief verankerten Kreativität und Anpassungsfähigkeit des Menschen an seine Umwelt. Die Werkzeuge, die sie dabei einsetzen, zum Beispiel das Iglu oder das Zelt, sind sogenannte Lowtech-Werkzeuge. Sie helfen ihnen, in einer bestimmten Umgebung zu überleben, ohne diese Umgebung nennenswert zu verändern.

Andere Techniken dagegen verändern die Welt in großem Stil. Beispielsweise hat man an der Nordseeküste mithilfe des Deichbaus dem Meer eine beträchtliche neue Landfläche abgerungen. Über Jahrhunderte haben die Menschen gelernt, was nötig ist, um sich mehr Land zu schaffen. Wo früher noch Fische und Quallen schwammen, wird heute Landwirtschaft betrieben und wurden ganze Städte neu errichtet. Ein Beispiel ist die Begradigung von Flüssen, wie etwa des Rheins zwischen Basel und Bingen, der dadurch um 81 Kilometer kürzer wurde und durchgehend schiffbar, was den Transport von Mensch und Waren erheblich vereinfachte. Dazu kommt die Rodung von Wäldern, der Bau von Staudämmen, Zechen und Kohlegruben, die Befestigung von Ufern und Küsten zu Häfen: Mit diesen Konstruktionen hat der Mensch mit Hochtechnologie (oder »Hightech«) die Landschaft tiefgreifend verändert. Im Gegensatz zu den niedrigtechnologischen Werkzeugen der Inuit hat der Mensch hiermit nicht sich an seine Umgebung angepasst, sondern seine Umgebung an seinen Bedarf.

Diese Leistung, Technik in großem und kleinem Maßstab zur Veränderung und Anpassung von Umgebung, Umwelt und Verfahrensweise zu nutzen, ist mit Sicherheit eine der bewundernswertesten Errungenschaften der Menschheit. Spätestens seit dem Boom der technischen Entwicklungen im 19. und Anfang des 20. Jahrhunderts ist diese Leistung zu einem grundlegenden Selbstverständnis der Gesellschaft geworden. Deutsche Wissenschaftler*innen waren weltweit führend in ihren jeweiligen Fachbereichen und deutsche Ingenieurskunst wurde geradezu sprichwörtlich. Diese Vorreiterrolle wirkte für die deutsche Gesellschaft in erheblichem Maße identitätsstiftend. Technischer Fortschritt als wohlstandsfördernde Komponente wurde als selbstverständlicher, quasi natürlicher Teil der Gesellschaft betrachtet, der auch die Debatten über die Zukunft und gesellschaftliche Entwicklung tiefgreifend beeinflusste.

Höher, schneller, weiter: Technischer Fortschritt als Selbstzweck?

Die populäre Erzählung über den technischen Fortschritt als Motor der Gesellschaft geht von vorherbestimmten technischen Entwicklungsstufen aus und von einer damit einhergehenden Veränderung der Gesellschaft, die »nach vorne« gerichtet ist. Diese positive Veränderung bezieht sich allerdings in erster Linie auf materiellen Wohlstand und auf die Erleichterung von Arbeit durch Technik. Soziale Strukturen, zwischenmenschlicher Umgang oder auch Machtverhältnisse stehen dabei selten im Mittelpunkt. In dieser Betrachtungsweise sind Maschinen Ursache und Zweck menschlichen Handelns. Die

Geschichte der Technik wird dadurch zur einzig relevanten Geschichte der Menschheit und technische Innovation zum ausschließlichen Motor zur Weiter-»Entwicklung« der Gesellschaft. Technik wird in diesem Verständnis als Antriebskraft verstanden, ja fast als ein eigenes Lebewesen, dem sich Menschen fügen, ja fast ergeben müssen.

Und das wird so weitergehen, wenn man sich den Thesen und Prognosen einiger Futurist*innen, wie Rai Kurzweil[1] oder Nick Bostrom[2] anschließen möchte. Ihnen zufolge kann es nicht anders kommen, als dass in den kommenden Jahren Technik erfunden wird, die den Menschen in Zukunft unendlich lange leben lässt, dass das gesamte Bewusstsein auf Maschinen hochgeladen wird und Computer wesentlich intelligenter werden als der Mensch selbst. Diese Bilder erinnern stark an die Vorstellungen der Zukunft, wie man sie aus vergangenen Weltausstellungen kennt, die sich aber größtenteils nicht bewahrheitet haben. Natürlich sind die heutigen Zukunftsvisionen gefärbt durch den heutigen Stand der Technik und durch die gegenwärtigen Annahmen über das, was da kommen mag. Die Digitalisierung mit Konstrukten wie künstlicher und selbstlernender Intelligenz, virtueller und erweiterter Realität lassen noch mal ganz andere Utopien wachsen und werden ganz in Tradition der Technikverehrung als Schlüssel zu glorreichen Zeiten gehypt. Mal abgesehen von der offenkundigen Vereinfachung, die dieser Hypothese[3] innewohnt, stellt sich eine viel wichtigere Frage: Wollen wir als Gesellschaft die massiven Investitionen tätigen, um diese glänzenden Visionen Realität werden zu lassen? Liegt es wirklich im Interesse der Menschheit, für die Realisierung dieser Prophezeiung die nötige Energie und die nötigen Rohstoffe aufzubringen und weiterhin die ökologische Stabilität der Erde zu opfern?

Technik wird von vielen Futurist*innen als Naturgesetz gesehen und zum Treiber der Gesellschaft ernannt. Technik ist allerdings keineswegs ein unvermeidbares, sich aus eigener Kraft entwickelndes Phänomen, sondern wird erst durch den Menschen ins Leben gerufen. Technik entsteht entlang wissenschaftlicher Bestrebungen und wird durch Regularien, Gesetze, Verbreitungsmöglichkeiten, Marketing, Nutzungsgewohnheiten und den gesellschaftlichen Diskurs geprägt. Es ist die Gemeinschaft, die darüber entscheidet, welche technischen Erfindungen letztlich Verbreitung finden. Und es ist sehr wohl eine Zukunft denkbar, in der wir uns gegen Hightech entscheiden oder in der schlichtweg nicht mehr die billigen Ressourcen zur Verfügung stehen, um sie zu erfinden und zu betreiben.

Um es eindeutig zu formulieren: Die Gesellschaft benötigt nicht zwangsläufig Technik zum Existieren, die Technik braucht aber sehr wohl die Gesellschaft. Technik umfasst also diejenigen Gebilde, denen eine Gemeinschaft Nutzen zuschreibt und für die sie selbst die Ressourcen aufbringt und die Institutionen gestaltet, um sie herzustellen. Politische, soziale, kulturelle und ökonomische Rahmenbedingungen entscheiden daher darüber, welche Technik zu welchem und wessen Nutzen entwickelt wird. Es gibt keinen naturgegebenen Automatismus dafür, welche Technik sich letzten Endes durchsetzt. Dies nennt man soziale Konstruktion von Technik.

Das zeigt sich etwa an den Kämpfen zwischen konkurrierenden Erfindungen, wie beispielsweise der Videokassettenformate VHS und Betamax (entschieden durch die Verbraucher*innen und nicht zuletzt die Pornoindustrie, die ihre Filme auf VHS vertrieb und dadurch in den Videotheken VHS zum Standard etablierte) oder Gleichstrom und Wechselstrom, über deren Einführung für das Stromnetz in den USA Ende des 19. Jahrhundert eine heftige Debatte tobte.

An beiden Beispielen sieht man, welche Rolle Politik, Wahrnehmung der Öffentlichkeit und Machtstrukturen spielen. Auch Technik, die wir heute als hochgradig innovativ ansehen, ist bei genauer Betrachtung nur eine gradweise Verbesserung bestehender Lösungen, gekoppelt mit einer stark veränderten Wahrnehmung in der Bevölkerung.

Nehmen wir zum Beispiel elektrisch betriebene Personenkraftwagen. Elektroautos haben den Nimbus einer im Vergleich zum Verbrennerauto neuartigen Erfindung, einer Innovation, wie sie die Welt noch nicht gesehen hat. Doch elektrisch betriebene Automobile gehörten zu den Ersten der Welt. Sie waren anfangs die am weitesten verbreitete Antriebsart und bis im Jahr 1902 hielten elektrische Gefährte sogar den Landgeschwindigkeitsrekord. Zu jener Zeit hatten sie einige klare Vorteile gegenüber dem Verbrennungsmotor. Letzterer musste mühevoll mit einer Kurbel gestartet werden. Als jedoch der elektrische Anmacher aufkam, wurde dieses Problem überwunden. Auch die Entdeckung großer Ölvorkommen, die zu sinkenden Benzinpreisen führten, und die längeren Reisemöglichkeiten durch verbesserte Straßen waren Vorteile für die Verbrenner. Die Produktion billiger Autos durch Ford und die geringe Speicherkapazität der Batterien zu der Zeit führte endgültig zum Triumph der Verbrennungsmotoren. Die Menschen wählten mit ihren Geldbeuteln das elektrisch betriebene Auto ab. In den 1910er-Jahren waren elektrische Autos so gut wie verschwunden. Menschen wählen die Technik für ihr Umfeld, nicht die Technik »ihre« Menschen.

Zwar kamen später immer wieder neue Varianten elektrischer Personenfahrzeuge auf den Markt, jedoch konnte sich keine behaupten. Grund dafür war unter anderem das aktive Lobbying großer Automobilhersteller gegen Gesetze, die elektrischen Fahrzeugen Vorteile geboten hätten. Das wohl bekannteste Beispiel ist General Motors, das mit dem EV1 zwar ein Elektroauto entwickelte und auf den Markt brachte, gleichzeitig aber gegen »Zero Emission Vehicles« lobbyierte. In letzter Konsequenz führte diese Lobbystrategie dazu, dass die Hersteller sämtliche ihrer selbst produzierten elektrischen Autos zerstörten, selbst solche, die an Museen und Ingenieurschulen gespendet worden waren.[4] Somit konnten sie sicherstellen, dass ihr Interesse in der Produktion von Verbrennern auch langfristig gewahrt bleibt.

Machtkonstellationen in der Gesellschaft sind also ein sehr wichtiger Bestandteil in der Entscheidung für oder gegen eine Technik. Diejenigen mit mehr Einfluss haben mehr Mitbestimmungsrecht, während diejenigen, die weniger zu sagen haben, mit den Ergebnissen leben müssen. Eine Erkenntnis, die gut an die Betrachtung von ökonomischer Ungleichheit von oben anknüpft.

Zudem wird ein- und dieselbe Technik von Menschen unterschiedlich bewertet. Die einen mögen ihren Nutzen betonen, während die anderen eher auf ihre Risiken hinweisen. Gleichzeitig verändert Technik auch den menschlichen Bewegungsspielraum. Durch Technik kann man Sterne ferner Galaxien betrachten, Planeten im Sonnensystem erkunden, die Welt der Atome untersuchen, Prozesse im menschlichen Körper begutachten und die Tiefen der See durchleuchten. Diese Einblicke haben das Denken des Menschen über seine Umwelt und sich selbst tiefgreifend geprägt und verändert. Instrumente, Maschinen und Roboter ermöglichen es, das Umfeld zu verändern. Dies schürt Wünsche, Hoffnungen und Ängste gleichermaßen.

Technologien haben es Menschen ermöglicht, sich in größerem Umfang und viel schneller über Wünsche, Freuden und Sorgen auszutauschen; sie haben die Art und Weise verändert, wie man durch einen Beruf Teilhabe an der Gesellschaft haben kann und halten einen mit Informationen konstant über (mehr oder minder) wichtige Geschehnisse in der Welt auf dem Laufenden. Die Wahrnehmung der Welt hat dadurch eine neue Qualität erreicht – nicht komplett losgelöst von dem, wie Menschen die Welt noch vor 100 Jahren sahen (schließlich haben sich die fünf Sinne nicht fundamental geändert), aber doch fundamental genug, als dass die Realität unter anderen Gesichtspunkten betrachtet und bewertet wird.

Die Menschheit steht in einem komplexen Wechselspiel mit ihren technischen Erfindungen. In einem ständigen »Gerangel« entscheidet sie, was Technik für sie bedeutet und zu welchem Nutzen sie Verwendung finden soll. Die ausgewählten technischen Sachsysteme verändern wiederum Werte und den Blick auf die Welt. In einer stetigen Abfolge von Rückkopplungsschleifen wird somit die Zukunft beziehungsweise Fortschreibung von Technik konstruiert. Dazu trägt jede*r einen Anteil bei, mittels der Wahl und Nutzung bestimmter technischer Instrumentarien; definitiv handelt es sich dabei jedoch nicht um eine göttliche oder naturgesetzliche Vorhersehung.[5]

Gut gemeint, aber nicht gut gemacht: Die negativen Folgen

Auch wenn Reichtum nicht bedeuten muss, dass er mit unlauteren Mitteln erreicht worden ist, so ist die Art des heutigen Wirtschaftens doch durchzogen von sehr fragwürdigen Praktiken. Ob es sich um Kinderarbeit bei der Schokoladenproduktion, Raubbau von Rohstoffen in Nigeria, Aufbereitung von toxischem Sondermüll in afrikanischen Dörfern oder unmenschliche Arbeitsbedingungen in Fabriken für elektronische Gadgets in Asien handelt, die sozialen Kosten für den westlichen Lebensstil sind immens. Wunderbarerweise tragen diese Kosten nicht die Endkund*innen selbst. Der Preis, der für Schokolade im Supermarkt, Benzin an der Tankstelle, das Wegwerfen alter Computer und das neue Smartphone aufgerufen wird, spiegelt nicht die sozialen Kosten wider, für die diejenigen Menschen aufkommen, die für diesen Wohlstand schuften. Vielen Verbraucher*innen in Deutschland ist nicht bewusst, aus welchem Grund ihre Hemden, Blusen und Schweinekoteletts so billig sein können. Findige Ökonom*innen und Unternehmer*innen haben Wege im globalen Wirtschaftssystem gefunden, um die wahren Kosten der Produkte auf ärmere Gesellschaftsschichten, ärmere Länder und die Umwelt abzuwälzen. In der Ökonomieforschung spricht man hierbei von »negativen Externalitäten«. Die wahren Kosten einer Ware werden nicht im Preis für die Konsument*innen abgebildet, sondern externalisiert, also gezielt oder auch unbeabsichtigt an Unbeteiligte oder Wehrlose ausgelagert.

Technische Innovationen vergrößern die negativen Folgen dieses Handelns. Eine Person, die die notwendige Nahrung selbst anbaut, Bekleidung und Unterkunft aus natürlichen Rohstoffen selbst herstellt und sich positiv in ihre Gemeinschaft einbringt, externalisiert kaum Kosten. Die Folgen ihres Handelns hat in erster Linie sie selbst zu tragen, und negative Auswirkungen ihrer Aktivitäten erfährt sie recht unmittelbar und hart, beispielsweise wenn sie den Winter über hungert, weil sie verpasst hat, rechtzeitig Vorräte anzulegen. Der Zusammenhang zwischen Aufwand und Lebensstandard ist in diesem Lebensstil noch sehr eng aneinandergekoppelt.

Durch die zunehmende Spezialisierung von Tätigkeiten, effizientere Methoden in der Landwirtschaft und die damit einhergehende Verlagerung von Arbeitskräften in Industrie, Produktion und Dienstleistung wurden nicht nur die marktwirtschaftlichen Verflechtungen komplizierter. Auch die Folgen von Handlungen wurden immer mittelbarer und weniger überschaubar für den Einzelnen und die Verteilung der Kosten in finanzieller, zeitlicher wie ökologischer Hinsicht immer breiter gestreut.

Nimmt man den modernen Menschen aus dem globalen Norden, mit Plasmabildschirm, zwei Familienautos und Billiggrillfleisch aus dem Discounter (das natürlich auf einem sündhaft teuren Gasgrill gegrillt wird), werden diese Verflechtungen und die Unübersichtlichkeit klar. Im Lebensstil einer Person aus der Mittelschicht liegen unter dem (vergleichsweise) hohen Luxus unzählige negative Folgen verborgen. Folgen, die allerdings von dieser Person nicht beabsichtigt sind und die ihr wahrscheinlich auch gar nicht bewusst sind. Die konsumierten Produkte werden mithilfe von Technik produziert, die alles andere als sozial und ökologisch nachhaltig sind. Diese Technik – Abfüllmaschinen, elektronische Messgeräte, Gabelstapler, Roboterarme, Hochöfen – ist global verbreitet und ermöglicht es, Verbrauchsgüter in Massen herzustellen und dadurch günstig anzubieten. Ihre globale Verbreitung ermöglicht es, dass Ressourcen aus der ganzen Welt in Waren umgewandelt und Verbraucher*innen ebenfalls weltweit bedient werden können. Die Technik ist die Möglichmacherin für den globalen Marktplatz – und für die Verteilung der negativen Folgen einer ganzen Lebensweise.

Die Unterstützung von Produktion und Konsum durch Technik häuft diese Externalitäten zu einer Walze auf, die über Umwelt und Menschen in prekären Verhältnissen rollt. Es handelt sich um ein Phänomen, dass wir »Externalitäten mit Skaleneffekten« (englisch: »externalities of scale«) nennen.

Es beschreibt, dass die negativen Auswirkungen eines bestimmten Konsumverhaltens vor allem durch die Masse kritisch werden. Wenn nur eine einzige Person weltweit einen SUV fahren oder ein Smartphone nutzen würde und das ihr Leben lang, hätte das für Mensch und Umwelt keine schwerwiegenden Auswirkungen. Dank der technischen Möglichkeiten können aber Milliarden von Autos, Smartphones und so weiter produziert und kostengünstig verwendet werden. Entsprechend katastrophal sind die Auswirkungen. Wird ein derartiger auf (vor allem schnelllebigem) Konsum basierender Lebenswandel nicht durch korrigierende Gesetzgebung und ausbalancierende Institutionen gemäßigt, können diejenigen, auf deren Rücken er ausgetragen wird, sich auch kaum gegen die Folgen wehren.

Nun ist es in den letzten Jahren durchaus zu einem steigenden Bewusstsein für diese negativen Externalitäten gekommen. Nachhaltiger Konsum wird zu einem neuen Trend, allerdings mitunter eher für Menschen mit besserem Einkommen. Doch auch unabhängig von der finanziellen Lage ist es mittlerweile Teil des Allgemeinwissens, dass zum Beispiel der Konsum von Billigfleisch ökologisch wie sozial problematisch ist. Doch trotz des immer größeren Angebots an nachhaltigen Alternativen wählen Menschen – oft wider besseres Wissen und trotz der finanziellen Möglichkeiten – die konventionellen Produkte oder die ihnen vertraute Marke.

Der Grund für diese Schieflage liegt oft in der Überladung von Entscheidungen. Das Alltagsleben ist für viele schon schwer genug. Tagtäglich fallen zig Dinge an, um die man sich kümmern muss. Es sind Entscheidungen zu treffen – im beruflichen Alltag, aber auch im Privaten: wie die Kinder in die Schule kommen, ob die Familie abends lieber Salat oder Schnitzel essen soll, ob man die Spülmaschine noch mal reparieren lässt oder doch endlich eine neue anschaffen soll, ob es sich lohnt, eine Riesterrente abzuschließen, oder wann mal wieder die Wände des Wohnzimmers gestrichen gehören. Dazu kommt, dass man natürlich auch die schönen Tage des Lebens genießen möchte, also steht die Entscheidung an, wohin es im Urlaub gehen soll, wann welche Freund*innen mal wieder zum Spieleabend kommen und ob man am Wochenende lieber Fahrrad fahren oder Computer spielen möchte.

Es gibt Forschung, die davon ausgeht, dass Menschen bis zu 20.000 Entscheidungen am Tag treffen.[6] Auch wenn viele davon kleine und kaum bewusste Entscheidungen sind, fordern sie doch das Gehirn. Und dann kommt diese Nachhaltigkeit dazu, die bei diesen Entscheidungen auch noch eine

Rolle spielen soll. Das Schnitzel ist wohl weniger nachhaltig als der Salat (und vielleicht auch weniger gesund), die Spülmaschine zu reparieren wäre nachhaltiger als eine neue zu kaufen, bei der Geldanlage für die Altersvorsorge gibt es ökologische und soziale Aspekte zu berücksichtigen et cetera. Abgesehen von der finanziellen Seite solcher Entscheidungen ist auch die Frage nach der »Gehirnökonomie« hier ein wichtiger Punkt: Wie viele Aspekte kann und will man eigentlich in die Entscheidungsfindung mit einfließen lassen? Hier setzt die Frage der Prioritätensetzung an und dort fließen besonders stark die Effekte ein, die man vergleichsweise kurzfristig und unmittelbar erlebt.

Ähnliches gilt auch für die Wirtschaft. Sie muss ökonomische Fragestellungen gegen das Ökologische und Soziale abwägen. Viele Unternehmen haben in den letzten Jahrzehnten eindrucksvoll gezeigt, dass sie sehr wohl erfolgreich sein können, wenn sie sich für mehr Nachhaltigkeit entscheiden. Diese Unternehmen sind oft nicht nur in ihrer Nachhaltigkeit innovativ, sondern auch führend in der Herstellung und Vermarktung neuer Produkte und Dienstleistungen. Doch für viele Manager*innen und Unternehmer*innen ist ökologische und soziale Nachhaltigkeit, genau wie für den Privatmenschen, noch ein zusätzliches Entscheidungskriterium. Sie tun sich schwer damit, neben ihren sonstigen Aufgaben Nachhaltigkeit in die unternehmerischen Entscheidungen einfließen zu lassen. Ist ihnen dies aus ähnlichen Gründen wie den Privatpersonen zu viel, so werden unternehmerische genau wie die privaten Einzelentscheidungen in der Masse zu Externalitäten in großem Ausmaß.

In dieser Betrachtung wird klar, dass es schwierig ist, mit dem Finger auf eine*n Schuldige*n zu zeigen. Im Alltagsleben wie im unternehmerischen Geschäft müssen sehr viele verschiedene Faktoren berücksichtigt werden, und Nachhaltigkeit spielt dabei nicht immer die erste Geige. Produzent*innen wählen Wege, um am Markt bleiben zu können, Verbraucher*innen lassen sich von Finanzen und Bequemlichkeit leiten, und Politiker*innen schauen nach dem erfolgversprechendsten Weg, um wiedergewählt zu werden.

Dieses verbreitete, scheinbare Desinteresse aller Beteiligten in der Gesellschaft an den negativen Externalitäten wird zusätzlich verstärkt durch die technischen Möglichkeiten zum Massenkonsum, zum »Unsichtbarmachen« der Folgen und zur Verlagerung vieler schmutziger Rahmenbedingungen und damit zu einem systemischen Problem, das auch gar nicht allein durch *eine*n* Endverbraucher*in oder *eine*n* Unternehmensleiter*in behoben werden kann. Billige Metzgereiprodukte, Kleidung und Urlaube in fernen Ländern werden in heutigem Maße erst durch Hightech ermöglicht. Dieses System ist eben auch der Grund, warum Technik allein die bestehenden Probleme *nicht* lösen kann, sondern ganz im Gegenteil sogar noch befeuert. Technik hat das Potenzial, gesellschaftliche Herausforderungen zu schaffen, die in ihrer Art oder in ihrem Ausmaß neuartig sind – »innovative Probleme«, wenn man so will.

Eines dieser innovativen Probleme ist die potenzielle Gefahr, die von Künstlicher Intelligenz (KI) ausgeht. Die Missverständnisse rund um KI sind groß und nicht alle Schreckensszenarien, die in den Medien präsentiert werden, sind wahrscheinlich. Doch ein Blick hinter die Kulissen, vor allem in der Anwendung dieser Technik, fördert Unbehagen.

Die heutige Form der KI besteht aus neuronalen Netzen. Dies sind Programme, die der Funktionsweise des menschlichen Gehirns nachempfunden wurden. Dabei wird – vereinfacht gesprochen – eine sehr große Anzahl von Trainingsdaten nacheinander in einen Computer eingespeist. Bei den Daten kann es sich beispielsweise um Bilder, Texte oder Audiodateien handeln. Sie enthalten Metainformationen über ihre Inhalte, die der Rechner anfangs noch zu sehen bekommt, ähnlich wie bei einem Etikett auf einem Lebensmittel.

Der Computer soll nach dem Training dann bei einzelnen Daten erraten, was darauf zu erkennen ist. Dabei sieht er nicht mehr, was auf dem Etikett zu lesen ist. Zu diesem Zweck hat er viele miteinander verbundene Knotenpunkte (auch »Neuronen« genannt), die jeweils einen ganz kleinen Ausschnitt aus den Daten betrachten. Die Knotenpunkte haben Gewichtungen und können dadurch in die Entscheidung unterschiedlich stark einbezogen werden. Liegt der Computer bei seiner Schätzung, was in den Daten zu sehen ist, richtig, erhalten die involvierten Knotenpunkte eine stärkere Gewichtung.

Versorgt man den Computer beispielsweise mit vielen Bildern von Chihuahuas, versucht er Ähnlichkeiten zu entdecken, indem die Knotenpunkte unterschiedliche Gewichtungen erhalten. So werden die Gewichtungen in den einzelnen Knotenpunkten angepasst, um letztendlich die Wahrscheinlichkeit zu erhöhen, dass beim nächsten Bild richtig erkannt wird, ob darauf ein Chihuahua abgebildet ist. Diesen Prozess nennt man maschinelles Lernen. Der Algorithmus macht dies mit Tausenden von Bildern, bis die Ersteller*innen des neuronalen Netzes zufrieden mit den Ergebnissen sind. Der Mensch hinter dem Computer gibt dabei keine Wertung vor. Durch das Training schafft der Rechner sie selbst. Demgegenüber entscheiden Qualität und Quantität der Übungsdaten maßgeblich über Erfolg oder Misserfolg des Algorithmus. Durch diese Methode liegen neuronale Netze oft in höherem Maße richtig in der Bewertung gewisser Zusammenhänge als Menschen.

Durch neuronale Netze lassen sich auch Sprache, Bilder und sogar Videos erstellen,[7] die für den Menschen unverkennbar echt wirken. Von klassischer Musik über Nachrichtentexte und Ansprachen von bekannten Persönlichkeiten – neuronale Netze kreieren Werke, die wie aus der Hand einer oder eines Künstler*in stammend oder zum Verwechseln real wirken. Daraus lassen sich jedoch auch sogenannte »Deep Fakes« erstellen, künstlich hergestellte Bilder oder Videos, die aussehen wie echt und somit die Betrachter*innen täuschen sollen. Sicherlich gab es schon immer Fälschungen. In der Zeit schneller und globaler Medien können diese Imitationen allerdings schnell Massen von Menschen mobilisieren, um etwas Unüberlegtes und Uninformiertes zu tun. Man mag nur daran denken, welche Auswirkungen es haben könnte, wenn ein Video eines oder einer Angestellten der Europäischen Zentralbank kursieren würde, in dem kurzerhand der Anstieg der Zinsen auf 50 Prozent angesagt wird – die Weltwirtschaft würde schnell einen Crash befürchten müssen. Solche potenziellen Probleme – ausgelöst durch eine technische Innovation – sind in dieser Form noch nie dagewesen.

Eine weitere ernüchternde Erkenntnis ist, wie fehlerhaft neuronale Netze sein können. Zurückgreifend auf das obige Beispiel mit dem Erkennen von Chihuahuas auf Bildern, finden sich sehr belustigende Bilder im Internet. Meist hat der Algorithmus zielsicher die kleinen Hunde erkannt. Ungeschickterweise hat er jedoch auch Kekse mit Schokoladensplittern als Chihuahua identifiziert. Die Farbe des Felles und des Keksteiges auf der einen Seite und die Position der Schokosplitter im Gebäck gegenüber der Position der Augen und Nase des Hundes auf der anderen wirken für den Computer zum Verwechseln ähnlich. Kein guter Ausgangspunkt, wenn man ein neuronales Netz fragt, in was man hineinbeißen sollte.

Sicherlich hat sich seit diesen Missgeschicken einiges an den mathematischen Modellen verbessert. In der Tat befindet sich die Welt zum Zeitpunkt der Erstellung dieses Textes in einer kambrischen Explosion des maschinellen Lernens. Wöchentlich, fast täglich, wird über neue Veröffentlichungen berichtet, von unerwarteten Durchbrüchen und Modellen, die sich in ihrer Leistung immer wieder selbst übertreffen. ChatGPT, Midjourney und Stable Diffusion sind die aktuell bekanntesten Modelle. Doch bis zur Veröffentlichung dieses Buches könnte diese Auflistung bereits obsolet sein – so dynamisch verläuft die momentane Entwicklung neuer KI-Systeme. So dynamisch und schnell, dass sogar Fachleuten mulmig wird und eine Gruppe führender Expert*innen aus dem Feld einen öffentlichen Brief unterschrieben haben, in welchem sie Unternehmen dazu auffordern, das Wettrüsten mit einer immer besser werdenden KI einzudämmen. Sie befürchten, dass durch die rasante, unüberlegte und unregulierte Entwicklung immer stärkerer Künstlicher Intelligenzen schwerwiegende Probleme für die Gesellschaft entstehen können.[8]

Auch wenn ein Roboterkrieg à la Terminator eher unwahrscheinlich ist, gibt es viele Probleme, die eine unkontrollierte Verbesserung lernender Maschinen mit sich bringen kann – und teils bereits tut. Die Nutzung der KI als Waffe oder zur Entwicklung von Waffen, das »Belügen« von Nutzer*innen durch die Künstliche Intelligenz, um ein Ziel zu erreichen, oder die Entstehung von unbeabsichtigten Zwischenzielen innerhalb der Maschine, sind nur einige wenige Beispiele dafür, was falsch laufen könnte.[9]

Dabei gibt es ein Grundproblem, das trotz aller Fortschritte bestehen bleibt: Neuronale Netze sind und bleiben für den Menschen eine Blackbox. Wieso algorithmisch gewisse Gewichtungen auf den Knotenpunkten vorgenommen worden sind, ist den Anwender*innen nicht bekannt. Man kann nur raten – was allerdings bedeutet, dass man *nie* sicher sein kann, wann ein Fehler auftritt. Der Mensch versteht die Ursachen nicht, die zu den Ergebnissen geführt haben, und so wird er auch nie alle Fehler vorhersehen können.[10] Es bedarf nur einer unvorhersehbaren, gravierenden Fehlkalkulation durch die KI und die Ergebnisse könnten verheerend sein. Insbesondere, wenn Menschen in naher Zukunft eine steigende Anzahl neuronaler Netze immer tiefer in ihrem Alltagsleben einsetzen und diese miteinander verschalten.

Ein spannendes, wenn auch beängstigendes Ereignis mag diesen Zusammenhang am besten beschreiben: der Flashcrash aus dem Jahr 2010. Nur wenige außerhalb der Finanzwelt haben davon etwas mitbekommen. In diesem rapiden Zusammenfall der Aktienmärkte verschwanden innerhalb von nur sechs Minuten eine Billion Dollar an Werten. Auf fast wunderbare Weise erholten sich dann 20 Minuten später die Märkte wieder. Algorithmen spielten dabei eine ausschlaggebende Rolle. Die Geschwindigkeit dieser automatischen Maschinen wird von Hochfrequenzhändler*innen ausgenutzt, die innerhalb von Millisekunden an den Börsen handeln. Die strengstens gehüteten Algorithmen nutzen durch Aufträge mit hohem Volumen kleinste Preisfluktuationen aus.[11] Am 6. Mai 2010 führten eine Reihe von Vorfällen dazu, dass diese Computer in ultraschneller Abfolge kauften und verkauften und dabei den Preis einiger Aktien zum Einbruch brachten. Populäre Aktien wie die von Procter & Gamble oder Accenture waren kurze Zeit später nur noch ein paar Cent wert. Die Ursachen des Crashs sind umstritten, eindeutig ist jedoch, dass Algorithmen eine entscheidende Rolle spielten in der Geschwindigkeit und Tiefe, wie sich die Preise veränderten. Das Problem: Man kann es nicht genau nachvollziehen, da die Programme Blackboxes darstellen. Trotz Absicherung können sie in Grenzfällen unberechenbare Ergebnisse hervorrufen.[12]

Darin liegt die Krux. Immer mehr Algorithmen und neuronale Netze durchziehen den Alltag. Sei es im Smarthome, im Smartcar oder im Smartphone. Und immer mehr Menschen nutzen sie und vertrauen ihnen blind. Doch sie sind nur so gut wie die Datengrundlage und die mathematischen Modelle, auf denen sie aufgebaut sind. Es ist unmöglich, alle Ausnahmefälle zu überblicken, in denen die Programme auf unvorhergesehene Art und Weise reagieren und unter Umständen fatale Fehler begehen. Dabei muss keine kriminelle Motivation vorhanden sein – die KI muss nicht darauf ausgerichtet sein, Böses zu tun. Sie muss auch kein eigenes Bewusstsein entwickeln und – wie in manchen Schreckensszenarien propagiert wird – den Menschen ausrotten wollen. Es reicht aus, dass eine KI eine unerwartete, nicht beabsichtigte Reaktion auf einen Input hat, die sich durch das Netzwerk an Maschinen zu einem desaströsen Fehler im Gesamtsystem hochschaukelt. Darin steckt die große Gefahr für die Gesellschaft. Je mehr »smarte« Geräte miteinander verstöpselt werden, desto höher steigt das Risiko für unvorhersehbare verhängnisvolle Fehler durch Maschinenhand. Künstliche Intelligenz, beispielsweise in Form neuronaler Netze, birgt also neue gesellschaftliche Herausforderungen. Herausforderungen, die nicht einfacher werden, als es die heutigen ohnehin schon sind.

4

Die Komplexität der Gesellschaft

Mehr als die Summe ihrer Teile: Komplexe Systeme

Die in Kapitel 2 vorgenommene Aufzählung gesellschaftlicher Herausforderungen ist natürlich nicht abschließend, sondern soll vor allem der Veranschaulichung dienen, welch ein Berg an Aufgaben ansteht. Was bei der Beschreibung deutlich geworden sein sollte, ist, dass diese Herausforderungen von mehreren Seiten angegangen werden müssen. Technik kann dabei nicht oder nur teilweise helfen – aber Technik allein wird es nicht richten. Das liegt zum einen daran, dass Technik, wie bereits beschrieben, einen Teil der Probleme (mit-)verursacht hat. Zum anderen kommt ein weiterer, grundlegender Punkt hinzu: Technik kann die Komplexität der Welt nicht ausreichend abbilden.

Gesellschaftliche Herausforderungen entstehen nicht in einem Vakuum und stehen nicht für sich alleine, sondern hängen untrennbar miteinander zusammen. Wie bereits beleuchtet, hat der Klimawandel Auswirkungen auf die Umwelt, die Wirtschaft und die psychische Gesundheit und damit auf die Lebensqualität der Menschen. Das ist Komplexität! Eine klare Trennung von unterschiedlichen Bereichen wie Gesellschaft und Umwelt ist aufgrund der engen Verzahnung nicht möglich, auch wenn sich diese klassische Herangehensweise beispielsweise noch in der scharf voneinander abgetrennten Aufstellung von politischen Ressorts widerspiegelt.

An dieser Stelle eine kurze Erläuterung zum Unterschied zwischen *Komplexität* und *Kompliziertheit*, da im Sprachgebrauch beide Begriffe oft unterschiedlich verwendet werden. Laut Duden bedeutet »kompliziert«: »schwierig; verwickelt; [aus vielen Einzelheiten bestehend und daher] schwer zu durchschauen und zu handhaben«.[1] Kompliziert ist also, was zwar schwer, aber nicht unmöglich zu verstehen ist. Mit ausreichender Kenntnis der einzelnen Bestandteile kann ein komplizierter Zusammenhang begriffen und weitere Abläufe und Ereignisse prognostiziert werden. Um im Bereich der Technik zu bleiben, seien als Beispiele ein Uhrwerk, eine Windmühle oder die Verflechtung von Verkehrswegen genannt.

Komplexität dagegen ist ein ganz anderes Biest. Der Duden definiert Komplexität mit »vielschichtig; viele verschiedene Dinge umfassend; allseitig, umfassend zusammengesetzt; nicht allein für sich auftretend, ineinandergreifend, nicht auflösbar«.[2] Das bedeutet, dass komplexe Zusammenhänge zwar begriffen, aber nicht bis ins letzte Detail verstanden werden können. Die Kenntnis von Einzelteilen, die bei Kompliziertheit zu einem Verständnis des Gesamtkonstrukts verhilft, bringt einen bei Komplexität nur bedingt weiter. Beispiele sind das lokale Wetter, Wirtschaftssysteme, Verkehrsstaus, neuronale Netze, das globale Klima und die dynamische Veränderung von Populationen. Sie alle bilden komplexe Systeme und Subsysteme. Diese Systeme lassen sich nicht ohne Probleme vereinfacht darstellen, denn wenn in den Modellen komplexer Systeme wichtige Teile ausgelassen werden, sind sie kaum noch aussagekräftig. Anders gesagt, das Ganze ist mehr als nur die Summe seiner einzelnen Teile, denn erst aus dem konstanten Zusammen- und Wechselspiel entsteht das Verhalten eines komplexen Systems.[3]

Diese Wechselwirkungen ziehen erstaunliche Folgen nach sich. So können bereits winzig kleine Abweichungen in den Anfangsbedingungen dieser Systeme zu großen Veränderungen im Gesamtergebnis führen. Sichere Prognosen über die weitere Entwicklung werden dadurch fast unmöglich. Auch kleinste Ungenauigkeiten in der Messung können zu unterschiedlichen, bisweilen falschen Ergebnissen führen – etwa bei Daten rund ums Wetter, wie Temperatur, Luftfeuchtigkeit oder Windverhältnissen. Jeder kennt es aus dem Alltag, dass der angekündigte Regenschauer ausbleibt oder man doch in einem nicht vorhergesehenen Gewitter landet.[4] Gerade Elemente wie Wasser, Luft und Erde verhalten sich bisweilen sehr dynamisch und aufgrund ihrer wechselseitigen Interaktion über unzählige ständige Rückkopplungsschleifen kann bereits ein kleiner Windhauch riesige Auswirkungen auf die Entwicklung des gesamten Systems haben.

Die Schwierigkeit, komplexe Systeme zu verstehen, erhöht sich zusätzlich dadurch, dass nicht nur *in* ihnen eine Fülle an konstanten Wechselspielen vor sich gehen, sondern auch *sie selbst als Ganzes* einer permanenten Veränderung unterliegen. Manchmal wandeln sie sich schnell, manchmal langsam – aber sie stehen niemals still. Das Verhalten komplexer Systeme kann daher nicht eindeutig vorhergesagt werden. Durch das Verständnis einiger mehr oder minder einfacher Regeln, die diesen Systemen zugrunde liegen, können aber Schätzungswerte erstellt und darauf basierend annähernde Zukunftsszenarien entwickelt werden. Dies ermöglicht zumindest eine Einschätzung über die Tendenz, in der sich das System verändern wird.[5]

Um Komplexität zu verstehen, ist der Systemblick entscheidend. Menschen leben in sozialen Systemen, das Obersystem nennt sich »Gesellschaft«. Die sozialen Systeme sind mehr oder minder absichtlich organisierte Zusammenschlüsse und haben ihre eigenen Glaubenssätze, Spielregeln und Menschen als Teilnehmende. Manche haben gewisse Ziele und/oder nehmen bestimmte Funktionen ein, die sie über das wechselseitige Zusammenspiel ihrer unterschiedlichen Bestandteile oder über die Interaktion mit anderen (Sub-) Systemen erreichen beziehungsweise ausleben wollen.

Gesellschaft ist ein anschauliches Beispiel für das unentwirrbare Geflecht eines Systems und seiner Subsysteme. Woraus besteht denn eine »Gesellschaft«? Familien bilden ein Subsystem, genauso wie Fußballfanklubs, Schüler*innen, Schützenvereine, Autofahrer*innen, Hundebesitzer*innen oder bestimmte Alterskohorten. Eine Person kann daher mehreren dieser sozialen Subsystemen angehören. Dass mehrere Menschen zu exakt denselben Subsystemen gehören, dürfte eine Ausnahme darstellen. Die sozialen Systeme sind ineinander verwoben und besitzen untereinander viele Abhängigkeiten auf unterschiedlichen Ebenen. Darin spiegeln sich die systemischen Verflechtungen auf einer individuellen Ebene wider. Jedes soziale (Sub-)System hat wiederum seine eigene Zusammenstellung – in seiner Kultur, also in der Art und Weise, wie Glaubenssätze, Werte, Gegenstände und Symbole definiert sind, bei der politischen und ökonomischen Struktur, also der Art und Weise, wie Macht und Ressourcen verteilt sind, und im Bereich sozialer Interaktionen, das will heißen bei Gesetzen, Prozessen, Routinen und Gewohnheiten.[6]

Milliardenfach stehen Menschen untereinander im Austausch – auch wenn jeder einzelne nur mit einer kleinen Gruppe von Mitmenschen auf täglicher Basis kommuniziert, so sind doch die meisten untereinander durch Kommunikation mittelbar miteinander verbunden. Informationen, Perspektiven und Wertvorstellungen fließen zwischen den Menschen von einem Teil der Welt zum anderen, wie in einem globalen »Stille Post«-Spiel. Je mehr Kommunikationstechnik dies beschleunigt, desto schneller läuft es ab. Dadurch entstehen unzählige Rückkopplungen zwischen den Menschen, die das Verhalten der Gesellschaften als Systeme stetig wandeln. Wie diese Zusammenhänge sich gestalten, wird in der Soziologie und Psychologie erforscht, woraus sich Einblicke in die menschliche Natur, ihre Komplexität und ihre überraschende, oft ganz eigene Logik ergeben.

Ein interessantes Beispiel komplexen menschlichen Verhaltens ist induzierter Verkehr. Wenn auf einer Autobahn immer häufiger Staus auftreten, was ist dann eine passende Reaktion darauf? Die naheliegende, *technische* Antwort ist der Bau weiterer Autobahnspuren. Gleiche Menge auf mehr Platz ist die simple Logik dahinter. Denn wenn es zu viele Autos für die bestehende Infrastruktur gibt, baut man eben die Kapazitäten aus. Die Autos verteilen sich dadurch auf mehr Fläche und das Problem ist gelöst.

Von wegen. Diese rein funktional-technische Betrachtung von Mobilitätsinfrastruktur lässt leider einiges außer Acht, beispielsweise wie Menschen Ressourcen wahrnehmen. Gibt es mehr Platz auf der Autobahn, greifen auch mehr Menschen auf das Auto als Transportmittel zurück. Personen, die vor dem Ausbau auf ihre Autofahrt verzichtet und andere Transportoptionen genutzt haben, weil sie die ewigen Staus vermeiden wollten, freuen sich über die ausgebauten Kapazitäten und wollen selbstverständlich von ihnen profitieren. Ergebnis: Mehr Fläche, mehr Autos – und das Stauproblem ist nicht gelöst, sondern besteht weiter und das in einem größeren Ausmaß als zuvor. Die Autobahn gilt dann auch in der Stadtplanung als Standortvorteil: Werden neue Wohngebiete erschlossen, dann nicht selten in der Nähe der Autobahn aufgrund der »guten Verkehrsanbindung«. Durch eine zunehmende Einwohnerzahl in den Neubaugebieten kommen also noch mehr Autonutzer*innen hinzu. Die Folge ist, dass nach kurzer Zeit die Autobahn wieder überfüllt sein wird. Und die Lösung soll ein weiterer Ausbau sein, der aber von den gleichen Rückkopplungsschleifen konterkariert wird.

Das erweiterte Angebot schafft also mehr Nachfrage, anstatt die bestehenden Engpässe aufzulösen, und erzeugt sogar neue Engpässe. Der rein technische Blickwinkel der Ingenieur*innen hat die Psychologie ausgeblendet. Wenn man jetzt nicht nur einfach ein Stauproblem lösen, sondern auch noch eine Transportinfrastruktur entwickeln möchte, die dem Menschen nützt und ökologische wie soziale Nachhaltigkeit gewährleisten kann, dann muss begonnen werden, in sozialen und komplexen Zusammenhängen zu denken. Ein einfaches »wenn zu wenig da ist, dann bauen wir halt mehr« ist nicht mehr angebracht. Selbst die naheliegende Option, zur Lösung des Stauproblems alternative Transportmittel zu schaffen und etwa zu schauen, ob der Verkehrsdruck durch Radwege oder öffentliche Verkehrsmittel gemindert werden könnte, ist streng genommen zunächst nur eine technische Alternative. Prinzipiell könnten durch diese alternativen Angebote die Staus auf der Autobahn reduziert und gleichzeitig auch die Abhängigkeit von persönlichen Automobilen verringert werden. Für die Wahl des Transportmittels – sei es das Auto oder der öffentliche Personennahverkehr – kommen allerdings kognitive Verzerrungen und persönliche Einstellungen beim Menschen zum Tragen. Denn um einen Umschwung in der Verkehrsnutzung weg vom Auto zu erreichen, muss nicht nur die Infrastruktur so umgebaut werden, dass die Nutzung anderer Verkehrsmittel einfacher, günstiger und bequemer wird. Nein, es braucht in erster Linie einen Wertewandel. Die Priorität muss vom Auto weg zu anderen Verkehrsmitteln.

Gerade in Deutschland hat das Auto noch einen vergleichsweise hohen Status und transportiert mehr als nur ein, zwei Personen: nämlich den Traum von Freiheit und Unabhängigkeit, das Signal, sich etwas leisten zu können. Der Wert, der individuell dem Auto zugeschrieben wird, ist ein rein benutzerbezogener. Autofahrer*innen und ihre Bequemlichkeit stehen im Vordergrund, nicht die Frage nach den Folgen in Bezug auf Lärm, Luft, Erdölvorkommen oder Versiegelung. Hier fehlt noch eine klare Kommunikation und Botschaft seitens der Politik wie auch der Stadtplanung. Mit dem Ausbau der Autobahnen wird an Autobesitzer*innen ein klares Signal gesetzt: »Das System passt die Umwelt weiter an dich an und niemand muss an seinem und ihrem Verhalten etwas ändern.« Dass aber auch der öffentliche Raum begrenzt ist und unendliches Wachstum auf der Straße genauso wenig funktioniert wie in der Wirtschaft, wird nicht thematisiert und nicht kommuniziert, geschweige denn priorisiert. Es ist also keine Überraschung, dass in der Kombination »gute Autoinfrastruktur plus politische und öffentliche Priorisierung des Autos« viele Menschen nur bedingt zu einem Umstieg auf andere Verkehrsmittel bereit sind.

Dabei erweist sich die Schaffung und Nutzung alternativer Infrastruktur auch volkswirtschaftlich gesehen als vorteilhaft: Die Ausbaukosten für Rad- und Fußwege oder Stadtbahnen sind pro Reisendem billiger als die für Autos.

Die Baukosten pro Kilometer und Nutzer*in Autostraße liegen im Durchschnitt bei 2.500 bis 5.000 Euro, während sich diese Kosten für Fußwege auf 50 bis 500 Euro belaufen.[7] Weiterhin sind die externen Kosten für das Gesundheitssystem und Steuerzahlende geringer, das öffentliche Nutzungsrecht von Wegen fällt nicht mehr nur Autofahrer*innen zu und – so würden wir zumindest behaupten – die Städte werden wieder schöner.

Warum wird also auf zu viele Autos mit Ausbau der Straßen reagiert anstatt mit einer Verringerung der Zahl von Autos? Weil viele Verkehrs- und Städteplaner*innen in ihrer meist technisch ausgerichteten Ausbildung gelernt haben, mit *komplizierten* Sachverhalten umzugehen. Weil die Stadtplaner*innen sich nach öffentlichen und politischen Prioritäten richten und ihre technische Umsetzung allein keine Chance hat – ohne die entsprechenden Genehmigungen und Aufträge werden Bauprojekte nicht in Angriff genommen. Doch Menschen formen mit ihrem Verhalten und Handeln eben *komplexe* Systeme.[8]

Wenn Menschen Entscheidungen treffen, tun sie das nicht perfekt. Lange herrschte – und teilweise herrscht noch immer – das Bild des Menschen als Homo oeconomicus vor. Dieses Bild geht davon aus, dass der Mensch als ein rationaler Akteur handelt, der durchgehend versucht, seinen Nutzen zu maximieren und quasi mathematisch optimale Entscheidungen zu treffen. Doch seine mentale und psychologische Beschaffenheit ist nicht darauf ausgerichtet, diese Art von Optimierung in jeder Situation vorzunehmen. Stattdessen nehmen Fehleinschätzungen in der subjektiven Wahrnehmung im Gegensatz zu objektiven Fakten eine ausgesprochen große Rolle ein – so entstehen kognitive Verzerrungen. Und sie sind schlicht nicht zu vermeiden, da die Anzahl an Informationen über die »Realität« unüberschaubar groß ist – beginnend bei kleinen, persönlichen Erfahrungen bis hin zu wissenschaftlichen Fakten. Realität selbst ist maximal komplex.

Es kann beispielsweise sein, dass man einen Trend nicht richtig einschätzt, da man seine Ursachen nicht verstanden hat – die sogenannte Truthahn-Illusion[9]. Ein Truthahn, der täglich von seiner Bäuerin gefüttert wird, geht davon aus, dass *immer* Futterzeit ansteht, wenn die Bäuerin auftaucht. Das sind die Informationen, mit denen er »arbeitet«. Doch eines Tages ist Thanksgiving. Die Bäuerin kommt in den Stall, der Truthahn erwartet bei seinem Anblick wie jeden Tag freudig sein Essen, stattdessen wird er aus dem Stall geholt, geschlachtet und landet selbst auf dem Teller. Der Truthahn kannte den wahren Grund, der hinter seiner Fütterung und seinem »angenehmen« Leben lag, nicht. Dadurch hatte der arme Vogel keine Chance, eine Veränderung im Ablauf einzuplanen. (Ob er *mit* den Informationen am Ablauf etwas hätte ändern können, ist noch mal eine andere Frage!)

Man könnte sagen, dass hier Unwissenheit mit Glückseligkeit gleichgestellt werden könnte. Doch im Gegensatz zu Tieren können Menschen ihre eigene Zukunft durch ihr Handeln beeinflussen – insofern sie die Prozesse verstehen, die ursächlich für die Situationen sind, in denen sie leben. So lassen sich Menschen manchmal zu falschen und vorschnellen Schlüssen hinreißen, da sie nicht den vollen Über- beziehungsweise Einblick in alle Ursachen und mitspielenden Faktoren haben. Ein gutes Beispiel dafür ist das Platzen von Spekulationsblasen an den Börsen – es geht so lange gut, bis plötzlich alles zusammenbricht. Nur wer sehr detaillierte Insiderkenntnisse hat, könnte vielleicht noch rechtzeitig handeln – aber wie die Finanzkrise des Jahres 2008 gezeigt hat, schützt auch Wissen nicht zwangsläufig vor unklugen Entscheidungen.[10]

Ein weiteres anschauliches Beispiel ist die Status-quo-Verzerrung. Menschen bevorzugen tendenziell Situationen, die sie kennen. Veränderungen werden demgegenüber allgemein als störend wahrgenommen und werden daher meistens versucht abzuwehren. Dies hat unterschiedliche Gründe. Zum einen bedeutet Veränderung eine »Störung« von Routinen und Gewohnheiten, was schlicht mehr mentale oder körperliche Energie benötigt. (Wer jemals versucht hat, sich regelmäßige Sporteinheiten anzugewöhnen, kann diese Kraftanstrengung nachvollziehen.) Zum anderen neigen Menschen dazu, Verluste von Vorhandenem als schwerwiegender zu empfinden als einen potenziellen, noch nicht greifbaren Gewinn. Diese Verlustaversion führt dazu, dass sich Menschen für die Beibehaltung eines mehr schlechten als rechten bestehenden Zustandes entscheiden statt das Risiko und die Mühen der Veränderung auf sich zu nehmen, um einen möglichen, aber eben nicht garantierten, besseren Zustand zu erreichen. Nicht zuletzt zeigen Experimente in der Verhaltensforschung im Rahmen der Spieltheorie, dass Menschen sich sehr stark an anderen orientieren, sich vergleichen und ein Gespür für Gerechtigkeit haben, welches nicht rein mathematisch oder »logisch« nachvollziehbar ist. Das kann dazu führen, dass sie auf einen eigenen kleinen Vorteil verzichten, wenn eine andere Person einen noch größeren Vorteil bekommt, weil durch die ungleiche Begünstigung eine Schieflage in der Verteilung empfunden wird. Dann sollen lieber beide leer ausgehen, das wird als »fairer« empfunden.

Der oben genannte Homo oeconomicus würde nicht so handeln. Er würde seinen Vorteil rausholen, egal, was andere tun oder wie viel andere bekommen. Doch der Mensch ist weniger Homo oeconomicus als Homo socialis. Das soziale Umfeld beeinflusst Menschen massiv; die Orientierung an anderen, um in der Gruppe anerkannt oder zumindest aufgenommen zu werden und nicht ausgestoßen zu werden, ist ein zutiefst im Menschen verankertes Bedürfnis – weil in früheren Zeiten schlicht das Überleben davon abhing, ob man in einer Gruppe lebte und unterstützt wurde. Die Prägung durch das soziale Umfeld, durch die dort vermittelten Werte über »wichtig« und »unwichtig«, »richtig« oder »falsch«, »bewundernswert« oder »statusmindernd« beeinflusst menschliche Entscheidungen nachhaltig. Gesellschaftliche Normen spielen eine sehr wichtige Rolle bei der individuellen Entscheidungsfindung. Wie diese Normen entstehen, ist jedoch keinen klaren Gesetzen unterworfen und kann sich im Lauf der Zeit immer wieder und auch stark verändern.

Was hat das nun mit der Autobahn zu tun? Werden wir in einer Gesellschaft sozialisiert, die Individualverkehr als positiv und erstrebenswert ansieht, werden wir tendenziell die Nutzung eines Autos gut finden. Ist man erst mal an die ständige Verfügbarkeit und örtliche Ungebundenheit eines Autos gewöhnt, wird ein Umstieg auf öffentliche Verkehrsmittel als mühsam empfunden und als Verlust von Autonomie – auch wenn es oft zeitlich gerade aufgrund der Staus keinen besonderen Unterschied in der Reisezeit gibt und der öffentliche Personennahverkehr letztlich sogar kostengünstiger ist und nicht zuletzt noch einen kleinen gesundheitlichen Mehrwert aufgrund von zusätzlichen kleinen Strecken zu Fuß hätte. Empfindet man die bisherige Nutzung des öffentlichen Personennahverkehr als anstrengend, aber hat wegen der Staus auf das Auto verzichtet, möchte man dann von dem erweiterten Angebot profitieren – schließlich hat man selbst darauf verzichtet, warum sollten nun nur die anderen in den Genuss der neuen Straße kommen? Der kollektive Stellenwert des Autos in der deutschen Gesellschaft ist trotz der mittlerweile bekannten negativen Auswirkungen immer noch sehr hoch.

Solche Wertvorstellungen beeinflussen den Eindruck, den man auf andere machen will. Mit der Wahl eines persönlichen Vehikels kann die eigene Persönlichkeit und auch die sozioökonomische Stellung in der Gesellschaft weit einfacher und spezifischer ausgedrückt werden als mit einem Jahresticket für den öffentlichen Personennahverkehr. Individuell gesehen ist das ein gewichtiger Grund, sich für statt gegen das Auto zu entscheiden, auch wenn die Kosten dagegensprechen und man sich durchaus der ökologischen Konsequenzen bewusst ist. In Dänemark zum Beispiel hat sich dieser Trend schon teilweise umgedreht. Ohne ersichtlichen Grund, wie etwa körperlichen Beeinträchtigungen, in Kopenhagen mit dem Auto statt mit dem Rad unterwegs zu sein, gilt mittlerweile als verpönt. Hier hat sich der gesellschaftliche Konsens seit der Ölkrise in den 1970er-Jahren konsequent zu einer Abwendung und Abwertung des motorisierten Individualverkehrs gedreht.

Um das klarzustellen: Es geht hier nicht um Schuldzuweisungen. Die Verkehrsteilnehmer*innen, Stadtplaner*innen und Politiker*innen bewegen sich in einem System, das ihre Arbeit und ihr Verhalten durch politische Rahmenbedingungen, gesetzliche Vorgaben und Genehmigungen von öffentlicher Seite prägt und steuert. Die Etablierung dieser Rahmenbedingungen – gerade, wenn sie von der Politik kommen – sind wiederum stark beeinflusst durch Wähler*innen und ihren Präferenzen. Hieran sieht man sehr deutlich die engen Verflechtungen unterschiedlicher Subsysteme und die wechselseitigen Abhängigkeiten. Dazu noch die Tatsache, dass Menschen keine perfekten Entscheidungen treffen und aufgrund der Vielzahl an Verzerrungen wie auch der Vielzahl von zu berücksichtigenden Faktoren bei Entscheidungen ein Stück weit unberechenbar sind. Ist die Lösung eines Stauproblems an sich kompliziert, so wird durch die Zusammenhänge klar, wie viele unterschiedliche Faktoren noch mit hineinspielen: Individuen, Gruppen, soziale Subsysteme, die Gesellschaft als Ganzes, die gesamte Realität. In ihren Einzelteilen sind sie *kompliziert*, als Zusammenspiel aber bilden sie ein *komplexes* System. Und um das Ganze noch spannender zu machen, unterliegt dieses System auch noch ständigen Veränderungen.

Dass nicht ein*e Akteur*in allein genügt, um die unterschiedlichen Perspektiven zu erfassen und Planung und Umsetzung von Problemlösungen durchzuführen, dürfte verständlich geworden sein. Nichtsdestotrotz kann Technik weiterhin *das* Instrument bleiben, um die Zukunft von Wirtschaft und Gesellschaft zu gestalten, solange nur Personen aus unterschiedlichen Bereichen in Forschung und Entwicklung einbezogen werden – oder?

Sand im Getriebe: Warum Technik allein keine Lösung ist

Noch in der Gegenwart setzt sich die aus dem 19. Jahrhundert herrührende Technikeuphorie fort. Der Fokus auf Digitalisierung gehört ebenso dazu wie die grundsätzliche Einstellung, dass Technik schon helfen wird, den Klimawandel und seine Folgen zu beherrschen und in den Griff zu bekommen. Ob Verminderung von Dünge- und Schädlingsbekämpfungsmitteln durch Satellitenbilder, Drohnen und Künstliche Intelligenz, Apps, die die mentale Gesundheit stärken sollen, oder Fracking von Gasfeldern, um den weltweiten Energiebedarf zu stillen: Für nahezu alle Herausforderungen scheint es eine technische Antwort zu geben. Also, wo ist das Problem?

Wie im vorherigen Kapitel bereits dargelegt, ist die Komplexität vieler gesellschaftlicher Herausforderungen sehr hoch. Technik, die im Feld der *Kompliziertheit* arbeitet, ist für die *komplexen* Verhältnisse unserer Gesellschaft nicht oder nur sehr bedingt geeignet. Die Fragen, die mit Technik gelöst werden sollen, sind systemisch, also verwoben und eingebettet in die verschiedensten Zustände und Prozesse in der Gesellschaft und der Natur.

Nehmen wir einen ebenfalls sehr zentralen Aspekt, der in vielerlei Hinsicht das Leben, die Gesellschaften in den westlichen Industrieländern bis in die privatesten Bereiche prägt, als Beispiel: die Ökonomie. Denn neben der Freude über die Möglichkeiten von Technik an sich bringen technische Innovationen einen wichtigen Faktor in eine ziemlich einflussreiche Kalkulation ein: Je mehr neue Dinge sich von der Ökonomie verwerten lassen, desto mehr ökonomisches Wachstum ist erwartbar. Wachstum wird dabei unhinterfragt als gut dargestellt und als unumstößlicher Wert an sich. Diese Kalkulation ist die Basis weltweiten ökonomischen Handelns und diktiert damit der Politik und den Gesellschaften vieler Staaten die Richtung und die Kriterien, nach denen Erfindungen, Handlungen und Verhalten bewertet werden. Diese Rechnung jedoch greift zu kurz – sie ist nicht fähig, die Komplexität der natürlichen und gesellschaftlichen Grundlagen richtig zu bewerten, da sie alles auf rein wirtschaftliche Kosten und Nutzen reduziert.[11]

In der Debatte über Verkehrswende, Energieumstellungen, Verbrauch der fossilen Rohstoffe und anderer natürlicher Ressourcen wird oft die Frage aufgeworfen, inwiefern Wohlstand und wirtschaftliches Wachstum beibehalten werden können. Die Antwort lautet oft, dass man einfach die Produktion auf grüne Technologien oder auf nachhaltige Prozesse umstellen könne und eine umweltfreundliche, klimaneutrale Wohlstandsgesellschaft nur eine Frage der technischen Umsetzung sei.

Die ökonomische Stabilität soll zum einen durch Technik gesichert werden, zum anderen werden aber genau diese neuen, nachhaltigen Hightech-Entwicklungen zum Produkt für eine weitere, zusätzliche ökonomische Verwertung. Damit schlägt man zwei Fliegen mit einer Klappe: Alles wird grün und nachhaltig und man muss keinen Gran des eigenen Wohlstands aufgeben. Die Menschen können ihre Gewohnheiten ohne Abstriche unbehelligt weiterführen. Eine Win-win-Situation als herausragende Rundumlösung für alle Seiten.

So einfach ist es jedoch leider nicht. Denn warum sollte Technik, die ja bisher auch viele negative Effekte hatte, plötzlich nur noch gute haben? Ein Blick auf unterschiedliche Aspekte zeigt, wie sehr die Komplexität eines Systems die scheinbar einfache Lösung durch Technik verhindert.

Technische Weiterentwicklung kann die Effizienz in der Verwertung von Rohstoffen fördern, was erst mal kein schlechter Ansatz ist – mit weniger Einsatz das Gleiche oder mehr erreichen, würde dem Wachstum und dem Ressourcenverbrauch entgegenkommen. Effizienzgewinne führen beispielsweise dazu, dass ein Fahrzeug weniger Abgase ausstößt. Das ist gut für die Umwelt und gesünder für die Menschen. Mehr Effizienz bedeutet allerdings auch oft geringere Preise. Im Grunde gut für den Wohlstand! Doch wenn Autofahrer*innen weniger Benzin in ihrem effizienteren Auto benötigen, zahlen sie auch weniger an der Zapfsäule. Die gesunkenen Kosten verleiten jedoch dazu, mehr oder schneller zu fahren. Die vergünstigte Möglichkeit, weitere Strecken fahren zu können, verbessert den Radius, innerhalb dessen Menschen einen Arbeitsplatz finden können, vielleicht sogar einen besser bezahlten, sodass sie durch günstigere Mobilität eine Einkommenssteigerung erzielen. Dies wiederum ermöglicht ihnen den Kauf eines größeren Autos oder eines Zweitwagens,[12] um noch mehr Fahrten mit dem günstigen Kraftstoff durchführen zu können, wie Wochenendausflüge und Urlaubsreisen. Die günstigen Preise setzen auch einen Anreiz für Menschen ohne Auto, sich eines zuzulegen. Durch diese Abläufe führt die anfängliche Kraftstoffeinsparung in den Verbrennungsmotoren am Ende zu einem gegenteiligen Ergebnis und zumindest zu einer geringeren Nettoeinsparung als erhofft. Dieses Phänomen wird

»Reboundeffekt« genannt[13] und ist eine der größten Schwierigkeiten bei der verbesserten Effizienz durch technische Entwicklung.

Ein weiteres Problem ist die fortgesetzte Erschließung von Rohstoffen. Zunächst werden Rohstoffe erschlossen und gefördert, die relativ leicht und günstig zugänglich sind. So ist etwa die Förderung von Erdgas zunächst relativ erschwinglich. Hat man durch Bohrung eine Gasquelle erst einmal angezapft, strömt das Gas aufgrund des vorhandenen Drucks innerhalb der Kammer quasi von selbst nach draußen. Je mehr Gas aber entweicht, desto geringer wird der Druck, desto mehr zusätzliche Energie muss für die Förderung aufgewandt werden – und desto mehr technische Hilfsmittel, die wiederum auch Geld kosten. Irgendwann sind die Gasvorkommen so weit reduziert, dass sich der Aufwand wirtschaftlich nicht mehr rentiert.

Technische Entwicklungen können zwar an einer Stelle zu einer Verbesserung führen, lösen aber nicht das Problem an sich, sondern verlagern es bisweilen nur. Die Diskussion um die Verkehrswende umfasst mehrere Aspekte. Der eine ist die zunehmende Anzahl an Individualfahrzeugen und der begrenzte öffentliche Raum, der andere sind Emissionen und die Verfügbarkeit von Kraftstoff. Letztere basiert noch immer größtenteils auf fossilem Erdöl, das unwiederbringlich aufgebraucht wird und durch den Ausstoß von Treibhausgasen einen massiven Anteil an Luftverschmutzung verursacht. Die alternativen Elektroautos lösen das Emissionsproblem und teilweise die Abhängigkeit von Erdöl, aber die in den Akkus enthaltenen Metalle, insbesondere Lithium, können nur unter Belastung der Umwelt abgebaut werden (von den teils menschenunwürdigen Bedingungen ganz zu schweigen). Zudem besteht das oben genannte Problem des höheren Aufwands beim Abbau bei fortschreitender Ausbeutung der Lagerstätten genauso wie bei Gas oder Öl. Die Produktion eines E-Autos verursacht ebenfalls Emissionen und verbraucht Ressourcen – je größer und schwerer der Akku, desto mehr Ressourcen müssen für die Produktion, aber auch für die Aufladung verbraucht werden.

Die technische Entwicklung weg vom Verbrennungsmotor hin zu emissionsfreien elektrischen Alternativen hat ohne Zweifel ihre Vorteile und verbessert einige Aspekte. Sie löst aber nicht das zugrunde liegende Problem: die Produktion und den Betrieb eines Autos wirklich klimaschonend und sauber zu gestalten. So beachtlich die technischen Fortschritte auch sind, so fehlt doch das wirklich disruptive, radikal neue in der entworfenen Alternative. Und selbst wenn es gelänge, ein absolut umweltschonendes Auto zu entwickeln, würden diese sauberen Kisten nicht das Problem des begrenzten Platzes lösen. Denn Straßen und der öffentliche Raum werden kein bisschen entlastet, wenn statt eines Verbrennerautos nun ein E-Auto den gleichen Platz einnimmt.

Auch die Entsorgung ist ein Thema. Recycling wird mittlerweile in vielen Bereichen genutzt, braucht aber selbst noch sehr viel Energie für die Wiederaufbereitungsprozesse. In vielen Fällen werden die benutzten Materialien vielmehr »downcycelt«. Das bedeutet, dass die Stoffe nach ihrer Nutzung und Aufbereitung qualitativ minderwertiger sind und nicht für den gleichen Verwendungszweck zurück in den Kreislauf gespielt werden können. Ein Beispiel ist das Plastik von Einwegflaschen. Es kann wieder verwertet werden, erfüllt aber nach der Wiederaufbereitung nicht mehr die strengen Kriterien für Nahrungsaufbewahrung, das heißt für den Lebensmittelsektor kann es oft nicht mehr benutzt werden.

Für Recycling bestimmtes Material kann noch auf einer Zwischenstufe verwendet werden, wie beispielsweise die Akkus von E-Autos. Wenn sie durch die Nutzung im Auto nach rund zehn bis zwölf Jahren nur noch 70 bis 80 Prozent ihrer Speicherkapazität leisten können, dann sind sie für Autofahrten nicht mehr geeignet. Sie können aber im sogenannten »Second Life«-Einsatz weiter als Speicher für Energie genutzt werden, beispielsweise als Zwischenspeicher für Strom aus Solaranlagen. Solche Zwischennutzungskonzepte steigern die Effizienzgewinne aus dem jeweiligen Rohstoff. Allerdings kann, wie bereits gesehen, genau das auch wieder zu einem Reboundeffekt führen. Und Recycling kann selbst bei optimaler Ausführung keine Vermehrung des Ausgangsmaterials erzeugen. Kontinuierliches Wachstum ist auch bei bester Nutzung der Recyclingprozesse schlicht nicht möglich.

Die Verlagerung oder Verschiebung eines Problems in einen anderen Bereich unter dem Label der Musterlösung Technik zeigt sich auch bei der Digitalisierung. So verringert die Digitalisierung vieler Arbeitsprozesse den Verbrauch von Papier, was grundsätzlich positiv ist, da dadurch weniger Wälder gerodet, weniger schnell wachsende und nicht besonders resistente Monokulturen in der Forstwirtschaft angelegt werden und weniger Wasser durch die Papierindustrie genutzt und verschmutzt werden muss. Doch digitale Prozesse benötigen Server, und Server brauchen viel Energie. Dies wiederum erhöht die Notwendigkeit von Kraftwerken und billigen Energieträgern. Während also ein Problem gelöst wird, tut sich ein anderes auf.

Auch der zunehmende Fokus auf Dienstleistungen wirkt nur im ersten Moment sauberer – denn Dienstleistungen bauen auf dem produzierenden Gewerbe auf. Ein Beispiel ist die Logistikbranche, die mit sehr vielen Zusatzangeboten in dem harten Wettbewerb um Kunden kämpft – doch die Basis ist immer noch der Transport einer Ware von A nach B. Ob diese nun doppelt abgepolstert oder über GPS nachzuverfolgen ist, ändert nichts am Grundverfahren. Apropos Transport: Die Industrie in Deutschland und Europa ist, nicht zuletzt aufgrund der immer strengeren Vorgaben und Umweltauflagen seitens der EU in den vergangenen 40 Jahren, angeblich immer sauberer geworden und hat die Emissionen auf ein Minimum reduziert. Das ist jedoch nur zum Teil richtig. Ein großer Teil der Industrie wurde nach Fernost verlagert, wie beispielsweise die Modeproduktion. Die umwelt- und klimaschädlichen Auswirkungen des hiesigen Konsums werden einfach nur ausgelagert, aber nicht verhindert. Und der erwähnte Transport gerade über die Frachtschifffahrt liefert einen der größten Beiträge zur Umweltverschmutzung.[14] Der internationale Handel hat hier in Zusammenarbeit mit Technik nur einen bedingten Fortschritt im Bereich Nachhaltigkeit erreicht, denn da die Produktion in Deutschland beziehungsweise Europa aufgrund der Auflagen (und Lohnnebenkosten) zu teuer wurde, hätte dies zu einem Rückgang des Konsums geführt.

Wie sich an diesen Beispielen zeigt, kann Technik allein die heutigen und kommenden gesellschaftlichen Probleme nicht lösen. Effizienzgewinne durch technische Neuerungen reichen nicht aus, um den Energiebedarf langfristig und grundlegend zu decken. Wiederaufbereitung alleine reicht nicht aus, um das Material zu generieren, welches für immer mehr Wachstum notwendig wäre. Die Verlagerung von analogen Verfahren in die digitale Sphäre reicht nicht aus, um komplett umwelt- und klimaschonende Prozesse aufzusetzen. Forschung und technologische Weiterentwicklung kann zur Lösung der Probleme beitragen, aber es bedarf in erster Linie einer Änderung des Verhaltens und der Werte, nach denen wir handeln. Im Fokus muss stehen, wie man Anreize für neue Gewohnheiten schaffen kann. Das soziale Verhalten ist kein bloßer Seiteneffekt technischer Neuerungen, es ist der zentrale Hebel für Veränderungen. Es gilt, die technische Weiterentwicklung, aber auch das soziale Verhalten adäquat in die komplexen (Sub-)Systeme einzubetten, die das gesellschaftliche Leben bestimmen. Dazu benötigt es andere Werkzeuge.

Biegen statt brechen: Resilienz

Um zu überleben, müssen sich soziale Systeme konstant an eine sich verändernde Umgebung und die variierenden Anforderungen der Menschen anpassen. Durch ihre ständige Interaktion innerhalb und außerhalb ihrer (schwammigen) Grenzen und die sich wandelnden Ansprüche an sie können soziale Systeme nicht an einem Fleck stehen bleiben. Sie müssen sich konstant verändern, neue Impulse verarbeiten, zu (Er-)Neuerungen fähig sein.

Resilienz ist ein wichtiges Instrument, um mit diesen konstanten Veränderungen umzugehen. Resilienz gibt es auf unterschiedlichen Ebenen: im Individuum, in kleineren Gruppen oder in einer gesamten Gesellschaft oder Wirtschaft – in den Subsystemen wie auch im Gesamtsystem.

Unter Resilienz versteht man die Fähigkeit, »zurückzufedern«. Ein Schilfrohr oder ein Baum, die im Sturm zwar stark schwanken, sich auch biegen, aber danach wieder gerade aufrichten, versinnbildlichen Resilienz. Übertragen auf die menschliche und soziale Sphäre heißt das, Widerstand nur bis zu einem bestimmten Punkt zu leisten und bei zu starkem Druck nachzugeben, sich dem »Sturm« kurzzeitig zu ergeben, um sich nicht von ihm hinwegreißen zu lassen. Übertragen auf einzelne Menschen oder Gruppen bedeutet dies, in Krisensituationen nicht in Panik oder Angststarre zu verfallen, sondern aktiv zu reagieren, Anpassungsmethoden zu finden und den Ausnahmezustand zu überstehen, bis man wieder in einen Vorkrisenmodus zurück kann.

Auf einer individuellen Ebene besteht Resilienz darin, sich von persönlichen Schicksalsschlägen wie Krankheit, traumatischen Erlebnissen oder Trennungen zu erholen. Trauer um einen nahestehenden Menschen ist so eine Krise, die fast alle Menschen einmal erleben. Und natürlich ist das Leben ohne den geliebten Menschen nicht mehr genau so wie vorher, die Trauerzeit selbst kann sehr schwer sein und einen zeitweilig aus der Bahn werfen. Doch dem überwiegenden Teil der Menschen gelingt es, nach einer Weile wieder in den Modus eines normalen Alltagslebens zurückzukehren, in dem der Verlust und die Trauer nicht mehr konstant präsent und belastend sind. Eine grundlegende Resilienz wohnt jedem Menschen inne – sonst wäre die Menschheit nicht so weit gekommen und könnte individuell, aber auch als Kollektiv keine Kriege oder andere Katastrophen überstehen. Auch körperlich gibt es so etwas wie Resilienz, nämlich durch Zellerneuerung und das Immunsystem. Ein Infekt kann temporär belastend sein, verschwindet aber wieder ohne weitere Folgen. Aber für Körper wie Seele gilt, dass die individuelle Resilienz unterschiedlich stark ausgeprägt sein kann.

Auf einer systemischen Ebene fußt Resilienz im sogenannten »Gesellschaftsvertrag«, also all den Dingen, die innerhalb eines Staates, einer Gesellschaft explizit wie implizit vereinbart und geregelt werden.[15] Resilienz entsteht auf institutioneller Ebene durch Regelungen, die Kipppunkte vermeiden sollen, bei denen das System in einen Zustand gerät, von dem es sich nicht mehr richtig erholen kann. So war das Aufsetzen des deutschen Grundgesetzes stark geprägt von den desaströsen Erfahrungen aus dem Dritten Reich und ein Versuch, das Risiko einer erneuten diktatorischen Entwicklung durch eine verfassungsähnliche Regelung einzuhegen. Aus diesem Grund wurde die 5-Prozent-Hürde als Sperrklausel bei Wahlen eingeführt, ebenso eine starke föderalistische Verteilung von Verantwortungsbereichen. Geht man auf eine eher alltagsbezogene Ebene, gehören generelle Notfallpläne im Katastrophenschutz oder Maßnahmen zur Versorgungssicherheit ebenfalls zu den staatlichen Maßnahmen für Resilienz.

In der Funktion einer kollektiven Steuerung soll ein solcher Gesellschaftsvertrag vermeiden, dass Auswirkungen durch das individuelle Handeln der Gemeinschaft schaden oder von anderen mitgetragen werden müssen. Dazu gehören unter anderem die Straßenverkehrsordnung, Lärmschutz und Ruhezeiten, Regelungen zur Entsorgung von Abwasser und Müll, in jüngster Zeit auch zunehmend das Verbot der Wasserentnahme während sommerlicher Dürrephasen für reine Freizeitzwecke wie die Befüllung von Privatpools. Durch solche Rahmenregelungen kann die Erhaltung von Umwelt, menschlicher Gesundheit und Ähnliches sichergestellt werden beziehungsweise können Schäden begrenzt werden.

Resilienz soll zudem externe »Schocks« abfedern[16]. Ein solcher Schock in vielfacher Gestalt war die Covid-19-Pandemie mit all ihren unterschiedlichen Auswirkungen. Die Pandemie war quasi ein kollektiver Schock, der sämtliche Lebensbereiche tangierte und von niemandem ignoriert werden konnte. Spätestens mit Einführung der Maskenpflicht war die Pandemie für jeden Menschen »hautnah« greifbar. Es soll an dieser Stelle nicht über die rechtlichen Aspekte oder die rückblickende Bewertung der Maßnahmen diskutiert werden, sondern ein Blick auf die gesellschaftliche Dynamik geworfen werden.

In Konsequenz aus dem oben genannten Gesellschaftsvertrag wurde von staatlicher Seite versucht, »Externalitäten« abzupuffern. So stand der akute Schutz vulnerabler Gruppen (alter und vorerkrankter Menschen) im Mittelpunkt, aber auch der Schutz von potenziell vulnerablen Gruppen, nämlich durch den Versuch, eine Überlastung der Krankenhäuser, insbesondere der Intensivstationen, zu vermeiden.

Auf wirtschaftlicher Seite mussten auch Externalitäten abgefangen werden: Durch Hamsterkäufe, auf die die normalen Lieferzyklen nicht eingestellt waren, kam es zu Nachschubschwierigkeiten bei bestimmten Waren. Um in dieser Spirale von irrationalen Panikkäufen eine totale Ungleichverteilung zu vermeiden, führten Supermärkte begrenzte Abgabemengen für Klopapier, Mehl und Nudeln pro Person ein. Dadurch konnte der Nachschub allmählich stabilisiert werden.

Auf der individuellen Ebene kam es zu sehr unterschiedlichen Reaktionen. Zu Hause bleiben und nichts tun war das Gebot der Stunde, aber Passivität im Angesicht einer Krise ist für viele Menschen kontraintuitiv. Zumal die positiven Auswirkungen der Untätigkeit nicht sichtbar waren. Untätigkeit, die nicht fühlbare Hilfe für das Gesamtsystem durch das Nichtstun, liefen dem Bedürfnis nach Selbstwirksamkeit völlig zuwider. Und Selbstwirksamkeit gehört zu den wichtigsten Impulsen, die einen Menschen zum Handeln bringen. Eine Erleichterung war mit Sicherheit die Digitalisierung: Viele Menschen konnten darüber Kontakt zu Angehörigen und Freunden halten und durch die Verlagerung von Tätigkeiten ins Homeoffice auch weiterarbeiten.[17]

Doch trotz oder gerade wegen der »verordneten« Passivität kamen sehr viele Menschen ins Tun. In den ersten Wochen des ersten Lockdowns entstanden unzählige Initiativen in der Nachbarschaftshilfe, um ältere und kranke Menschen zu unterstützen und ihnen Lebensmittel oder Medikamente vorbeizubringen. Künstler*innen verlegten ihre Konzerte ins Internet, immer mehr Konferenzen wurden digital abgehalten. Viele Fragen rund um Digitalisierung, die in Deutschland vor der Pandemie noch heiß diskutiert worden waren, wurden von der Realität überholt und beantwortet. Der Impuls, einem Ausnahmezustand mit aktivem Handeln zu begegnen, war spürbar und sichtbar.

Doch je länger der Lockdown dauerte und je stärker absehbar war, dass es einen weiteren geben könnte, desto schwieriger wurde auch die Unterstützung. Es ist ein Urinstinkt des Menschen, sich in einer bedrohlichen und schwierigen Situation in der Gruppe zusammenzutun. Das gibt Geborgenheit, Sicherheit und erhöht die Wahrscheinlichkeit des Überlebens. Die Einschränkungen während der Pandemie standen völlig im Kontrast zu diesem zutiefst menschlichen Bedürfnis. Vereinzelung und Isolierung wurden zur Überlebensstrategie. Sich gegenseitig zu helfen, wurde durch die »Nur ein Haushalt«-Regelung zusätzlich erschwert, zum Beispiel die Unterstützung bei der Kinderbetreuung durch Großeltern oder Nachbarn. Hier zeigte sich eine geradezu absurde Situation: Die Resilienz innerhalb der Gruppen war da. Die Bereitschaft, sich gegenseitig zu helfen, war da – und wurde doch ausgebremst. Durch die Versuche, Resilienz für das Gesamtsystem sicherzustellen (also das Gesundheitssystem vor dem Zusammenbruch zu bewahren), wurde die individuelle Resilienz unterwandert. Die Pandemie und die damit einhergehenden Maßnahmen waren in Hinsicht auf Resilienz und Abmilderung eine Herausforderung ganz besonderen Ausmaßes.

Nun schrieben wir, dass Resilienz eine Möglichkeit sei, solchen Schocks und Krisen zu begegnen und danach wieder in den früheren Normalzustand zurückzukehren. Inwieweit ist dies bei der Pandemie gelungen? Das Gesundheitssystem ist nicht zusammengebrochen. Die Wirtschaft hat sich einigermaßen stabilisiert. Die Maskenpflicht wurde abgeschafft, durch Impfungen konnte die pandemische Gefahrenlage in eine endemische Situation hinübergeleitet werden. Viele Menschen sind wieder in ihren Alltag zurückgekehrt, vielleicht sogar mit positiven Veränderungen wie etwa flexibleren Möglichkeiten zum Homeoffice.

Doch es bleiben Probleme zurück, die noch nicht abschließend bearbeitet und behoben wurden. So sind insbesondere die Lernrückstände bei Kindern und Jugendlichen aus sozial benachteiligten Familien noch immer massiv. Auch psychische Probleme haben bei dieser Gruppe im Vergleich zu Zeiten vor der Pandemie zugenommen.[18] Daran zeigt sich, dass in solch komplexen Krisen auch Resilienz nicht überall greift. Kinder und Jugendliche, die wenig Lebenserfahrung haben, weniger gefestigt sind in Ansichten und in ihrer emotionalen Reife, sind womöglich auch anfälliger für Folgen von externen Schocks, da ihnen noch die mentalen und psychischen Ressourcen fehlen, um mit Krisen und den damit einhergehenden Ängsten und Einschränkungen umzugehen. Bei vielen kamen noch weitere Defizite im Umfeld hinzu, wie beispielsweise eine mangelnde technische Ausstattung für die Durchführung des Homeschoolings oder beengte Wohnverhältnisse, in denen mehrere Kinder leben und ein ungestörtes Lernen nicht möglich ist. Im Rahmen der Pandemie war der Staat, hier in Form von Schulen, nicht oder nur sehr bedingt in der Lage, diese Art von Externalität aufzufangen, die er selbst durch die Schulschließungen mit verursacht hatte. Das kollektive »Zurückfedern« funktionierte in diesem Fall, bei dieser Gruppe, schlicht nicht. Es bleibt abzuwarten, inwieweit diese Folgen im Nachgang behoben werden (können).

Auch wenn die Pandemie eine Ausnahmesituation war, kann man an diesem Beispiel mit seinen unterschiedlichen Auswirkungen erneut sehen, wie komplex eine Gesellschaft als System ist und dass jeder Hebel, an dem gezogen wird, sehr unterschiedliche Entwicklungen nach sich ziehen kann. Sogar mehrere Entwicklungen gleichzeitig sind möglich, je nachdem, welche anderen Faktoren noch mitspielen – in diesem Fall der familiäre Hintergrund der betroffenen Kinder, deren Chancen, psychisch und schulisch gut durch die Pandemie zu kommen, in hohem Maße von Einkommen, Bildung und Lebensstandard der Eltern abhängig war.

Hat das Konzept von Resilienz in solch einer Situation also versagt? Nein. Es war beziehungsweise ist lediglich nicht auf allen Ebenen in ausreichendem Maße verankert. Der Staat hat versucht, die Auswirkungen der Pandemie durch Maßnahmen in Grenzen zu halten, doch hatte natürlich jede dieser Maßnahmen wiederum negative Auswirkungen. In manchen Gruppen konnten diese aufgefangen werden, in anderen nicht. Gerade in den Bereichen Bildung, Schule und Gesundheit traten durch die Einschränkungen Missstände und Herausforderungen zutage, die bereits vor der Pandemie problematisch gewesen waren. Bereiche, die also in guten Zeiten bereits schwächelten, hielten dem zusätzlichen Schock von außen nur schwer stand. Und wie an dem Beispiel mit benachteiligten Schüler*innen deutlich wird, konnten nicht alle Bereiche durch staatliche Unterstützung abgefedert werden.

Resilienz ist also eine wünschenswerte Eigenschaft auf unterschiedlichen Ebenen. Wie kann man aber nun ausreichend Resilienz in allen Bereichen sicherstellen?

Eine optimale Gesellschaft bestünde mehrheitlich aus resilienten Einzelpersonen, die wiederum in Gruppen leben, die durch wechselseitig verbundene Strukturen krisenfest agieren können, sowie aus einem Staatswesen mit Institutionen, deren Angestellte in Krisen einem überlegten und durchdachten, aber flexiblen Handlungsmodus folgen würden.

Um dies zu erreichen, braucht es unterschiedliche Ansätze. Zunächst gilt es, die Präferenz für Robustheit zugunsten einer gewissen Nachgiebigkeit aufzugeben. Wie das Beispiel mit einem zurückfedernden Schilfrohr oder einem Baum zeigt, kann durch Flexibilität langfristig eine gute Stabilität erreicht werden. Anpassungsfähigkeit statt Starrheit ist dabei das Gebot der Stunde. Hier geht es darum, dass man nicht nur *ein* bestimmtes System zulässt oder sich nur auf *ein* mögliches Szenario vorbereitet, sondern flexible Optionen zum Reagieren hat.

Auf der staatlichen und wirtschaftlichen Ebene sollte mit Redundanzen gearbeitet werden. Das kostet zwar Geld, ermöglicht aber eine gewisse Absicherung im Fall der Fälle. Jedes Krankenhaus etwa besitzt vom allgemeinen Stromnetz unabhängige Notstromaggregate für den Fall eines Stromausfalls. Die Bereitstellung und Instandhaltung eines solchen zusätzlichen Systems verursachen zusätzliche Kosten, aber es rettet im entscheidenden Moment Menschenleben.

In der Wirtschaft, insbesondere in der produzierenden Industrie, wurde aus Kostengründen von Lagerhaltung auf Just-in-time-Lieferungen umgestellt. Dadurch verringerten sich die Kosten für den Betrieb eines Lagers und die Planung und Nachbestellung der Vorräte konnten genau auf den aktuellen Bedarf und den Produktionszyklus hin abgestimmt werden. Doch das erhöht die Abhängigkeit der Produktion von Zulieferern und Speditionen. Werden Lieferketten unterbrochen, wie durch Schließung von Fabriken in China während der Pandemie oder durch Blockade der Handelsrouten beispielsweise durch ein querstehendes Schiff im Suezkanal, kann innerhalb kürzester Zeit die Produktion ins Stocken geraten oder ganz zum Stillstand kommen. Im günstigsten Fall verursacht dies nur finanzielle Schäden. Betrifft der Liefernachschub aber auch Bestandteile für Medikamente oder Medikamente selbst, dann kann der Verzicht auf lokale Produktionsalternativen gravierende Auswirkungen haben.[19] Dass aus Kostengründen die Produktion von Gütern ins Ausland verlagert wird, mag sinnvoll erscheinen, erhöht aber die Abhängigkeit von externen Faktoren und damit die Störanfälligkeit des Systems. Die Schaffung gewisser Redundanzen zumindest innerhalb des gleichen Kontinents würde hier für Ernstfälle ein doppeltes Netz in der Versorgungslage gewährleisten.

Neben den »harten« Maßnahmen braucht eine resiliente Gesellschaft eine gewisse Risikoakzeptanz. Das bedeutet nicht, blind und überlegt draufloszurennen, sondern einen Spielraum für mögliche Fehler und fürs Scheitern einzukalkulieren. Der Umgang mit Ungewissheit erfordert diese Flexibilität und diese Risikoinkaufnahme. Um verschiedene, alternative Ansätze auszutesten, braucht es die Bereitschaft zum Experimentieren. Viele der oben beschriebenen Herausforderungen zeigen deutlich, dass ein »Weiter so!« mit ziemlicher Sicherheit in ein Desaster führen wird. Um Nachhaltigkeit im breitesten Sinne zu gewährleisten, müssen neue Wege und Ansätze erprobt werden – ganz nach dem Motto: Wer nicht kämpft, hat schon verloren. Dieses Ausprobieren ist mit mehr oder minder großen Risiken verbunden und kann selbst temporäre Schocks verursachen.

Ein Beispiel ist die Umstellung von fossilen auf erneuerbare Energien. So wurde in Deutschland die Förderung von Solarenergie ab dem Jahr 2011 eingestellt, was ein Grund war, warum sich der Ausbau von erneuerbaren Energien verzögerte. Der Fokus lag, auch nach Beschluss zur Abschaltung der deutschen Atomkraftwerke, weiter auf fossilen Rohstoffen wie Kohle, Öl und Gas, obwohl die Daten längst eindeutig auf eine kommende Verknappung hinwiesen. Als im Februar 2022 der russische Angriffskrieg gegen die Ukraine begann und zunächst im Zuge der Sanktionen gegen Russland die von dort kommenden Gasimporte reduziert wurden und schließlich durch die Sprengung der Nordstream-Pipelines komplett ausblieben, wurde die Frage nach Ersatzenergien drängender. Als kurzfristige Übergangslösungen wurden Flüssiggasterminals installiert und die Verstromung aus Kohle erhöht. Durch die Verabschiedung des Energieeinsparungsgesetzes soll ab dem Jahr 2023 der Ausbau der erneuerbaren Energien beschleunigt, vereinfacht und priorisiert werden, unter anderem durch eine Beschleunigung von Genehmigungsverfahren, die bis dato den Ausbau etwa von Windkraftanlagen über Jahre verzögert hatten.[20]

Der Umbau in Richtung erneuerbare Energien wurde also forciert, als ein *externer* Schock zu tiefgreifender Notwendigkeit führte. Ein langsamer Umbau hat im Sinne der Vermeidung von Neuem, Unbekanntem und dem Aufschieben von potenziell unangenehmen Veränderungen nicht stattgefunden, sodass der externe Schock heftiger wirken konnte. Durch die extern angestoßene Notwendigkeit kam plötzlich Momentum in die Sache, allerdings mit anderen Schwierigkeiten: Materialmangel aufgrund von Lieferengpässen (noch infolge der Fabrikschließungen, die aufgrund der Pandemie in China länger andauerten als in Europa), Mangel an Fachkräften im Handwerk und höhere Kosten, weil nicht nur *ein* europäisches Land von russischen Gaslieferungen abgeschnitten wurde und auf andere Alternativen zugreifen musste. So kam es zu einem Nadelöhr. Eine bewusste Inkaufnahme von solchen Risiken rechnet allerdings mit solch temporären Schocks und ist aufgrund der langfristig ausgerichteten Perspektive in der Lage, sie auszuhalten und zu bewältigen. Hier geht es also um die Bereitschaft, unangenehme »Nebenwirkungen« für eine langfristige Verbesserung der Situation in Kauf zu nehmen.

Ökonomische Resilienz ist wichtig, da die Wirtschaft für den Staat Steuereinnahmen und für Menschen ein Einkommen sichern kann. Doch gerade deswegen darf die Wirtschaft nicht zu einem Anfälligkeitsfaktor werden, sondern muss stabil und auch redundant stabil aufgestellt werden. Hier kommt die gesamte Gesellschaft ins Spiel, da das alltägliche Verhalten der Einzelnen wie der Gruppe diese Stabilität beeinflusst und auch mitentscheidet, wie stark der Trend Richtung Nachhaltigkeit geht. Unter dem Begriff »Suffizienz« werden solche Verhaltensweisen beschrieben. Das Konzept befasst sich mit Verhaltensweisen in Konsum, Wirtschaft, Kultur und im sozialen Umgang, die dazu beitragen, dass die ökologischen Grenzen nicht überschritten werden. Es geht dabei nicht um die optimale Ausnutzung der Ressourcen für eine maximale Produktion, sondern um einen sparsamen Umgang mit ihnen und letztlich um eine Haltung der Genügsamkeit.

Ein einfaches Beispiel wäre, Geräte und Gegenstände zu reparieren, anstatt sie direkt durch neue zu ersetzen. In Nachbarschaftsquartieren könnte eine gemeinschaftliche Nutzung von öffentlichen Flächen oder auch von selten genutzten Geräten ein Ansatz sein.[21] Dazu müssen Produkte aber weiterhin so konstruiert werden, dass sie reparierbar bleiben. Geplante Obsoleszenz, also die bewusste Einplanung von Bruchstellen und »Verfallsdaten« in ein Produkt oder ein technisches Gerät, die dazu führt, dass man es nur noch wegwerfen kann und ein neues kaufen muss, hat in einer nachhaltigen Zukunft keinen Platz.[22]

Hinzu kommt ein Ansatz der Relokalisierung, also die Produktion und Herstellung von Gütern wieder möglichst in der nahen Umgebung zu verankern, als Gegenstück zur Verlagerung in ferne Länder und dem damit einhergehenden aufwendigen Transport. Auch einfache Konzepte wie mehr privater Gemüseanbau (in Städten als »Urban Gardening« möglich), ein Fokus auf saisonales und regionales Obst und Gemüse, sind Teil von Suffizienz. Vielen bereitet der Gedanke an eine Reduktion des Überflusses Unwohlsein. Und es ist klar, dass eine Umstellung des aktuell vorhandenen Systems eine gewisse Zeit brauchen würde und bei der aktuellen Bevölkerungszahl von knapp 84 Millionen Einwohner*innen in Deutschland ist eine komplett regionale Versorgung auch kaum möglich. Doch solche Initiativen bilden einen wichtigen Baustein, um flexibler auf externe Einflüsse reagieren zu können. Während wir diesen Text schreiben, leidet Südspanien unter für April extrem hohen Temperaturen und einer massiven Dürre.[23] Durch den Wassermangel kommt es bereits zu Ernteeinbrüchen in der Landwirtschaft, was sich aufgrund der hohen Exportquote von spanischem Gemüse und Obst in andere europäische Länder auch dort bemerkbar machen wird – zuallererst am Preis.[24] Diese Preiserhöhungen und voraussichtlich auftretende Lieferprobleme können durch lokalen und regionalen Anbau von saisonalem Obst und Gemüse abgepuffert werden.

Solche Umstellungen müssen mit neuen Haltungen und Verhaltensweisen einhergehen. Zuallererst mit einer Bewusstseinsänderung: Um eine nachhaltigere, aber auch resiliente, für Krisenzeiten und Lieferengpässe gerüstete Gesellschaft zu errichten, braucht es eine Akzeptanz für Veränderungen in den eigenen Gewohnheiten. Dabei hilft der Blick aufs Ganze, darauf, dass das individuelle Verhalten kollektive Auswirkungen haben kann, wenn sehr viele Menschen auf die gleiche Art und Weise agieren. Ein Wissen darum, wie komplex Systeme aufgestellt sind, kann helfen, den unmittelbaren Mangel an Selbstwirksamkeit in ein Wissen um den eigenen Beitrag zum großen Ganzen zu verwandeln. Wer zudem über die systemische Perspektive verfügt, kann sich besser auf Eventualitäten vorbereiten. Das gilt sowohl für das persönliche Leben als auch für die gesamte Wirtschaft und Gesellschaft. Diese bessere Vorbereitung besteht darin, unterschiedliche Bewältigungsstrategien für Krisenzeiten zu erarbeiten und diese flexibel oder einander ergänzend einsetzen zu können. Und wer über viele Möglichkeiten zur Krisenbewältigung verfügt, der kann auch mit Risiken und Ungewissheit gelassener umgehen, da er sich nicht auf *ein* Werkzeug allein verlassen muss. Für ein Verständnis dieser Zusammenhänge und einer Schärfung des Bewusstseins über das rein intuitive Gespür hinaus sind Bildung und Erziehung essenziell, wie im vorangehenden Kapitel beschrieben.

Über diese unterschiedlichen Ansätze (Stärkung der individuellen Fähigkeiten sowie kollektive und staatliche Methoden zur Bewältigung von Krisen und externen Schocks und Suffizienz) *kann* das komplette System resilienter gemacht werden. Dadurch können selbst bei Störungen grundlegende Funktionen und Kontrollmechanismen aufrechterhalten werden. Resilienz ist ein sehr wichtiger Aspekt von Nachhaltigkeit und ein wichtiges Hilfsinstrument im Umgang mit Komplexität. Denn nur durch Anpassungskraft sozialer (und ökologischer) Systeme kann eine lange Bestandsdauer über Zeit durch Veränderungen gewährleistet werden. Soziale Innovationen sind ein essenzieller Baustein für den Auf- und Ausbau von Resilienz in einer Gesellschaft.[25]

Neue Besen kehren gut? Innovationen in einer komplexen Gesellschaft

Menschliche Gesellschaften sind also komplex, Menschen als Individuen sind komplex und aus dem systemischen Blick heraus gibt es unzählige Ausgangspunkte für Veränderung. Was bedeutet das nun für Innovationen?

Umgangssprachlich werden Innovationen immer noch überwiegend mit neuen technischen Apparaturen gleichgesetzt. Das neueste Update eines Smartphones, das auf den Markt kommt, wird als innovativ bezeichnet, oder ein neuer Chatbot, wie ChatGPT. Doch Innovationen sind, wie wir im gesamten Buch beschreiben, mehr als nur technische Erfindungen von Unternehmen. Unter Innovation werden neue Ideen oder Konzepte verstanden, die von der Gesellschaft angenommen werden (Adaption). Sei es ein neuer Musikstil, eine originelle Art, sich mit Worten auszudrücken, neue Geschäftspraktiken oder ein neuartiges Sportgerät: Neues muss erst in der Gesellschaft verbreitet werden (Diffusion), bevor es als Innovation verstanden werden kann.

Ob eine neue Praktik oder eine Erfindung von der Gesellschaft angenommen wird, hängt von vielen Faktoren ab. Der Satz »Was Bäuerin und Bauer nicht kennen, fressen sie nicht« ist da ein wenig verkürzt. Wie alt Personen sind, was sie in ihrem Leben gelernt haben oder auch wie gerne sie sich mit einer Novität beschäftigen möchten, können wesentliche Faktoren sein, ob Menschen sich Vertrautem ab- und Neuem zuwenden. Auch ist es wichtig, ob die Neuerung gut vermittelt werden kann, sie tatsächlich als hochwertiger oder hilfreicher im Gegensatz zu vorherigen Lösungen empfunden wird und ob sie mit bestehenden Werten der Anwender*innen zu vereinen ist. Die Entscheidung für Neues muss jedoch nicht bewusst getroffen werden. Häufig treffen Menschen unbewusst die Entscheidung, sich anders zu verhalten, ohne dass sie akribisch die Vor- und Nachteile auf einer Liste gegenüberstellen, wie wir weiter vorne schon dargelegt haben. In beiden Fällen gilt jedoch: Erst wenn die Neuerung von den Menschen angenommen wird, gilt sie als Innovation.

Zuvor Unbekanntes wird also nicht automatisch in der Gesellschaft verbreitet. Es durchläuft einen sozialen Prozess, bei dem Individuen oder Organisationen im ersten Schritt von der Neuerung erfahren. Die Chance, die neuesten Trends aufzuschnappen, erhöht sich dabei beispielsweise mit dem Bildungsgrad, der Nähe zu Massenmedien und der Größe des eigenen Netzwerks. Im Umkehrschluss bedeutet dies, dass Neues, das sich nicht ausreichend breit in den relevanten Kanälen darstellen kann, eine geringere Wahrscheinlichkeit hat, bekannt zu werden. So wurde die Wirksamkeit des Händewaschens als simples Mittel gegen die Übertragung von Krankheitserregern im 19. Jahrhundert schlicht nicht anerkannt. Einer der frühesten Fürsprecher, Doktor Ignaz Semmelweis, wurde als Scharlatan bezeichnet und seine Erkenntnisse wurden als spekulativer Unfug abgetan. Die lebensrettenden Vorzüge des Händewaschens wurden anfangs viele Jahrzehnte lang in der Fachwelt nicht anerkannt, sodass die neue Praktik weder Legitimation noch Bekanntheit erlangte und sich ihre Verbreitung in der Gesellschaft um Jahre verschob (was wahrscheinlich Tausende von Menschenleben gekostet hat).

Sobald die potenziellen Anwender*innen Informationen erhalten haben, bilden sie sich über die Neuerung eine Meinung. Wie wirkt sich das Neue auf ihre konkreten Bedürfnisse aus? Fühlt sie sich passend an? Oder geht das Neue gegen eigene Vorstellungen oder Werte? Hier handelt es sich auch um einen sozialen Prozess, der nicht allein und häufig nicht bewusst abläuft. Im Austausch mit anderen Menschen setzen sich die potenziellen Anwender*innen mit dem Neuen auseinander. Dabei spielt es eine wichtige Rolle, was andere davon halten und wie man von anderen wahrgenommen wird, wenn man die Neuerung annimmt oder ablehnt. Erst dann steht die Entscheidung darüber an, ob das Individuum oder die Organisation das Novum auch selbst verwenden möchte.

Ein Beispiel ist die Videotelefonie. Anfangs wurden die Gerätschaften wie das AT&T VideoPhone 2500 aus den 1970er-Jahren mit seiner rudimentären Technik und seinen hohen Kosten von den potenziellen Anwender*innen als unattraktiv wahrgenommen.[26] Die Nachteile überwogen noch die Vorteile, sodass die Erfindung in der Gesellschaft zunächst keine Verbreitung fand. Selbst im Jahr 2014 wurde die Bildtelefonie von Expert*innen noch als

Nischenmarkt eingeordnet.[27] Der tiefe Einblick in die Privatsphäre der Nutzer*innen wurde als nicht überwindbar angesehen. Die Meinung der Menschen über Skype, Zoom oder WebEx hat sich in den letzten Jahren jedoch drastisch geändert. Erst die Notwendigkeit, trotz der globalen Pandemie die Kommunikation mit Kolleg*innen aufrechtzuerhalten und in Teams miteinander zu sprechen, hat die Einstellung gegenüber der Videotelefonie in der letzten Zeit enorm geändert.[28]

Doch auch nach der erstmaligen Entscheidung kann die Neuerung noch abgelehnt werden. Erst im Nutzen beispielsweise einer neuen Apparatur oder einer neuen Praxis können die Verwender*innen abschätzen, ob sie die Veränderung auch längerfristig annehmen möchten. So hat sich das 3D-Kino, trotz anfänglicher großer Beliebtheit, bisher nicht durchgesetzt. Die ersten Male ist das Spektakel interessant – aber zu oft sind Zuschauer*innen nicht gewillt, die höheren Kosten dafür aufzubringen. Durch die Fokussierung auf das Technische – will heißen, wie gut die Effekte auf die Betrachter*innen wirken – wird von der »poetischen Erfahrung« der Geschichte abgelenkt. Die meisten Kinogänger*innen bevorzugen heute weiterhin klassische 2D-Kinofilme.[29]

Es sind vor allem psychologische und soziale Faktoren, die eine Erfindung zu einer tatsächlichen Innovation machen – oder eben nicht. Die dahinterliegende Technik der Neuerung an sich spielt hier nur eine untergeordnete Rolle. Innovationen haben zuvorderst mit Menschen zu tun. Die im vorherigen Abschnitt beschriebene Resilienz, einhergehend mit einem grundlegenden Verständnis von systemischen Zusammenhängen und mit der Fähigkeit, auf Krisen und andere unerwartete Ereignisse flexibel reagieren zu können, ist eine wichtige Grundlage, um Soziale Innovationen zu etablieren. Die Themen Komplexität und Innovation benötigen gerade im gesellschaftlichen Kontext eine neue Herangehensweise, um Sozialen Innovationen gezielt zur Lösung von gesellschaftlichen Herausforderungen zu gestalten und zu einer nennenswerten Verbreitung zu verhelfen.

5

Soziale Innovationen

Butter bei die Fische: Was sind Soziale Innovationen?

Definition und Erläuterung

Während die Praxis bereits erste Schritte in Richtung Umsetzung Sozialer Innovationen macht, ist die Wissenschaft noch mit der Definition des Phänomens beschäftigt. Wie bei vielen komplexen Sachverhalten fällt auch bei Sozialen Innovationen eine eindeutige wissenschaftliche Definition schwer. Daher gibt es bisher noch keine offiziell anerkannte Klarlegung des Begriffs. Eine in den letzten Jahren entstehende Erklärung, die auch in der deutschen Politik Anklang gefunden hat, lautet: »Soziale Innovationen umfassen neue soziale Praktiken und Organisationsmodelle, die darauf abzielen, für die Herausforderungen unserer Gesellschaft tragfähige und nachhaltige Lösungen zu finden.«[1]

Diese Definition erscheint uns bereits recht anwendbar, dennoch fehlen einige essenzielle Aspekte. So beleuchtet sie nicht ausreichend das erforderliche Momentum, um aus Verhaltensänderungen von Menschen eine Soziale Innovation zu machen. Schließlich sind Erfindungen erst dann Innovationen, wenn sie in der Gesellschaft verbreitet sind und angenommen werden. Das gilt auch für »soziale Erfindungen«: Erst sobald eine Verhaltensänderung von genügend Akteur*innen in der Gesellschaft übernommen wird, können wir von Innovation sprechen.

Außerdem spiegelt die obige Definition nicht den vollen Anwendungsbereich Sozialer Innovationen wider. Die Arbeit an Sozialen Innovationen kann durch gesellschaftliche Herausforderungen angestoßen werden, aber sie vermag viel mehr, als nur eine Reaktion auf Missstände zu sein. Soziale

Innovationen können auch dadurch entstehen, dass man gezielt auf eine wünschenswerte gesellschaftliche Veränderung hinarbeitet. Überspitzt gesagt: Manchmal will man die Welt nicht erst retten, wenn es schon brennt, sondern die Gesellschaft an sich einfach etwas besser machen. Die Definition[2] für Soziale Innovationen in dieser Publikation meint also:

Die Änderung des Verhaltens einer signifikanten Anzahl von Gesellschaftsteilnehmer*innen, um Strukturen und Systeme auf größere gesellschaftliche Zukunftsfähigkeit und Nachhaltigkeit neu auszurichten.

Klingt abstrakt. Was ist damit denn nun gemeint? Betrachten wir die einzelnen Teile der Definition genauer:

- **Änderung des Verhaltens:** Soziale Innovationen beschreiben eine Abweichung in der Art und Weise, wie Menschen untereinander und mit ihrer Umwelt interagieren. Diese Veränderungen gehen meist mit einem Wertewandel einher.
- **Signifikante Anzahl von Gesellschaftsteilnehmer*innen:** Änderungen im Verhalten werden erst dann zu Sozialen Innovationen, wenn sie von einer kritischen Masse übernommen werden. Das kann beispielsweise eine überwiegende Anzahl von Mitgliedern einer Gruppe von Menschen sein oder ein hoher Anteil von Unternehmen einer Branche.
- **Strukturen und Systeme:** Soziale Innovationen greifen in das Gewebe einer Gesellschaft ein. Indem sie Verhaltensänderungen von Individuen auslösen, ändern sie auch die Gesellschaft. Hier kann es sich um Strukturen handeln, wie beispielsweise einzelne Institutionen, ein Teil der Infrastruktur oder Regelwerke. Oder es handelt sich um die Systeme, wie ganze Industrien, Versorgungssysteme oder Handelsnetzwerke.
- **Gesellschaftliche Zukunftsfähigkeit und Nachhaltigkeit:** Die Ziele Sozialer Innovationen können im Detail sehr unterschiedlich sein. Gemeinsam ist ihnen jedoch, dass sie eine positive Ausrichtung für möglichst viele Menschen haben und die Gesellschaft resilienter machen wollen.
- **Neuartigkeit:** Soziale Innovationen führen (Sub-)Systeme zu neuen Verhaltensweisen. Die Mittel, die dafür genutzt werden, können dabei aller-

dings schon länger bekannt sein, wie beispielsweise die Anstellung von Menschen, die weit vom ersten Arbeitsmarkt entfernt sind, Demonstrationen oder Interessensvertretung. Das Neuartige ist hier das veränderte Verhalten der (Sub-)Systeme, zu dem diese Mittel geführt haben.

- **Ausrichtung:** Soziale Innovationen sind gewollt und verfolgen eine vorbestimmte Absicht. Sie sind zielgerichtet. Dadurch unterscheiden sie sich von sozialem Wandel. Letzterer geschieht automatisch und muss nicht zweckgerichtet sein.

Wenn Menschen handeln oder sprechen, bewirken sie damit, dass sich etwas um sie herum ändert oder ihr Umfeld reagiert. Dies gilt für Individuen genauso wie für Organisationen (»Gesellschaftsteilnehmer*innen«), also zum Beispiel Unternehmen, Verwaltung oder Nichtregierungsorganisationen (NGOs). Jede Aktion zieht eine Reaktion nach sich. Durch dieses Verhalten bestimmt eine Gesellschaft gemeinsam, in welche Richtung sie sich insgesamt verändert – auch wenn einige Menschen oder Gruppen bisweilen mehr Einfluss auf die Entwicklung haben als andere und beileibe nicht alle Veränderungen in einem abgestimmten, zielorientierten und koordinierten Prozess ablaufen. Dennoch ist es die Summe aller Handlungen, durch die ein Mensch, eine Gruppe oder eine Gesellschaft die eigene Zukunft selbst schafft. So sagte auch David Graeber, bekannter Aktivist und bis zu seinem frühzeitigen Tod Professor an der London School of Economics and Political Science: »Die ultimative, versteckte Wahrheit der Welt ist, dass wir sie selbst erschaffen und genauso gut auch anders erschaffen könnten.«[3]

Um noch mal auf das Autobahn-Beispiel von oben zurückzukommen: Werden mehr Fahrbahnen für Autos gebaut, nutzen mehr Personen diese Möglichkeit zum Pendeln oder zum Reisen. Werden jedoch mehr Radwege gebaut, werden sich mehr Personen für das Rad entscheiden. Ähnliches gilt auch für den Umgang mit Menschen, die in ein Land einwandern: Bietet man ihnen sichere und klare Strukturen, können sie sich leichter und schneller integrieren, als wenn sie nur wenig Sicherheit und Klarheit vorfinden. Die Wahl der Verkehrsmittel und die Art und Weise, wie neuzugezogene Personen in einer Gemeinschaft behandelt werden, hat starke Auswirkungen auf die Zukunft. Das menschliche Handeln gestaltet die Zukunft und die Entscheidungen in diesem Handeln bestimmen auch, ob es in dieser Zukunft mehr ökologische, soziale und ökonomische Nachhaltigkeit gibt – oder eben nicht.

Soziale Innovationen wirken also zielgerichtet: Sie möchten für bessere Verhältnisse sorgen. Verhaltensänderungen, die sich in einer Gesellschaft etablieren, aber negative Folgen nach sich ziehen, zählen nicht zu ihnen. Die Mafia zum Beispiel war in der ersten Hälfte des 19. Jahrhunderts eine Neuerung, die weit in die italienische Gesellschaft (und später auch andernorts) hinein Einfluss hatte und deren Methoden weit verbreitet, aber nicht als positive Neuerung gewertet wurden. Ihre Mitglieder selbst mögen eine andere Perspektive haben, aber die Mafia war nun mal vor allem ihrer eigenen Sache dienlich – »Cosa Nostra« – und dies auch mit illegalen Mitteln. Hier könnte man eher von einer »asozialen« Innovation sprechen, aber kaum von einer Sozialen Innovation, die für mehr Nachhaltigkeit in der Gesellschaft sorgen möchte.

Wenn sich das Verhalten von Menschen und Gesellschaften ändert, bahnt es auch einer anderen Zukunft den Weg. Genau darum drehen sich Soziale Innovationen. Sie betrachten das menschliche Verhalten im Kleinen wie im Großen und stellen die Frage, wie die bestmögliche Ausrichtung für eine gute Zukunft aussehen könnte (und natürlich auch, was eine »gute« Zukunft überhaupt ausmacht). In diesen Betrachtungen gibt es keine Tabubereiche; es geht nicht nur um die großen Fragen wie um die Verkehrswende oder die Flüchtlingspolitik, sondern auch um scheinbar banale oder triviale Themen: Welche Art, eine Toilette zu nutzen, ist optimal? Wie spricht man miteinander über Sexualität? Welche Nahrungsmittel nimmt man zu sich? Was macht man, wenn man krank wird? Aus der Perspektive Sozialer Innovationen sind alle Fragestellungen interessant, denn überall können Wege gefunden werden, um in Zukunft eine resilientere und nachhaltig agierende Gesellschaft zu ermöglichen. Oder anders gesagt: In jedem kleinen Subsystem sind entscheidende Hebel und Stellschrauben für gesellschaftliche Innovationen zu finden, die durch die Verbreitung und Wechselwirkung mit anderen Subsystemen das große übergeordnete System verändern können. Deswegen sind die Beispiele für diese Art der Innovationen auch so vielfältig und lassen sich nicht einer einzelnen Kategorie zuordnen.

So finden sich unter den schier unzähligen Beispielen Sozialer Innovationen in der Menschheitsgeschichte einige, die eng mit technischen Neuerungen in Verbindung stehen. Das Internet etwa ist eine recht neue technische Innovation, die sich gemeinsam mit Sozialen Innovationen formiert hat. Im World Wide Web findet man annähernd alle Informationen, die die Menschheit je geschaffen hat. Dies brachte die Verhaltensveränderung der technisch gestützten Informationssuche mit sich: Wenn man heute etwas wissen möchte, wird das Mobiltelefon gezückt und eine Suchmaschine zurate gezogen.[4] Hier ist eine technische Innovation Auslöser einer Verhaltensänderung bei einer sehr hohen Anzahl von Menschen.

Soziale Innovationen sollen passgenaue, angemessene und attraktive Lösungen hervorbringen. Im Idealfall *zwingen* sie nicht zur Veränderung und greifen nicht in die Freiheit der Menschen ein. Stattdessen zeigen sie wünschenswerte Alternativen für ein nachhaltiges Zusammenleben auf und überzeugen durch ihnen inneliegende Vorteile, die zu einer freiwilligen oder jedenfalls bereitwilligen Annahme durch möglichst viele Menschen führen. Dass Soziale Innovationen häufig aus Graswurzelbewegungen entstehen, bildet einen guten Nährboden für die Akzeptanz durch eine kritische Masse.[5] Aufgezwungene Maßnahmen zentralisierter Akteur*innen können natürlich durch Gesetzgebung und Verordnung Verhaltensänderungen schnell und effektiv herbeiführen. Die Akzeptanz in der breiten Masse wird dadurch allerdings bisweilen sogar eher behindert, da die Veränderungen der Maßnahmen zu schnell oder zu stark in die Verhaltensroutinen der Menschen eingreifen. Von oben verordneter Wandel scheitert mittelfristig dann am Widerstand in (zu) vielen Teilen der Gesellschaft, was auch mit der mangelnden Berücksichtigung von Komplexität zusammenhängt.

Soziale Innovationen bieten dezentralisierte, sektorübergreifende Lösungen, die flexibel auf die Anforderungen der Gesellschaft reagieren können. Häufig wollen sie dabei nicht nur Lösungen für einzelne Herausforderungen oder Bedürfnisse gestalten, sondern haben mehrere Ziele zugleich im Blick. Soziale Innovationen in der Bildung wirken beispielsweise auch auf die Bekämpfung von Armut ein, verbessern die Beschäftigungsfähigkeiten oder fördern die Entwicklung von Umweltbewusstsein.[6]

Ebenen Sozialer Innovationen

Soziale Innovationen entfalten ihre Wirkung nicht überall und immer gleich. Sie können auf unterschiedlichen Ebenen Veränderungen hervorbringen, je nachdem ob sie bei den Symptomen ansetzen oder direkt an die Wurzel des Problems vordringen wollen.[7]

Auf der »untersten« oder unmittelbaren Ebene stehen neue Maßnahmen, die spezifische Bedürfnisse in der Gesellschaft abdecken sollen. So war die

Eröffnung der ersten Suppenküchen eine Reaktion auf die fehlende Versorgung mit Essen für gewisse Teile der Bevölkerung. Zwar wurden dadurch weder die Ursachen der Probleme bei der Wurzel gepackt, geschweige denn die gesamte Gesellschaft grundlegend verändert, aber immerhin konnte man die leidvolle Situation von Menschen, die nicht genügend Geld für eine ausreichende Ernährung hatten, lindern. Durch die gesicherte Mahlzeit hatten die Menschen etwas mehr Kraft und Zeit fürs Arbeiten oder wurden gesundheitlich etwas stabiler. Diese Form von Sozialen Innovationen, die akute Missstände eher punktuell und symptomatisch behandeln, nennt man Direktleistungen.

Auf der nächsten Ebene Sozialer Innovationen beginnt der strukturelle Wandel in der Gesellschaft. Die eingesetzten Maßnahmen gehen über das akute Bedürfnis einer bestimmten Zielgruppe hinaus, sie gehen gezielter an die Ursachen der Missstände und versuchen, diese aus der Welt zu schaffen. Die Probleme werden also an der Wurzel gepackt. Dazu zählen zum Beispiel Neuerungen bei Gesetzen oder eine erweiterte Teilhabe. Auf der Website *Abgeordnetenwatch* können Bürger*innen Fragen an Bundestagsabgeordnete aus ihrem Wahlkreis stellen, und sie gibt Einblick in den Berufsalltag von Abgeordneten. Auf diese Weise erhalten Menschen über die Website einen Zugang zu Informationen, die lange Zeit nur Insider*innen wie Journalist*innen vorbehalten waren. Diese Transparenz fördert nicht nur einen offeneren politischen Diskurs zwischen den Wähler*innen und den Volksvertreter*innen, sondern verbessert auch das Verständnis für die Arbeit von Politiker*innen und stärkt das Vertrauen in sie, aber auch in die Demokratie allgemein.

Die am weitesten reichende Wirkung Sozialer Innovationen geht noch darüber hinaus. Auf der obersten Ebene möchten sie die systemischen Rahmenbedingungen der Gesellschaft insgesamt verändern. Darunter fällt nicht zuletzt die Verteilung von Macht und Kontrolle. Systemische Soziale Innovationen eröffnen neue Zugänge zu Ressourcen, damit mehr Menschen bei gesellschaftlichen Entwicklungen und deren Zielsetzung mitsprechen können beziehungsweise dürfen. Menschen, die vorher nicht über die Zukunft ihrer Gesellschaft mitentscheiden durften, werden dadurch ermuntert und befähigt, sich aktiv einzubringen und gesellschaftliche Herausforderungen mitzugestalten. Ein Beispiel neuer Zeit ist Campact, eine Bürgerbewegung, die es Menschen ermöglicht, sich politisch einzubringen. Auf der Website können sie Petitionen starten und sich mit anderen für Aktivitäten treffen.[8]

Auf dieser Ebene geht es auch um Weltanschauungen und Paradigmen. Die Glaubenssätze einer Kultur, einer Gesellschaft geben vor, welche Ziele überhaupt als erstrebenswert, welche Regeln als notwendig oder welche Strukturen als sinnvoll erachtet werden. Erst wenn Menschen mit anderen Kulturen in Kontakt kommen, etwa auf Reisen in kulturell unterschiedliche Länder, sehen sie, wie andere Weltanschauungen verschiedene gesellschaftliche Ziele, Regeln oder Strukturen begründen können. Soziale Innovationen setzen an ähnlicher Stelle an. Sie verändern bewusst und gesteuert das Denken der Menschen, um ihr Handeln in Bahnen zu lenken, in denen die Gesellschaft an Nachhaltigkeit gewinnt.

Aufgrund ihrer komplexen Natur finden Soziale Innovationen oft auf mehreren Ebenen gleichzeitig statt. Auf der einen Seite verändern sie beispielsweise das Denken der Menschen, setzen also systemisch an. Auf der anderen Seite nutzen sie strukturelle Veränderungen, um erfolgreich zu sein. Anders gesprochen ändern sich Haltungen und Werte in Subsystemen und gleichzeitig im Gesamtsystem. Ein Beispiel hierfür ist das Zusammenspiel zwischen der Emanzipationsbewegung und der Einführung der Antibabypille. Obwohl Frauen im Grundgesetz ab dem Jahr 1949 rechtlich Männern gleichgestellt waren (also auf der Systemebene), bestanden doch in der Rechtsprechung wie auch in den herrschenden moralischen Haltungen und im Alltag noch völlig andere Werte und Verhaltenspraktiken. Bis im Jahr 1977 durfte der Ehemann seiner Frau ein eigenes Bankkonto und die Ausübung einer Berufstätigkeit untersagen. Die Bestimmung über die Fortpflanzung war für Frauen trotz der allgemeinen, übergeordneten Gleichbehandlung strafrechtlich restriktiv geregelt und der Zugang zu Verhütungsmittel war ebenfalls alles andere als weit verbreitet. Die Pille kam in Deutschland im Jahr 1961 auf den Markt, wurde aber gesellschaftlich und politisch kaum akzeptiert.[9]

Beiden Einschränkungen lagen rigide Ansichten über Sexualmoral zugrunde, die insbesondere Frauen stark in ihrer Selbstbestimmung einschränkten und sich auch in der Rechtsprechung abbildeten. Ärzt*innen kannten sich darüber hinaus oft gar nicht mit hormonellen Verhütungsmitteln aus, sodass die Pille nur selten verschrieben wurde, meist an Frauen über 30 und/oder Frauen, die bereits mehrere Kinder hatten. Erst im Zuge der Frauenbewegung, nach einigen medizinisch-wissenschaftlichen Studien zu Risiken der Pille und zusätzlichen Schulungen in der Ärzteschaft wurde die Verschreibung Anfang der 1970er-Jahre gelockert.

Andere Regelungen, wie die freie Wahl der Berufstätigkeit, freie Verfügungsgewalt über das eigene Geld oder auch die Umwandlung der ehelichen Pflicht zum Beischlaf in den Straftatbestand »Vergewaltigung in der Ehe« im Jahr 1997, zeigen, dass eine rein gesamtsystemische Regelung nicht automatisch eine komplette Änderung in den Subsystemen mit sich bringt.[10] Hier benötigte es zunächst eines explizit für Frauenrechte eintretende Bewegung, einen gesellschaftlichen Wandel in der Haltung und in Werten zu Geschlechterrollen und dem damit einhergehenden »guten« oder »schlechten« Verhalten, um eine Veränderung in den Subsystemen »Rechtsprechung«, »Ehepaare«, »Berufswelt« und so weiter zu erwirken.

Die Erkenntnis über die Existenz und Wichtigkeit Sozialer Innovationen dringt immer weiter durch die Gesellschaft. Mögen sie die Menschheit schon immer begleitet haben, erst jetzt wird allmählich deutlich, wie selbstbestimmt Menschen mithilfe dieses Konzepts die Nachhaltigkeit ihrer Zukunft zum Positiven beeinflussen können.

Ursprünge Sozialer Innovationen

Soziale Innovationen entstehen selten im luftleeren Raum, sondern sind oftmals Antworten auf die Probleme und Wünsche, die in einer Gesellschaft bestehen. Sie knüpfen an den Themen an, die in den Medien behandelt werden, speisen sich aus den technischen Möglichkeiten, die zur jeweiligen Zeit vorhanden sind, nutzen das aktuelle Wissen über Psychologie und Soziologie und existieren innerhalb unterschiedlicher gesellschaftlicher Narrative.

Wie viele andere Innovationsarten benötigen auch Soziale Innovationen oft viele Jahre, bis sie voll Fuß fassen können. Zwar braucht auch technische Innovation ihre Zeit für Entwicklung und Implementierung, doch im Gegensatz zu Sozialen Innovationen gibt es hierfür schon eine gut abgestimmte Vorgehensweise im Zusammenspiel unterschiedlicher Institutionen aus Politik, Forschung, Lehre und Wirtschaft. Technische Innovationen werden in den meisten Fällen an Hochschulen erforscht, von Unternehmen entwickelt und dann durch diese mittels Marketing und Vertrieb in den freien Markt eingeführt und verbreitet. Eine gleichwertige, ausreichend geförderte und gut eingespielte Infrastruktur besteht für Soziale Innovationen bisher nicht.

Dabei gibt es bereits unzählige gute Andockmöglichkeiten, eine solche Infrastruktur aufzubauen. Entstehungsorte Sozialer Innovationen sind ausgesprochen vielfältig und sie erstrecken sich über verschiedene Organisationsformen und Themenfelder. Im Prinzip kann jede*r Einzelne ein solcher »Entstehungsort« sein. Wie oben erläutert, ist jeder Mensch Teil von verschiedenen Gruppen, hat unterschiedliche Einblicke in verschiedene Subsysteme und kann entsprechend auf Missstände, Herausforderungen und Potenziale einer Gesellschaft aufmerksam werden. Durch die individuell einzigartige Mischung von Fähigkeiten, Zugängen zu Ressourcen und anderen Personen kann grundsätzlich jeder Mensch von sich aus die Initiative ergreifen und sich entweder allein oder gemeinsam mit einer Gruppe von Gleichgesinnten auf den Weg machen. Genauso können Organisationen, wie Unternehmen, Parteien oder die öffentliche Verwaltung, neue Aktivitäten starten und somit Entstehungsorte für Soziale Innovationen bilden.

Kooperationen, Allianzen und informelle Kontexte spielen häufig eine zentrale Rolle bei der Entstehung Sozialer Innovationen. Dabei bringen Sozialinnovator*innen verschiedene Sektoren und Themenfelder zusammen und kreieren damit komplett neue Zusammenstellungen von Akteur*innen, Prozessen oder Produkten, um über die Vielfalt der eingebundenen Perspektiven eine neue Herangehensweise zu schaffen.[11, 12]

Viele Soziale Innovationen starten mit einer **Person** oder einem **Team**, das nicht mehr tatenlos zuschauen, sondern selbst ins Tun kommen will. Sie untersuchen eine gesellschaftliche Herausforderung und entwickeln erste Ideen, um diese zu lösen. Oder sie haben schon eine Vorstellung, wie eine wünschenswerte Zukunft in bestimmten Bereichen aussehen könnte und möchten gezielt auf diese hinarbeiten. Sehr wahrscheinlich besitzen sie nicht von Beginn an alle notwendigen Ressourcen, um sämtliche Pläne sofort umsetzen zu können. Vielleicht fehlen ihnen noch die Zeit, das Geld oder der Einfluss. Viele der erfolgreichen Sozialinnovator*innen besorgen sich die fehlenden Ressourcen über ihr Netzwerk oder über Unterstützungsprogramme. Dies kann die Zusammenarbeit mit Nichtregierungsorganisationen oder Sozialunternehmen umfassen oder auch die eigene Gründung einer solchen Organisation. Manche bekommen Unterstützung für ihre Idee von ihrem Arbeitgeber, zum Beispiel durch Freistellung oder Nutzungserlaubnis von Material, Ausstattung und Know-how, oder sie kooperieren mit staatlichen Umsetzungspartnern, wie beispielsweise Sozial- oder Umweltämtern.

Studien zeigen, dass auch **Nichtregierungsorganisationen**, die Zivilgesellschaft und die Wohlfahrt ein guter Nährboden für Soziale Innovationen sind.[13]

NGOs arbeiten für die Interessen spezifischer Personengruppen oder Themenkomplexe innerhalb der Nachhaltigkeit. Oft kommen diejenigen, die diese Organisationen gründen und nach vorne treiben, selbst aus einer dieser Betroffenengruppen. So gibt es Organisationen, die für die Interessen von Umwelt, Kindern, älteren Personen oder von Menschen mit Beeinträchtigung eintreten. Durch ihre Nähe zu diesen Zielgruppen haben NGOs den Vorteil, die Belange ihrer Interessent*innen en détail zu kennen und genau zu wissen, was getan werden muss, um ihre Lebenssituation zu verbessern. Daraus entstehen häufig Ideen, die es in dieser Form bis dato noch nicht gegeben hat.

Ein Beispiel für die soziale Innovationskraft im Zusammenhang von NGOs ist der »Housing First«-Ansatz. Die gewöhnlichen staatlichen Unterstützungsleistungen für Obdachlose haben oft hohe Eintrittshürden für die Betroffenen. Erst wenn psychiatrische Hilfe gesucht oder die Drogensucht überwunden wird, erhalten Obdachlose in diesen konventionellen Programmen Zugang zu permanentem Wohnraum. Hier wird ein Dach über dem Kopf als etwas verstanden, was verdient werden soll. Doch lösen diese Programme nicht das Grundproblem, welches Obdachlose haben: Sie haben kein festes Obdach. Es mag nach einer Tautologie klingen, doch mit der eigenen, sicheren Wohnung lösen sich viele weitere Probleme. Wird die Bleibe jedoch durch hohe Anforderungen zur Unsicherheit, sind die Anreize nicht gegeben, auch andere Probleme anzugehen.[14]

Der griechisch-kanadische Psychotherapeut Sam Tsemberis wagte gemeinsam mit anderen Engagierten und Obdachlosen in den 1990er Jahren ein (augenscheinlich) radikales Experiment, um die konventionelle Sichtweise zu hinterfragen: Statt Hilfe an Bedingungen zu koppeln, entschlossen sie sich, Wohnungen freizuvergeben. Hier wird Wohnen als ein Grundrecht verstanden, welches jeder Person zusteht. Zu diesem Zweck gründeten sie die NGO »Pathways to Housing«. Durch die Organisation konnten sie die Mittel aufbringen, um den neuen Ansatz zu testen, auszuwerten und konsequent zu verbreiten. Das Ergebnis: Durch den bedingungslosen »Housing First«-Ansatz werden Obdachlose mit größerer Wahrscheinlichkeit zu Personen mit einem festen Wohnsitz als konventionelle Ansätze mit stärkeren Auflagen. Außerdem gibt es Indizien, dass sich durch den neuen Ansatz auch die psychische Gesundheit der Zielgruppe verbessert und Drogenabhängigkeit sinkt. Eine sichere Unterkunft, ein geschützter, eigener Wohnraum, nimmt einen riesigen Überlebensdruck von den Betroffenen. Keine Angst mehr vor Diebstahl,

Schutz vor Kälte, Hitze, Nässe, jederzeit zugängliche Toilette und Dusche – der tägliche Überlebenskampf auf der Straße wird dadurch durchbrochen und gibt Kraft frei, um gesundheitliche Probleme oder die Suche nach einem Job anzugehen. Seit der Erfindung der Idee hat sich viel getan. Einige Staaten, wie Kanada und Finnland, haben »Housing First« in ihre nationalen Programme übernommen, in Hamburg startete in der Mitte des Jahres 2022 ein Modellprojekt.[15]

Wichtige Mitwirkende beim Aufbau von Sozialen Innovationen sind darüber hinaus **Sozialunternehmen oder Social Enterprises**, also Organisationen, die auf unternehmerische Weise gesellschaftliche Herausforderungen lösen. Durch ökonomisch nachhaltige Einkommensquellen finanzieren sie Tätigkeiten mit positiver gesellschaftlicher Wirkung. Sozialunternehmen zeigen auf sehr eindrucksvolle Weise, wie Soziale Innovationen genutzt werden können, um Märkte zu ergänzen oder sogar neue Märkte zu schaffen. Sie bespielen dabei ganz unterschiedliche Themen wie Bildung, Gesundheit oder Informationstechnik in ganz Deutschland und sorgen sich um das Gemeinwohl.[16] Einige Beispielprofile in dieser Publikation geben einen Einblick in sozialunternehmerische Ansätze.

Konventionelle Unternehmen beginnen ebenfalls, die Vorteile Sozialer Innovationen zu verstehen und zu nutzen. Ein Beispiel ist die Partnerschaft des deutschen Pharmaunternehmens Boehringer Ingelheim mit Ashoka. Innerhalb ihres Programms »Making More Health« unterstützen die Partner Sozialunternehmer*innen in vulnerablen Regionen.[17] Dabei setzen sie den Fokus ihrer Unterstützung auf medizinische Lösungen für benachteiligte Gruppen. Sie unterstützen Sozialunternehmen aus den Themenbereichen mentale Gesundheit, Spezialbehandlungen, Behinderung, Ernährung und vielen weiteren auf dem afrikanischen Kontinent und Indien. Durch ihre Arbeit wollen sie bis zum Jahr 2030 das Leben von mindestens 50 Millionen Personen positiv beeinflussen. Ende 2021 hat Boehringer Ingelheim 50 Millionen Euro zu diesem Zweck zur Verfügung gestellt.[18] Auf diese Weise stärkt das Unternehmen die Entstehung Sozialer Innovationen innerhalb seines Kernthemas.

Die weitere Art, wie Organisationen – seien sie privat oder öffentlich – Soziale Innovationen nutzen und damit neue soziale Praktiken vorantreiben, sind Neuerungen in der Art und Weise der internen Zusammenarbeit. Unter dem Begriff »New Work« werden hier Möglichkeiten ausprobiert, Hierarchien flacher aufzustellen und bisherige Entscheidungsstrukturen neu zu gestalten: Statt die Verantwortung auf ein paar wenige Einzelentscheider*innen zu legen, bilden sich Gruppen von Mitarbeiter*innen, die an einem ähnlichen Thema arbeiten, und entscheiden gemeinsam, welche Ziele verfolgt und welche Schritte dafür gegangen werden sollen. Auch die Verteilung von Aufgaben nach Rollen und thematischen Überschneidungen statt nach klassischen Abteilungen gehört dazu, ebenso der offene Umgang mit und die transparente Gestaltung von Gehältern. Insbesondere Letzteres ist noch ein großes Tabu in Deutschland. Durch die bewusste Reflexion der Strukturen der Arbeitswelt und der damit einhergehenden Glaubenssätze soll ein anderer Zugang zu den persönlichen Stärken und Fähigkeiten erlangt werden, ein gesünderes Arbeitsumfeld und engere zwischenmenschliche Bindungen geschaffen werden.

Hochschulen sind ein weiterer Entstehungsort Sozialer Innovationen. Vor allem die Sozialwissenschaften und die Psychologie ermöglichen neue Einblicke in die Art und Weise, wie Menschen zusammenleben. Diese Erkenntnisse können einen wichtigen Beitrag zur Entwicklung Sozialer Innovationen leisten. Doch nicht nur in diesen Fächern, sondern in allen Themenbereichen der Hochschulen schlummert das Potenzial für sozialinnovatives Handeln. Ob Rechtswissenschaften, Biologie, Ingenieurwissenschaften, Geographie oder Betriebswirtschaftslehre: Forscher*innen wie Studierende untersuchen Zusammenhänge, Zusammenspiele, Verflechtungen zwischen Menschen oder zwischen Menschen und Natur. Aus ihren Analysen und Erkenntnissen lassen sich in der Regel Möglichkeiten ableiten, verschiedene Bereiche für die Zukunft nachhaltiger und fairer aufzustellen. Diese Erkenntnisse können in der Lehre dann an die nächste Generation Studierender weitergegeben werden, um schließlich durch Ausgründungen oder außeruniversitäre Aktivitäten in der Realität ausprobiert zu werden. Hier sprechen wir von Wissenschaftstransfer oder der dritten Mission von Hochschulen (nach Lehre und Forschung). Dabei spielen Studierende eine wichtige Rolle, denn sie sind oft (noch) risikofreudig genug, um neue Praktiken in der Gesellschaft auszuprobieren und haben häufig noch wenig finanzielle oder familiäre Verpflichtungen.

Schließlich dürfen auch **Politik und öffentliche Verwaltung** in dieser Aufzählung nicht fehlen. Öffentliche Institutionen und Verwaltung mögen ein sehr träges, verstaubtes Image haben, und man denkt nicht unbedingt daran, dass sie etwas mit Innovationen am Hut haben. Doch das gilt eher, wenn man sich bei Innovation auf die technischen Innovationen bezieht. Da es die Aufgabe von Politik und Verwaltung ist, sich um das Gemeinwohl zu kümmern, sind Soziale Innovationen oft Gegenstand (und Ergebnis) ihrer Arbeit.

Die Einführung der Elternzeit[19] stellt ein eindrucksvolles Beispiel dar, wie die Politik das Handeln einer großen Anzahl von Menschen positiv beeinflusst hat. Eltern haben die Möglichkeit, sich in der ersten Zeit nach der Geburt verstärkt auf das Kind und die neue Familienkonstellation zu konzentrieren. Durch die gezielte Ansprache der Väter und den Anreiz, zusätzliche Elternmonate zu bekommen, wenn beide Elternteile die Elternzeit in Anspruch nehmen, wird die Vereinbarung von Familie und Beruf zu einer Frage, die nicht nur Mütter betrifft. Dass immer mehr Väter die Elternzeit in Anspruch nehmen, schlägt sich auch in der Arbeitswelt nieder. Unterstützt und legitimiert durch politisch gesetzte Anreize fordern nun auch Männer ausdrücklich eine bessere Vereinbarkeit von Familie und Beruf, was die Unternehmen zum Umdenken zwingt. Die Tatsache, dass man auch bei Männern nun monatelange Ausfallzeiten oder eine höhere Nachfrage nach Teilzeitmodellen wegen Nachwuchs einberechnen muss, reduziert die aufgrund dieser Argumentation benachteiligte Stellung von Frauen in Unternehmen. Kinderbetreuung als limitierender Faktor bei der zeitlichen Verfügbarkeit von Angestellten wird immer weniger zu einer geschlechtsbezogenen Angelegenheit.

Eine weitere innovative, wenn auch in der Öffentlichkeit wenig sichtbare Arbeitsweise in Politik und öffentlicher Verwaltung ist die »wirkungsorientierte Steuerung.« Dabei geht es darum, die Wirksamkeit von Maßnahmen seitens der öffentlichen Verwaltung in Hinsicht auf das Gemeinwohl zu überprüfen. Diese Art der Steuerung bildet einen Gegenpol zu derzeitigen verwaltungstechnischen Praktiken. Bisher wird in der Verwaltung meist der Mittelabfluss, also die Verwendung von öffentlichen Geldern für einen gewissen Zweck, als Steuerungsgröße und als »Erfolgskriterium« herangezogen. Das heißt, sobald Geld ausgegeben wird, ist alles erreicht, was erreicht werden sollte. Ob die Gelder sinnvoll genutzt werden, ist zweitrangig beziehungsweise wird gar nicht erst über irgendeine Auswertung erhoben. Es wird nicht gemessen, inwieweit die bezahlten Maßnahmen tatsächlich auf eine Verbesserung des Gemeinwohls einspielen.

Mit der wirkungsorientierten Steuerung kann die Verwaltung ihre Tätigkeiten über die Ziele gesellschaftlicher Wirkung messen und lenken. Dafür werden (meist durch die Politik) sogenannte »Wirkungsziele« festgelegt, die dann mit Kennzahlen hinterlegt werden. Diese können zurate gezogen werden, um den gesellschaftlichen Mehrwert der Maßnahmen zu analysieren. Maßnahmen, die nicht die erwünschte Wirkung erzielen, werden nicht weitergeführt oder werden nachjustiert. Durch die wirkungsorientierte Steuerung verlagert sich der Fokus der Verwaltung von der reinen Effizienzbetrachtung – wie Kosten gesenkt werden können – hin zur Betrachtung der Effektivität: Inwiefern bringen die Tätigkeiten tatsächlich auch die erwünschten Ergebnisse?

Einige Landes- und Senatsverwaltungen in Deutschland, wie beispielsweise Hamburg, Bremen oder Niedersachsen, haben bereits erste Schritte eingeleitet, um ihr Management auf die wirkungsorientierte Steuerung umzustellen. Allerdings muss noch einiges getan werden, bis die wirkungsorientierte Steuerung in Politik und öffentlicher Verwaltung als reguläres und fest installiertes Instrumentarium verankert sein wird.

Ein vergleichsweise neues Konzept ist **Open Social Innovation**, welches den Ansatz der Sozialen Innovation durch den Staat auf die nächste Ebene hebt. Open Social Innovation bedeutet, dass der Staat gezielt die Ideenvielfalt und Umsetzungskraft der eigenen Bürger*innen nutzt, um gesellschaftliche Herausforderungen zu lösen. Ein eindrucksvolles Beispiel für Open Social Innovation gab es im März 2020 zu Beginn der Covid-19-Pandemie. Mit der Initiative »Wir vs. Virus« führte ein Zusammenschluss mehrerer Organisationen eine Workshopreihe durch, um die akuten, ersten negativen Folgen der Pandemie und des Lockdowns aufzufangen. Was anfangs als Veranstaltungsformat für ein paar hundert Personen an fünf Tagen gedacht war, wurde innerhalb kurzer Zeit zu einem Großevent von rund 28.000 Teilnehmer*innen, bei dem 1.500 Projekte entwickelt wurden. Die Schirmherrschaft übernahm die Bundesregierung.[20]

Große Sprünge machen: Soziale Innovationen unternehmen

Gesellschaftliche Herausforderungen kommen selten allein und stehen selten isoliert da. Sie sind eingebettet in verschiedene Teile oder Subsysteme des gesellschaftlichen Gesamtsystems, wiederum durch ein unentwirrbares Netz an Rückkopplungsschleifen miteinander verbunden. Wie oben bei der Beschreibung einzelner Herausforderungen bereits dargestellt, sind diese Verbindungen zu komplex, als dass man für eine Behebung von Fehlern und falschen Richtungen nur Einzelteile korrigieren oder austauschen müsste, wie bei einem Ersatzteil in einer Maschine. Stattdessen muss man auf derjenigen Ebene ansetzen, die all diesen Systemen zugrunde liegt: am menschlichen Verhalten.

Doch wie es jeder wohl zu gut kennt, der schon mal eine Diät ausprobiert hat: Es ist alles andere als einfach, das eigene Handeln zu ändern, denn dies bedeutet, eingeschliffene Gewohnheiten zu verändern, vertraute Wege zu verlassen, altbekannte Rituale abzulegen und dem Neuen voll zu vertrauen. Das ist nicht immer ganz leicht. Das Neue ist auch das Unbekannte – und das verunsichert oder jagt sogar einen ungeheuren Schrecken ein.

Ähnlich gilt dies auch für soziale Systeme: Sie ändern nur widerwillig die Bahn, auf der sie sich befinden. Systeme sind oft träge Konstrukte; am liebsten möchten sie immerwährend den gleichen Trott fahren. Schocks von außen sind oft gravierende Anreize, die soziale Systeme dazu bringen, ihre geplante Bahn zu verlassen. Die Covid-19-Pandemie ist ein deutliches Beispiel dafür, wie schnell sich eine Gesellschaft auf eine äußere Gefahr einstellen kann. Innerhalb kürzester Zeit begannen Menschen ihr tägliches Handeln zu verändern – statt zur Arbeit zu fahren, gab es Homeoffice oder sehr viel Freizeit für die Umgestaltung der Wohnung; statt in der Bar traf man Freunde online und es wurde gänzlich auf Nähe zu Menschen verzichtet. Auch die Weltwirtschaft hat schnell reagiert. Mit der Umstellung auf massenhafte Maskenproduktion, der kostspieligen Suche nach einem Impfstoff und dem Umstieg auf Remote-Arbeit bewies sie, dass sich ein System schnell wandeln kann, wenn es muss. Was vorher unmöglich erschien, war nun notwendig – und es hat sich teilweise als neuer Standard etabliert.

Doch handelt es sich hierbei um einen Schock globalen Ausmaßes, den (fast) jeder sofort verstehen kann. Die Krankheit ist hochansteckend, verbreitet sich schnell und kann tödlich sein. Die Dringlichkeit und Wichtigkeit, das eigene Verhalten umstellen zu müssen, wurde den meisten Menschen sofort bewusst. Der Verlust fruchtbarer Böden, die Klimakrise oder die ungleiche Vermögensverteilung sind zwar auf längere Sicht mindestens genauso gefährlich, werden aber nicht mit der gleichen Vehemenz angegangen. Denn der Wind braucht Jahre, bis der Boden von den Äckern geweht wird, es dauert Jahrzehnte, bis für die globale Erwärmung ausreichend Kohlenstoffdioxid in der Luft ist und die Spreizung der Vermögensverteilung wird selten für den Einzelnen auf den ersten Blick sichtbar. In diesen Fällen wirkt der Schock von außen und damit die Notwendigkeit für eine Verhaltensänderung noch nicht kräftig genug – zumindest bisher. Denn was anfangs nur eine unangenehme Schieflage ist, kann sich schnell in ein globales Desaster verwandeln. Auf Systeme kann oft lange eingewirkt werden, ohne dass sie sich anders verhalten. Sie behalten ein eingespieltes Momentum bei, bis dann plötzlich ein letzter Tropfen das Fass zum Überlaufen bringt und das System eine komplett andere Richtung einnimmt.[21]

Die Kunst Sozialer Innovationen besteht darin, Änderungen bereits anzustoßen, *bevor* ein existenzbedrohender Schock von außen alles erschüttert. Der Trick dabei ist, Menschen Anreize zu geben, sodass sie selbst den Wandel durchführen möchten und mit ihrer Verhaltensänderung einen Wandel von Systemen bewirken.

Soziale Innovationen können sehr vielfältig sein. In diesem Punkt unterscheiden sie sich nicht sonderlich von technischen Innovationen. Wie technische Innovationen ihren Ursprung in der Chemie, Internettechnologie, Biologie oder den Material- oder Ingenieurwissenschaften haben können, so können Soziale Innovationen ihren Ursprung unter anderem in der Soziologie, Betriebswirtschaftslehre, Psychologie, den Religionswissenschaften oder der Anthropologie haben. Dabei unterscheiden sich Soziale Innovationen auch untereinander, beispielsweise darin, auf welchen Ideen und Logiken sie aufgebaut sind.[22] Das erschwert die Erforschung ihrer Funktionsweise. Allgemeingültige Aussagen darüber, wie Soziale Innovationen »gesteuert« werden können, sind daher noch schwer zu treffen. Oder sie tendieren geradezu zur Banalität, um dem kleinsten gemeinsamen Nenner noch gerecht zu werden.

Die wichtigsten Schritte zur Verbreitung einer Sozialen Innovation wollen wir hier jedoch kurz vorstellen:

1. Erkennen einer gesellschaftlichen Herausforderung oder eines wünschenswerten zukünftigen Zustands
2. Beobachten und Analysieren der involvierten (Sub-)Systeme und Akteur*innen, um das Problem zu verstehen
3. Erarbeitung von Lösungsmöglichkeiten in Zusammenarbeit mit relevanten Partner*innen aus der Gesellschaft
4. Austesten von Lösungen in kleinem Rahmen
5. Verbreitung einer passenden Lösung in der Gesellschaft

Alles beginnt mit dem Erkennen einer gesellschaftlichen Herausforderung oder der Formulierung einer wünschenswerten Zukunft. Das hört sich trivial an, ist im tatsächlichen Tun jedoch sehr herausfordernd. Menschen tendieren im Alltag dazu, mit Scheuklappen durch die Welt zu gehen und sich auf die spezifischen, vor ihnen liegenden Aufgaben zu konzentrieren. Die Kinder müssen von der Schule abgeholt werden, die Steuerbescheinigung muss noch vorbereitet werden, und abends möchte man einfach nur mal ausspannen. Da bleibt nicht viel Zeit, die Grundpfeiler der Gesellschaft zu hinterfragen. Und einige haben verständlicher- und legitimerweise auch schlicht keine Lust dazu.

Einige Menschen jedoch haben gar nicht den Luxus, sich aussuchen zu können, ob sie sich mit gesellschaftlichen Problemen beschäftigen, und anderen fehlt schlicht die Ambiguitätstoleranz, um die Gesellschaft so zu lassen, wie sie ist. Die erste Gruppe umfasst diejenigen, die selbst durch das System behindert werden. Dazu gehören Menschen, die aufgrund ihrer Herkunft oder ihres Aussehens nicht in die Norm passen, denen es an Einkommen, Vermögen oder Bildung und Qualifizierung fehlt, um an der Gesellschaft so teilzuhaben, wie sie es gerne möchten. Sie fallen aus dem Raster und müssen sich unfreiwillig immer wieder mit dem »System Gesellschaft« auseinandersetzen. Sie spüren die negativen Seiten des Systems am eigenen Leib: Statt in den Genuss der Vorteile von Zusammenarbeit, Arbeitsteilung und Spezialisierung zu kommen, sind sie mit Ausgrenzung, geringeren Chancen und nicht selten Hoffnungslosigkeit konfrontiert. Doch aus dieser Gruppe stammen nicht wenige Sozialinnovator*innen. Aus der eigenen Not oder der ihrer Angehörigen heraus sind sie gezwungen, sich mit gesellschaftlichen Herausforderungen auseinanderzusetzen und gehen diese Auseinandersetzung proaktiv, grundsätzlich und teilweise unternehmerisch an.

Die zweite Gruppe an Personen sind diejenigen, die selbst nicht tatenlos zusehen können, dass »die Welt brennt«. Sie haben oft ein hohes Gerechtigkeitsgefühl oder mögen es, an komplexen Problemen zu arbeiten. Auch Visionär*innen, die über Alltagsprobleme hinwegsehen, gehören dazu. Über ihre Bildung, ihre Arbeit oder durch ihr direktes Umfeld kommen sie in Kontakt mit gesellschaftlichen Herausforderungen. Oder sie entwickeln Bilder für eine neue, wünschenswerte Zukunft, deren Gestaltung allerdings große Veränderungen im Verhalten der Menschen erfordert. Neue Praktiken zu erarbeiten ist jedoch nicht einfach. Dazu müssen bekannte Strukturen des

Zusammenlebens in neuem Licht betrachtet und nicht selten grundlegende gesellschaftliche Werte radikal infrage gestellt werden. Sozialinnovator*innen hinterfragen in einem Akt des »kreativen Zerstörens«,[23] ob gesellschaftliche Systeme eigentlich halten, was sie versprechen – und ob es nicht sogar eines neuen Versprechens bedarf. Dieses Tun erfordert einiges an Mut im Umgang mit Unangenehmen, Toleranz gegenüber Unbekanntem und Ausdauer im Anecken an Althergebrachtem.

Weiterhin ist es unabdingbar, das Verhalten von Menschen und Systemen ausreichend gut verstehen zu können. Denn nur dadurch können erste Lösungsmöglichkeiten entwickelt werden. Wie wir oben bereits beschrieben haben, ist das menschliche Verhalten komplex. Es begründet wiederum Systeme, die für sich genommen auch wieder komplex sind und das Verhalten von Menschen beeinflussen. In dieser Weise sind die Menschen und ihre Systeme in immer wiederkehrenden Rückkopplungsschleifen miteinander verwoben. Diese verwickelten Zusammenhänge zu durchdringen, ist kein einfaches Unterfangen.

Auf Grundlage der Problemanalyse können daraufhin Lösungsmöglichkeiten erarbeitet werden. Sozialinnovator*innen suchen dabei nach passenden Hebeln: Aus der Fülle an Ursachen suchen sie nach Anknüpfungspunkten, die für besonders viel Veränderung sorgen können. Jede*r, der oder die schon mal versucht hat, eine verknotete Halskette zu entwirren, wird den Prozess kennen. Zuerst weiß man nicht so recht, wo anfangen. Man zieht an der einen oder anderen Schlaufe, ohne dass man daraus schlau wird. Doch nach vielen gescheiterten Versuchen findet man die eine Stelle, an der gezogen werden kann, um einen ersten Knoten aus dem Kettenwust zu lösen. Diese erste Entwirrung macht die nächsten um einiges einfacher – man kann zielgerichtet nach der nächsten Schlaufe suchen, die es aufzulösen gilt. Einige weitere Anläufe später und die Kette kann wieder in voller Länge um den Hals gelegt werden. Auch Sozialinnovator*innen suchen in vielen Anläufen nach geeigneten Stellen, um den Wust der gesellschaftlichen Zusammenhänge zu entwirren. Die meisten Versuche werden scheitern – viele davon sogar kläglich. Aber einige führen zu tatsächlichen Neuerungen in der Gesellschaft.

Oft hängt der Misserfolg damit zusammen, dass die Zielgruppe das Neue nicht akzeptiert.[24] Das kontinuierliche Ausprobieren und Nachbessern ist sehr wichtig, um sicherzustellen, dass die neu entwickelten Konzepte auch tatsächlich passen und entsprechende Akzeptanz finden. Mit Ausdenken und

Erfinden allein ist es nicht getan; neue soziale Praktiken müssen auch bis zu einem gewissen Grad in der Gesellschaft verbreitet sein, um dauerhaft zu bestehen. Werden die Aktivitäten im Kleinen schon auf Wirksamkeit geprüft und die Ergebnisse sind positiv, dann können diese funktionierenden Prototypen skaliert werden, also weiterverbreitet. Für diesen Schritt gibt es eine Vielzahl an Strategien, um die neuen Konzepte unter die Leute zu bringen.[25] Die Verbreitung und Ausweitung gelingt meist nur durch die Zusammenarbeit mit verschiedenen Partner*innen. Denn wie mehrfach betont, greifen Soziale Innovationen komplexe Herausforderungen auf und benötigen zur Bewältigung mehrere Akteur*innen, die unterschiedliche Hebel von verschiedenen Seiten ansetzen.

Bei all diesen inhaltlichen Schritten darf man die ökonomische Seite nicht übersehen. Auch wenn wir in diesem Buch viel von Systemwandel und grundlegenden Veränderungen sprechen, sind wir realistisch genug, um zu sehen, dass das kapitalistische System erst mal nicht in voller Breite zu ändern ist. Menschen brauchen ein gewisses Einkommen, um ihren Lebensunterhalt bestreiten zu können – auch diejenigen, die sich für eine bessere Zukunft einsetzen. Die inhaltliche Erarbeitung von Sozialen Innovationen ist schwierig genug, doch für die Verbreitung und Implementierung bedarf es in vielen Fällen einer ausgeklügelten Finanzierung. Da sich Soziale Innovationen häufig mit systemischen Veränderungen und Zielgruppen beschäftigen, die keine Kaufkraft haben, ist eine direkte Finanzierung durch klassischen Verkauf am Markt nicht immer oder nur bedingt möglich. Wo kein*e zahlende*r Kund*in, da keine Einnahmen! Hier bieten sich NGOs oder Sozialunternehmen an, mit deren Hilfe Soziale Innovationen verbreitet und ökonomisch untermauert werden können. Während erstere über Spenden, Ehrenamt oder staatliche Förderungen ihre Arbeit bestreiten, erweitern Sozialunternehmen diese Palette um marktnahe Einnahmen. Nicht selten entstehen dabei richtige Finanzierungspuzzles aus unterschiedlichen Einkommensquellen, auch mit öffentlichen Förderungen. Der Staat spielt hier eine wichtige Rolle, denn eine seiner Aufgaben ist es, das Gemeinwohl zu schützen und zu fördern und damit auch die Begleitung gesellschaftlicher Transformationsprozesse.

Die Erzeugung Sozialer Innovationen gestaltet sich so schwer, weil Scheitern an allen Stellen dieses Prozesses mit dazugehört. Systeme, Institutionen, Individuen – alle scheuen vor Veränderungen erst mal zurück. Denn wenn eine Soziale Innovation für die avisierten Nutzer*innen nicht attraktiv erscheint oder sich nicht unmittelbar und ohne Ruckeln in das Zusammenspiel mit anderen Systemen einfügt, wird sie voraussichtlich zunächst auf Ablehnung stoßen.

Daher sind die oben beschriebenen Schritte, vom Erkennen der Notwendigkeit einer Sozialen Innovation bis zu deren Skalierung, nicht als ein linearer Prozess zu verstehen. Es handelt sich dabei eher um einen iterativen Prozess; will heißen, dass wenn bei einem Schritt die Soziale Innovation nicht den Nerv der Zeit oder Zielgruppe trifft, müssen die Sozialinnovator*innen noch mal einen Schritt zurückmachen und Anpassungen vornehmen, an anderen Stellschrauben drehen – oder abwarten.

Wer nicht wagt, der nicht gewinnt: Vom Wert Sozialer Innovationen

Die Notwendigkeit Sozialer Innovationen

Je schwerwiegender und globaler gesellschaftliche Herausforderungen werden, desto notwendiger wird es, alle erdenklichen Prozesse zu ihrer Lösung in Gang zu setzen. Soziale Innovationen stellen dabei kein *nice-to-have* dar, sondern eine Notwendigkeit, um mit den herannahenden, gesellschaftsverändernden und teils bedrohlichen Herausforderungen fertig zu werden. Inwieweit technische Innovationen helfen werden, ist unklar. Klar ist jedoch, dass durch Veränderungen im Zusammenleben und im sozialen Gefüge diese Probleme angegangen werden können.

In unserer Recherche haben wir immer wieder festgestellt, wie viel Wert in Sozialen Innovationen für die Resilienz einer Gesellschaft steckt. Viele der von uns untersuchten Studien zu gesellschaftlichen Problemen enthalten klare Ansagen dazu. Ob es Berichte der Vereinten Nationen zur Notwendigkeit besseren Bodenmanagements sind[26] oder Handlungsempfehlungen der Deutschen Industrie- und Handelskammer zum Umgang mit dem Fachkräftemangel[27] – überall können Soziale Innovationen als Lösungsansätze herausgelesen werden. Selten wird der Begriff direkt genannt, aber beim genaueren Hinsehen wird klar, dass hier die »Änderung des Verhaltens einer signifikanten Anzahl von Gesellschaftsteilnehmer*innen, um Strukturen und Systeme auf größere gesellschaftliche Zukunftsfähigkeit und Nachhaltigkeit neu auszurichten« gemeint ist.

Besonders eindeutig wird der Bedarf Sozialer Innovationen in diesem Zitat von einem der Autoren des Weltbiodiversitätsrats vor der UNESCO:[28]

> »Wir müssen unsere Narrative ändern. Sowohl unsere individuellen Narrative, die verschwenderischen Konsum mit Lebensqualität und Status in Verbindung bringen, als auch die Narrative der Wirtschaftssysteme, die immer noch davon ausgehen, dass Umweltzerstörung und soziale Ungleichheit unvermeidliche Folgen des Wirtschaftswachstums sind. Wirtschaftswachstum ist ein Mittel und nicht der Zweck. Wir müssen uns um die Lebensqualität auf unserem Planeten kümmern.«

Auch für die Entwicklung einer Gesellschaft braucht es eine Forschungs- und Entwicklungsabteilung, um die Lösung der Herausforderungen nicht weiter dem Zufall zu überlassen. Es braucht Orte[29], an denen neue Formen des Zusammenlebens ausprobiert werden können. Diese Einsicht ist nicht nur ein Ruf nach Lösungen für einzelne, abgeschottete Probleme. Es ist ein Ruf nach einem besseren Umgang mit Komplexität und nach mehr Resilienz in der Gesellschaft. Der Fokus aller Anstrengungen muss auf Lösungen liegen, die adäquate Antworten auf Störungen und Schocks geben, vor die die Umwelt oder die Gesellschaft sich selbst stellt – zumindest, wenn sie es mit der Nachhaltigkeit ernst meint.

Hierbei spielen Soziale Innovationen eine herausragende Rolle. Sie stellen eine Petrischale der gesellschaftlichen Veränderung dar. Dabei wirken sie ganz bewusst auf der Ebene der Gesellschaft, die für technische Innovationen unerreichbar oder nicht intendiert ist: Sie setzen am sozialen Gefüge an – dort wo es nicht nur kompliziert, sondern komplex ist. Mögen es engagierte Personen oder Aktivist*innen sein, Unternehmen, die Verwaltung oder NGOs, überall können neue Formen des Zusammenlebens erfunden, ausprobiert und verbreitet werden. Das Potenzial ist riesig.

Sobald der gesellschaftliche Fokus auf der Förderung Sozialer Innovationen liegt, werden diese Akteur*innen ihre Lösungen einfacher und breiter in der Gesellschaft teilen können, mit dem Ergebnis, dass die sozialen Systeme eine höhere Fähigkeit zur Anpassung gewinnen werden. Dies wiederum stärkt die Resilienz. Ausgestattet mit sozialinnovatorischen Instrumenten werden äußere Faktoren und innere fehlangepasste Systeme weniger Erschütterungen und Schäden verursachen. Auch wenn immer neue gesellschaftliche Herausforderungen nicht zu vermeiden sind und immer wieder auftreten, hilft doch ein eingespielter Prozess zur Förderung Sozialer Innovationen, sie schneller und gründlicher zu bewältigen.

Der soziale Wert Sozialer Innovationen

Lebensqualität ergibt sich nicht nur aus dem Einkommen oder dem Vermögen, das auf der Bank liegt. Ob eine Person sich wohlfühlt, speist sich aus sehr vielen unterschiedlichen Faktoren. Zweifelsohne ist ein Minimum an ökonomischer Stabilität und Sicherheit ein wichtiger Aspekt für ein zufriedenstellendes Leben. Aber mindestens genauso wichtig sind Bildung, sozialer Status, soziale Netzwerke, Freizeit, Familie, gesellschaftliche Teilhabe und vieles Weitere. In all diesen Bereichen haben Soziale Innovationen das Leben vieler Menschen bereits ausgiebig verbessert. So unterstützen unterschiedliche Organisationen junge Menschen aus bildungsfernen oder prekären Verhältnissen beim sozialen Aufstieg und beim Zugang zu Hochschulbildung,[30] Permakultur zeigt Wege zu einem neuen Umgang mit Landwirtschaft auf,[31] Eingliederungsmaßnahmen ermöglichen Menschen mit psychischen Beeinträchtigungen Arbeitsplätze und damit einen Teil zur Teilhabe an der Gesellschaft,[32] in Mehrgenerationenhäuser treffen sich jüngere und ältere Menschen und unterstützen sich gegenseitig[33] oder neue Konzepte aus der Jugendbildung zeigen der jungen Generation einen nachhaltigen Umgang mit der Umwelt.[34] In diesen und vielen weiteren Beispielen wirken Soziale Innovationen positiv auf die Lebensqualität der Menschen in Deutschland ein.

Soziale Innovationen veranlassen durch zweckgerichtete Änderung des Verhaltens vieler Menschen größere gesellschaftliche Zukunftsfähigkeit und Nachhaltigkeit. Damit sind sie durch und durch sozial – sowohl in ihrem Zweck als auch in ihren Mitteln. Der soziale Wert Sozialer Innovationen ist somit bereits in ihrem Grundverständnis gegeben.

Der ökonomische Wert Sozialer Innovationen

Nun könnte man den sozialen Wert Sozialer Innovationen als Spinnerei blauäugiger Weltverbesserer abtun. »Die Welt ist unfair. Sei zufrieden, dass du im reichen Deutschland lebst! «, könnte einer der Kommentare sein, der Sozialinnovator*innen entgegengebracht werden könnte. Oder: »Deine Vorstellungen einer besseren Welt sind nicht vereinbar mit den Bedürfnissen der Ökonomie.«

Abgesehen von der Beschränktheit solcher Aussagen haben Soziale Innovationen klare volkswirtschaftliche Vorteile. Eine im Jahr 2019 erschienene Publikation weist ein Milliardenpotenzial dieser Form der Innovation für Deutschland aus.[35] Die Studie untersuchte vier Sozialunternehmen – Discovering Hands, Irrsinnig Menschlich, Apeiros und Serlo Education – und fand heraus, dass die konsequente Umsetzung und Verbreitung ihrer Aktivitäten die öffentlichen Kassen beträchtlich entlasten.

Das Wuppertaler Sozialunternehmen Apeiros beispielsweise hat ein digitales Früherkennungssystem entwickelt, mit dem Lehrer*innen frühzeitig feststellen können, ob Schüler*innen zu Schulverweiger*innen werden könnten. Auf den Einzelfall zugeschnittene Methoden helfen daraufhin Schulen und Jugendämtern, die Schüler*innen aufzufangen. So begleitet Apeiros die Kinder und Jugendlichen durch pädagogische Gruppen, um etwa sinnvolle Strategien für den Umgang mit sozialen und emotionalen Stresssituationen zu entwickeln und bindet auch die Eltern in die Arbeit mit ein, damit diese angemessene Reaktionsmuster entwickeln können. Auch mit den Schulen arbeitet das Sozialunternehmen zusammen, um »störende Begleitfaktoren möglichst bei der Rückführung schon im Vorfeld zu besprechen und wenn möglich zu eliminieren«.[36] Damit sinkt der Anteil der Vollverweigerer*innen in den teilnehmenden Schulen um rund 50 Prozent.[37]

Die Studie rechnet hoch, dass die vermiedenen Kosten für das Sozialsystem sich auf 900 Millionen Euro belaufen könnten, wenn der Ansatz von Apeiros an Schulen deutschlandweit umgesetzt würde. Während volkswirtschaftlich Kosten eingespart würden, könnten laut den Berechnungen rund 5.000 Schüler*innen zusätzlich einen Schulabschluss erhalten. Dies wiederum würde zu verringerten Einbußen in der Bruttowertschöpfung um weitere geschätzte 50 Millionen Euro führen, da die Schulabgänger*innen eine höhere Qualifikation für den Arbeitsmarkt aufweisen würden.[38]

Nimmt man die vielen Sozialen Innovationen zusammen, die momentan bereits in den Startlöchern sitzen, um in beispielsweise Bildung, Gesundheit oder Ökologie positive Veränderungen voranzubringen, ergibt sich ein immenses Einsparungspotenzial für die Volkswirtschaft. Das Gesundheits-, das Bildungs- und viele weitere Sozialsysteme könnten durch soziale Neuerungen kostengünstiger gestaltet werden. Einige Soziale Innovationen sind bereits getestet und könnten sofort weitläufig ausgerollt werden, andere müssten durch kreative Köpfe noch (weiter) ausgestaltet werden.

Ein weiterer, oft übersehener Aspekt von Sozialen Innovation sind die Marktmöglichkeiten Sozialer Innovationen. Märkte bilden im Grunde das ökonomische Verhalten von Menschen ab. Wenn das Verhalten von Menschen einen Wandel erfährt, werden dadurch auch neue Marktmöglichkeiten eröffnet. Beispiele dafür sind Konzepte wie Crowdfunding, bei dem eine große Anzahl von Personen jeweils kleine Summen gibt, um eine Idee zu finanzieren, oder Carsharing, bei dem mehrere Menschen gemeinsam ein Auto nutzen, statt jeweils selbst eines zu besitzen. Es handelt sich hierbei um noch nicht komplett erschlossene Märkte riesigen Ausmaßes, deren Zeiger auf Wachstum stehen.

Sozialunternehmen sind einer der wichtigsten Akteure in der Verbreitung Sozialer Innovationen und oft Vorreiter, wenn es darum geht, neue Märkte mithilfe sozialer Neuerungen zu erschließen. Sicherlich ist es nicht möglich (und auch nicht erstrebenswert), sämtliche Soziale Innovationen zu vermarkten. Gibt es jedoch eine Möglichkeit, ist die Wahrscheinlichkeit groß, dass Sozialunternehmen diese nutzen. Sozialunternehmen treibt allerdings nicht das Mandat der Profitmaximierung an, sondern die potenziell zu erzielende gesellschaftliche Wirkung – das ermöglicht ihnen, Geschäftsmodelle auszuprobieren, die gewöhnlichen Unternehmen nicht offensichtlich (oder lukrativ genug) erscheinen. Dennoch sind Sozialunternehmen keine »Spendenfabriken« – sie schaffen sozialversicherungspflichtige Arbeitsplätze und führen Steuern ab wie andere Unternehmen auch, leisten also durch ihre Abgaben und Jobmöglichkeiten ihren Beitrag zum allgemeinen »wirtschaftlichen Wachstum«.

Soziale Innovationen entlasten also den Staatshaushalt durch ihre Tätigkeit und schaffen neue Märkte, Arbeitsplätze und Steuereinnahmen. Sie sind ein Allroundtalent und decken alle wirtschaftlich relevanten Größen ab. All diese wirtschaftlichen Vorteile werden allerdings bisher kaum genutzt. Die Unterstützung von Sozialen Innovationen und Social Enterprises in Deutschland steckt noch immer in den Kinderschuhen.

Steine im Weg: Hindernisse für Soziale Innovationen

In den letzten Jahrhunderten haben Technik und Wirtschaft meisterhaft gelernt, neue technische Erfindungen erfolgreich in der Gesellschaft zu verbreiten. Heerscharen an Forscher*innen erkunden neue Grundlagen, auf denen Technik aufgesetzt werden können. Zig Entrepreneurs suchen nach Möglichkeiten, um diese Erfindungen gewinnbringend auf den Markt zu bringen. Unzählige Betriebswirtschaftler*innen treiben die Einführung neuer Apparate und Applikationen voran. Und eine ganze Herde an Marketingexpert*innen, Verkäufer*innen, Manager*innen, SEO-Spezialist*innen und Influencer*innen sorgen dafür, dass diese Neuerungen weltweit gekauft und selbstverständlicher Teil des Alltags werden.

Für die Verbreitung technischer Innovationen hat sich eine gut geölte Maschinerie entwickelt. Wenn die Verlegung von Glasfaserkabeln im »Internetneuland« Deutschland beispielsweise gefühlt im Schneckentempo vorangeht, so verläuft der Ausbau im Vergleich zu früheren Skalierungen von Technik doch außerordentlich schnell. Die Zeitspanne, die zwischen der Entwicklung einer neuen Gerätschaft und ihrer Verbreitung liegt, wird immer kürzer. Während es 25 Jahre brauchte, bis 10 Prozent der Bevölkerung ein Telefon benutzten, dauerte es bei Tablets nur noch fünf Jahre.[39]

Hier liegt das Potenzial von Sozialen Innovationen: Sobald auch für sie eine »gut geölte Maschinerie« etabliert wird, können die Weichen für eine nachhaltige Zukunft zielgerichteter und erfolgreicher gestellt werden. Wie technische Innovationen müssen auch Soziale Innovationen von der Gesellschaft ermöglicht werden, damit sie erfolgreich und mit so wenigen Reibungsverlusten wie möglich umgesetzt werden können.

Eine der Gruppen, die sich mit der Verbreitung Sozialer Innovationen beschäftigt, sind Social Enterprises oder Sozialunternehmen. Doch trotz der oben genannten Vorteile, die sozialunternehmerische Aktivitäten in gesellschaftlicher wie volkswirtschaftlicher Sicht mit sich bringen, knirscht es noch heftig im Getriebe. Eine überwältigende Mehrheit von Sozialunternehmen sieht ihre Bemühungen bisher seitens der Politik wenig bis gar nicht unterstützt, vor allem fehlen Finanzierungsmöglichkeiten bei Gründung und Skalierung.[40] Auch wenn das Bild für viele Gründungen und bestehende Unternehmen ähnlich aussieht – Sozialunternehmen haben es meist dreifach schwer:

- Banken und Investor*innen verstehen die gesellschaftliche Zielsetzung von Sozialunternehmen meist nicht, während Stiftungen und öffentliche Förderprogramme sich häufig nicht auf ihre wirtschaftliche Ausrichtung verstehen. Eine ausreichende Finanzierung erfolgversprechender Ideen bleibt daher oft aus.
- Viele Fördereinrichtungen für Gründer*innen und Unternehmer*innen, etwa die der Industrie- und Handelskammern, der Handwerkskammern und der Gründungs-, Technologie- und Innovationszentren, können nicht mit den spezifischen Anforderungen von Sozialunternehmen oder Sozialen Innovationen umgehen. Die Beratung und Hilfe, die bei konventionellen Gründung so reibungslos klappt, stößt hier an ihre Grenzen.
- Technische Innovationen können auf eine recht gut aufeinander abgestimmte Förderstruktur von Forschungseinrichtungen, Förderprogrammen, Fonds, Vernetzung und Öffentlichkeitsarbeit zurückgreifen. Ein vergleichbares System für die ganzheitliche Förderung von Sozialunternehmen fehlt bisher.

Obwohl sich durch die Bemühungen vieler privater Personen und Organisationen Politik und Verwaltung zu einer Öffnung dieser Systeme hinbewegen, bleibt es noch ein langer Weg. Um Sozialunternehmen adäquat in Deutschland zu unterstützen, sind noch viele Änderungen und Investitionen nötig, damit sie ihr ökonomisches, soziales und ökologisches Potenzial entfalten können.

Ein ähnliches Bild findet sich nicht nur bei Sozialunternehmen, sondern auch in allen anderen Feldern, in denen Soziale Innovationen entstehen können – sprich: in allen Bereichen der Gesellschaft. Für Sozialinnovator*innen, für die Umsetzung von Konzepten zu Open Social Innovation, für die sozial innovative Arbeit von NGOs und konventionellen Unternehmen, Hochschulen und Politik und öffentliche Verwaltung gibt es keine strukturelle, breit aufgestellte Förderung. Soziale Innovationen werden schlichtweg in den Überlegungen vieler öffentlicher und privater Institutionen beim Aufsetzen von Förderinstrumenten vergessen. Zum Vergleich: Der High-Tech Gründerfonds, eine deutsche Kooperation aus Staat und privaten Investor*innen zur

Förderung von hochtechnologiebasierten Start-ups, verwaltet allein 1,4 Milliarden Euro.[41] Von solchen Fonds und Größenordnungen können Soziale Innovationen nur träumen.

Die Gründe dafür sind vielfältig. Einer der hartnäckigsten ist jedoch die Ausrichtung vieler Akteur*innen auf rein marktwirtschaftliche Prinzipien, insbesondere auf das der Profitmaximierung. Selbst öffentliche Institutionen stolpern oft in die Falle dieses Denkens und eine schlichtweg veraltete Form der Marktrationalität gewinnt bei ihnen die Oberhand über das, was eigentlich den Bürger*innen helfen soll, also über das Gemeinwohl. Als Folge werden Soziale Innovationen nicht beachtet; sie tauchen selten in Koalitionsverträgen auf, erhalten keine dedizierten Gelder und ihre hohe Wertigkeit wird nicht auf Veranstaltungen durch politische Würdenträger*innen betont. Keine Strukturen und Fördermittel zur Verfügung zu stellen, ist ein *passives* Ausbremsen von Sozialen Innovationen, quasi also Nichtförderung durch Unterlassung.

Dabei arbeiten Soziale Innovationen auf genau das Ziel hin, welches zumindest öffentliche Stellen zuvorderst stellen sollten: Das Gemeinwohl. Marktwirtschaftliche Prinzipien können sinnvoll sein – aber nicht als Selbstzweck, sondern dort, wo sie den Menschen von Nutzen sind. Und auch die Bewegung hin zu einer resilienten Gesellschaft ist auf eine gewisse wirtschaftliche Stabilität angewiesen. Wirklicher Fortschritt allerdings kommt durch eine Veränderung sozialer Praktiken zustande, nicht durch eine weitere App oder technisches Spielzeug, das ein privates Unternehmen rein zum Zweck der Gewinnmaximierung verkauft.

Zusätzlich gibt es aber auch viele Entscheidungsträger*innen, die als Gegenspieler *aktiv* Soziale Innovationen hemmen. Darunter fallen diejenigen, die die Durchschlagskraft und Vorteile von Sozialen Innovationen nicht verstehen und sie sogar als »Unsinn« abstempeln. Zu ihnen gehören Politiker*innen, Unternehmer*innen oder berühmte Persönlichkeiten aus anderen Bereichen. Ihrer Überzeugung nach regelt der Markt alles selbst und die Wirtschaft mit ihrer »unsichtbaren Hand« sorgt schon dafür, dass Menschen ihr Handeln ändern, wenn es sich »lohnt«. Für sie ist der Mensch zuvorderst Homo oeconomicus, nicht Homo socialis und sie verkennen, dass Menschen auch von anderen Veränderungsanreizen angetrieben werden, als nur von rein ökonomischen Überlegungen. Diese Positionen vertreten sie lautstark und verhindern kraft ihres Einflusses aktiv die Unterstützung Sozialer Innovationen.

Auf zu neuen Ufern: Wie es besser gehen kann

Um zu verstehen, welche Schritte für eine passende Unterstützung für den Aufbau und die Verbreitung Sozialer Innovationen notwendig sind, betrachten wir die Entstehungsorte separat.

Beginnen wir mit **Hochschulen**. Als Bildungsstätten kommen ihnen drei wichtige Funktionen zu: Forschung, Lehre und der Transfer von wissenschaftlichen Erkenntnissen in die Praxis. Auf allen drei Stufen können sie Soziale Innovationen unterstützen. Dazu benötigt es jedoch ein weitreichendes Verständnis, wie in diesen drei Teilbereichen auf Soziale Innovationen hingearbeitet werden kann. Die Forschung sollte dabei neue Grundlagen schaffen. Forscher*innen sollten dazu angeregt werden, Untersuchungsgegenstände mit gesellschaftlicher Relevanz auszuwählen. Da die allermeisten Forscher*innen ohnehin eine intrinsische Motivation haben, sich mit wissenschaftlichen Fragen zu befassen, die sie als sinnvoll beziehungsweise sinnstiftend erachten, ist die Beschäftigung mit gesellschaftlichen Herausforderungen naheliegend. Im Rahmen ihrer Forschungstätigkeit können Forscher*innen aktiv auf ihr Umfeld einwirken: Um über Fachbereiche hinweg Probleme zu untersuchen und Lösungen zu entwickeln, können sie interdisziplinär und praxisbezogen arbeiten.

Im zweiten Bereich, der Lehre, erhalten Studierende die Grundlagen, um gesellschaftliche Probleme selbst zu analysieren und Lösungen zu entwickeln. Transformierende Lernprogramme würden es ermöglichen, dass alle Studierenden potenziell selbst zu Sozialinnovator*innen werden. Zumindest könnten sie durch transdisziplinäre und auf Selbstwirksamkeit ausgerichtete Bildungsmethoden ihr eigenes Potenzial und für sie infrage kommende Handlungsfelder ausloten. Einige methodische Ansätze dazu werden derzeit entwickelt und von den ersten Hochschulen aufgenommen – die Lehre der Zukunft wird damit um einiges aktivitätsfördernder.[42] Damit diese neuen Ansätze in der deutschen Hochschullandschaft breite Anwendung finden, braucht es jedoch weiteren politischen Rückhalt zur Ausgestaltung entsprechender Curricula und Finanzierung für die Weiterbildung von Dozent*innen.

Mit Forschung und Lehre sind die ersten Grundsteine gelegt, um Hochschulen zu einer Keimzelle Sozialer Innovationen zu machen. Bleibt schließlich noch der Wissenstransfer, mit dessen Hilfe wissenschaftliche Erkenntnisse in die Gesellschaft übertragen werden, zum Beispiel in Form von Start-ups und Projekten, Aufklärung und Sensibilisierung oder durch die Beratung von Politik oder Institutionen.

Diese »dritte Säule« nimmt in den letzten Jahren eine immer wichtigere Rolle in den Strategien von Hochschulen ein. In wissenschaftlichen Institutionen schlummern potenziell viele Grundlagen für Soziale Innovationen. Doch erst wenn diese Erkenntnisse ihren Weg aus den Forschungsinstitutionen schaffen, können sie der Gesellschaft auch wirklich nützen. Für diesen Übergangsprozess eignen sich forschungsnahe Instrumente und Ausprobierräume wie Feldstudien, Soziallabore, Makerspaces oder Ausgründungen. Bisher sind die Transferorganisationen der Hochschulen kaum auf Soziale Innovationen vorbereitet. Erst wenige kennen den Begriff und noch weniger wissen, welches Konzept dahintersteht oder haben die Kenntnisse, wie Soziale Innovationen gut aus der Wissenschaft heraus skaliert werden können. Hier muss man den Hochschulen mit Wissen, Ressourcen und Werkzeugen unter die Arme greifen, um das in ihnen liegende Potenzial heben zu können.

NGOs, also Nichtregierungsorganisationen, sind eine wichtige Unterstützung bei der Entstehung Sozialer Innovationen. Sie arbeiten meist nah an den Zielgruppen, wie beispielsweise Minderheiten oder minderbemittelte Menschen, und verstehen daher nicht nur sehr gut, mit welchen Herausforderungen diese zu kämpfen haben, sondern auch, durch welche systemischen Zusammenhänge die Probleme entstehen. Dieses Wissen ist der erste Schritt, um passende Lösungen zu entwickeln. Leider findet dieses in NGOs geballte Wissen oft nicht die Möglichkeit zur Umwandlung in Soziale Innovationen. Denn NGOs fehlt es häufig schon an den finanziellen Mitteln, um ihre neuen Lösungsansätze überhaupt auszuprobieren, geschweige denn, eine effektive Verbreitungsstrategie aufzusetzen. Das Ergebnis ist eine Einschränkung und Begrenzung der Innovationskraft von nicht staatlichen Organisationen. Hier wäre es Aufgabe von Politik, Stiftungen und weiteren Geldgeber*innen, ein »Leitsystem« zu finanzieren, welches es zivilgesellschaftlichen Organisationen ermöglicht, sozialinnovative Lösungen zu entwickeln, auszuprobieren und zu verbreiten.

Konventionellen Unternehmen dagegen stehen oft ausreichend Mittel für Forschung und Entwicklung zur Verfügung, aber sie sehen noch nicht genügend Anreiz, um Soziale Innovationen zu entwickeln und zu fördern. Dabei können sowohl große Konzerne wie auch kleine und mittelständische Unternehmen von Sozialen Innovationen profitieren. Dieser Nutzen ist oft nicht unmittelbar ersichtlich. Durch ihre zentrale Stellung als Wirtschaftsakteur können sie jedoch viel bewegen. Einige Unternehmen haben das bereits entdeckt und engagieren sich über ihre philanthropische Arbeit hinaus – zum Beispiel in Form von Corporate Social Responsibility (CSR) – für positive Veränderungen in der Gesellschaft. Zu ihnen zählt neben dem obigen Beispiel von Boehringer Ingelheim unter anderem IKEA. Das nordische Möbelhaus unterstützt Social Entrepreneurs bei der Entwicklung und Verbreitung ihrer sozial und ökologisch nachhaltigen Lösungen.[43] Insbesondere konzentriert sich das Unternehmen auf Sozialunternehmen, die benachteiligten Personen die Teilhabe am Arbeitsmarkt ermöglichen und Produkte und Dienstleistungen herstellen, die IKEA an ihre eigenen Endkund*innen weitergeben kann.[44]

Unternehmen aller Art haben die Möglichkeit, über Soziale Innovationen im Generellen und Sozialunternehmen im Spezifischen weitere Werte zu generieren. Sie bereichern die Gesellschaft dadurch auf mehreren Ebenen: Zum einen können Soziale Innovationen in Form innovativer Produkte und Dienstleistungen entstehen, die der Profitabilität des Unternehmens dienen. Dabei können sogar neue Produktkategorien entstehen. Zum anderen beweisen Unternehmen ihren Kund*innen damit, dass sie soziale und ökologische Nachhaltigkeit ernst meinen – ein Punkt, der immer mehr Kaufentscheidungen mitbestimmt.[45] Und nicht zuletzt werden diese Firmen durch die Förderung Sozialer Innovationen als Arbeitsplatz interessanter für junge Fachkräfte.

Viele Unternehmen sehen diese Vorteile für sich jedoch noch nicht. Daher liegt es zum einen an Konsument*innen, immer wieder sozial und ökologisch nachhaltige Produkte und Dienstleistungen nachzufragen. Damit steigt der Anreiz für Unternehmen, sich mit den negativen und positiven Wirkungen ihres Handelns auseinanderzusetzen. Zum anderen haben Arbeitnehmer*innen durch die Wahl ihres Arbeitgebers einen großen Hebel. Entscheiden sie sich vornehmlich für Unternehmen mit einem klaren und glaubwürdigen Nachhaltigkeitsprofil, erhöhen sie damit den Druck auf Arbeitgeber*innen, sich in dieser Richtung zu engagieren und weiterzuentwickeln. Als Mitarbeiter*innen im Unternehmen können sie auch nach innen wirken. Sowohl als einfache Arbeiter*innen wie auch als Entscheidungsträger*innen können sie ihre Firma durch ihre Entscheidungen auf einen nachhaltigen Pfad bringen.

Damit zukünftig Soziale Innovationen bessere Verbreitung finden können, müssen auch **Politik und Verwaltung** einen neuen Kurs einschlagen. In diesem Buch haben wir ausgiebig dargestellt, wie hoch die Investitionen in Technik insbesondere auch durch öffentliche Institutionen sind. Auch wenn technische Innovationen nicht vernachlässigt werden sollen, muss sich das Paradigma ändern. Das Verständnis von Innovation muss zwingend um die soziale Komponente erweitert werden. Und das nicht nur bei Ministerien und Ämtern für Wirtschaft und Wissenschaft, sondern auch für Soziales, für Gesundheit, Arbeit und Verkehr und vielen weiteren, denn überall werden Soziale Innovationen in der Zukunft unabdingbar sein, um ein soziales und ökologisches Miteinander zu gewährleisten. Dabei verantwortet die Politik ein besonderes gesellschaftliches Steuermoment, denn sie entscheidet über die Grundregeln, innerhalb derer ein Großteil aller anderen Systeme funktioniert.

Über die Politik können große Hebel bewegt werden. Ihr liegt eine Schutzfunktion inne, die dafür Sorge tragen soll, dass Menschen ein faires und hochwertiges Leben führen können und ein nachsichtiger Umgang mit natürlichen Ressourcen gepflegt wird. Um diesen Aufgaben gerecht zu werden, sollte sie sich unter anderem des Konzepts von »Open Social Innovation« bedienen, also der Einbindung der Bevölkerung in Innovationsprozesse zur Lösung gesellschaftlicher Herausforderungen. Politik und Verwaltung müssen also Soziale Innovation verstehen und nutzen lernen. Dafür braucht es eine klare Strategie, die nötigen Mittel – beispielsweise für Weiterbildungen von Verwaltungsangestellten – und den Raum und die Möglichkeit, Neues auszuprobieren und dabei auch mal scheitern zu dürfen.

Kurz gesagt finden sich drei Unterstützungsstrategien für alle Entstehungsorte wieder:

1. **Koordination:** Soziale Innovationen sind von ihrer Natur her sektorübergreifend. Damit sie ihre volle Wirkkraft entfalten können, bedarf es einer Koordination zwischen allen gesellschaftlichen Akteur*innen. Eine Soziale Innovationsstrategie seitens der deutschen Politik – analog zur Hightech-Strategie – könnte dabei einen besonders hilfreichen Startschuss darstellen, um in den nächsten Jahren große Schritte nach vorne zu machen. Ziel sollte dabei die Etablierung eines Systems sein, das Soziale Innovationen von der Entstehung bis zur Verbreitung lückenlos unterstützt – ein soziales Innovationssystem.

2. **Finanzierung:** Die Macher*innen Sozialer Innovationen benötigen Kapital, um ihre Lösungen effektiv in der Gesellschaft verbreiten zu können. Eine Öffnung bestehender öffentlicher und privater Förderinstrumente wird dafür notwendig sein. Zudem bedarf es neuer Formen der monetären Unterstützung. So könnte man beispielsweise die Aufgabe von Stiftungen im Sozialinnovationsfeld neu denken oder Investitionskapital vergeben, das Rendite nicht in Geld, sondern in gesellschaftlicher Wirkung misst.
3. **Raum für Experimente:** Es braucht physische und digitale Räume, in denen Sozialinnovator*innen zusammenkommen, sich austauschen und kreativ zusammenarbeiten können. In Gründungsbüros, Open-Social-Innovation-Prozessen und in der Forschung braucht es entsprechende Makerspaces oder Soziallabore zum Ausprobieren neuer Ideen.

Mit gutem Beispiel voran: Soziale Innovationen früher und heute

Soziale Innovationen sind nicht neu – sie waren schon immer ein Teil der Gesellschaft. Man könnte die landwirtschaftlichen Veränderungen der letzten Jahrtausende als Soziale Innovationen bezeichnen (auch wenn hier neue Techniken oft eine wichtige Rolle gespielt haben), das Aufblühen neuer kultureller Praktiken oder die Übergänge von Monarchie zu Demokratie. Als soziales Geschöpf ist die Geschichte der Menschheit mehr noch eine Geschichte der sozialen Neuerungen als der rein technischen. Sie sind begründet durch das menschliche Wesen, das generell von sozialem Zusammenhalt und der Anpassung an die Umwelt geprägt ist.

Ein Beispiel wurde oben schon genannt: Die Frauenbewegung ab den 1970er-Jahren in Verbindung mit verbessertem Zugang zu Verhütungsmitteln und einer »Neubewertung« der Frau in moralischer, juristischer und wirtschaftlicher Hinsicht. Hier wird besonders die systemische Veränderung deutlich, auf die Technik *und* Gesellschaft hingewirkt haben.

Historisch ein bisschen länger her, aber ein nicht weniger eindrucksvolles Zusammenspiel von Sozialen und technischen Innovationen ist die Reformation. Als Martin Luther im Jahr 1517 seine 95 Thesen veröffentlichte, hatte er Veränderungen im Sinne, die die Macht der katholischen Kirche beschränken und den Menschen die Botschaft Gottes direkter zugänglich machen sollten. Die Debatte um seine 95 Thesen und den Ablasshandel war zunächst eine Fachdebatte unter Theologinnen und Theologen. Ein halbes Jahr nach dem ersten Thesenanschlag verfasste Luther eine Zusammenfassung seiner Thesen für »Normalbürger*innen«, die sein erster literarischer Erfolg wurde.

Die Wirkung seiner Aktivitäten beruhte nicht zuletzt auf der Verbreitung seiner Thesen über Flugblätter, für deren Erstellung Gutenbergs Buchdruckverfahren zum Einsatz kam. Neben seinen massiven theologischen Einflüssen war Volksnähe für Luther ein zentrales Thema. Als er nach seiner Ächtung als Mönch getarnt in der Wartburg zum Zeitvertreib begann, die Bibel auf Deutsch zu übersetzen, war dies ein absolutes Novum. Die Sprache des Glaubens war Latein, über Jahrhunderte hinweg. Die Predigten und Messen in der Kirche wurden von Priestern verlesen und von den Gläubigen nicht verstanden. Sie waren auf Interpretation und Auslegung der Kirchen angewiesen, wenn es um die Auseinandersetzung mit Gott und Glauben ging. Luther wollte diese Barriere einreißen und allen Menschen den direkten Zugang zur Heiligen Schrift und zur Botschaft Gottes vermitteln. Mit seiner Übersetzung setzte er wichtige Impulse für die neuhochdeutsche Sprache und prägte mit Wortschöpfungen den deutschen Wortschatz bis heute. Auch wenn die Sprachschöpfungen sich naturgemäß stark auf die religiöse Sphäre bezogen, hatte die Bibelübersetzung doch einen umwälzenden Einfluss auf das Verhalten von Mensch und Glaube. Anhänger der Reformation in anderen Ländern folgten Luthers Beispiel und übersetzten die Bibel ebenfalls in ihre jeweiligen Landessprachen, was mitunter den bis dato nicht sonderlich ausgeprägten Schriftkulturen in den jeweiligen Ländern eine Grundlage bot, zum Beispiel dem Finnischen. Auch diese Bibelübersetzungen konnten erst aufgrund des Buchdrucks in größerer Stückzahl produziert und verbreitet werden.

Der Zugang zu den Schriften in der Volkssprache war nun zwar über die Bücher möglich, erforderte aber auch Lesefähigkeit. In früh reformierten Ländern stieg die Alphabetisierungsrate stark an. Die Fähigkeit, lesen zu können und sich einen »eigenen« Einblick in das Wort Gottes zu verschaffen, ermächtigte die Menschen zu mehr Teilhabe und Ausgestaltung in der Art und Weise, ihren Glauben zu leben, aber auch in ihrem Verhältnis zur Kirche. Auch wenn die kirchliche Moral in reformierten Ländern ein starkes Wertegerüst verankerte, so war doch der Absolutheitsanspruch durch päpstliche Autorität und die äußerliche Machtdemonstration durch Prunkbauten und kunstvoll ausgestattete Kirchen abgeschafft. Die Ermächtigung des Individuums durch Bildung, in diesem Fall Alphabetisierung, war eine essenzieller Wandel im Zuge der Reformation. Die neue Glaubensrichtung wurde von verschiedenen regionalen Herrschern übernommen, die sich durch die Ablösung der katholischen Kirche mehr Freiheit in der Machtausübung versprachen. Die Reformation erfasste also unterschiedliche Subsysteme und führte daher zu einem Systemwandel an sich.

Einige weitere prominente Beispiele Sozialer Innovationen haben bis heute Auswirkungen auf das gesellschaftliche Zusammenleben:

1. **Gesetzliche Versicherungen:** Die von Otto Bismarck Ende des 19. Jahrhunderts eingeführte Sozialversicherung ermöglichte erstmals in der Breite eine finanzielle Absicherung bei Krankheit für Arbeiter. Die Versicherung umfasste die Familienangehörigen und wurde schrittweise über Angestellte auf alle Berufsgruppen ausgeweitet. Weitere Versicherungen sicherten die Arbeitnehmer*innen auch in anderen Bereichen finanziell ab: Gesetzliche Unfallversicherung (seit dem Jahr 1884), gesetzliche Rentenversicherung (seit dem Jahr 1889), gesetzliche Arbeitslosenversicherung (seit dem Jahr 1927). Im Jahr 1995 wurden diese Versicherungen um eine gesetzliche Pflegeversicherung ergänzt, um den erhöhten Kostenbedarf aufgrund des demografischen Wandels zu decken.[46]

2. **Genossenschaften:** Hinter der Rechtsform der Genossenschaften verbirgt sich ein revolutionärer Gedanke: Statt den Besitz einer wirtschaftlich tätigen Organisation auf wenige zu beschränken, wird er auf für diese Organisation Tätige verteilt. Es gibt heute viele verschiedene Formen von Genossenschaften. Bereits mittelalterliche Zünfte wiesen genossenschaftliche Züge auf. Die neuzeitliche Genossenschaftsbewegung wurde von Friedrich Wilhelm Raiffeisen und Hermann Schulze-Delitzsch ins Leben gerufen, die beide fast gleichzeitig die ersten Genossenschaften aufbauten und damit für eine weitreichende Soziale Innovation sorgten. Im Zuge der Frage nach Vermögensverteilung und gerechter Teilhabe an wirtschaftlichen Erfolgen erleben Genossenschaften seit einigen Jahren wieder einen Aufschwung, zum Beispiel in Gestalt von Bürgerenergie-, Pflege- oder Sozialgenossenschaften.

3. **Fairtrade:** Fairtrade startete als soziale Bewegung für verantwortungsvollen Handel in der Mitte des 20. Jahrhunderts. Leitlinien sind die prak-

tische Umsetzung der Wirtschaftsethik und auf Vertrauen aufgebaute Handelsbeziehungen zwischen Lieferant*innen und Einkäufer*innen, insbesondere zwischen Organisationen des globalen Nordens auf der einen Seite und des globalen Südens auf der anderen. Heute sind Fairtrade-Produkte ein zwar kleiner, aber selbstverständlicher Teil der Produktpalette in Supermärkten – eine Soziale Innovation mit weitreichender Wirkung.

4. **Mikrokredite:** Viele Personen aus ärmeren Bevölkerungsschichten, vor allem im globalen Süden, haben kaum oder gar keinen Zugang zu Krediten. Das liegt daran, dass sie oft nur ein paar Hundert Euro benötigen, keine Kreditwürdigkeit nachweisen können und ihnen der Zugang zu öffentlichen und privaten Institutionen oft verwehrt bleibt. Dies gilt besonders für Frauen. Mikrokredite versuchen diese Probleme zu lösen, indem sie die Kredithöhe senken und Zugänge schaffen, die bis dato nicht vorhanden waren. Muhammad Yunus, der als einer der Begründer dieser Bewegung gilt, erhielt im Jahr 2006 den Friedensnobelpreis für seine Anstrengungen.

Jüngere Soziale Innovationen nutzen oft die Möglichkeit, die Technik ihnen bietet. Darunter zählen unter anderem:

- **Open Source:** Software, deren Programmierung von allen eingesehen, verändert und weiterverwendet werden kann, wird als Open Source bezeichnet. Entstehend aus der Hackerbewegung der 1970er-Jahre ermöglicht diese Soziale Innovation, dass Programme breit gestreut und partizipativ weiterentwickelt werden können.
- **Dezentralisierte autonome Organisation (DAO):** Die Technik hinter DAOs ermöglicht neue soziale Praktiken. Organisationen werden mithilfe der Blockchaintechnik als dezentralisierte Netzwerke geführt. Jede Person kann dort mitsprechen und die Entwicklung der Organisation mitbestimmen, insofern sie einen Anteil im DAO besitzt. Diese Organisationsform versucht, radikal gegensätzlich zu bestehenden Formen aufzutreten, da sie hierarchischen Entscheidungsstrukturen entgegenwirkt.

Alles im Fluss: Heutige und zukünftige Trends

Wie kann man sich die Zukunft der Menschheit vorstellen? Wie wird die Gesellschaft in hundert Jahren aussehen? Diese Fragen haben sich auch unsere Vorfahren bereits gestellt. Es hat Menschen schon immer beschäftigt, welche Möglichkeiten ihre Nachkommen in der Zukunft haben werden, in welchem Wohlstand sie leben werden und wie sie immer weiter in die Höhen des Undenkbaren vorstoßen.

Doch leider ist der Mensch nicht sehr gut in seinem Blick in die Zukunft. Das zeigen die retrospektiv teils sehr belustigenden Prognosen unserer Vorfahren um das Jahr 1900: fliegende Postboten, Unterseegondeln mit Walantrieb, Heizen mit strahlungsintensivem Radium. Der Fantasie waren fast keine Grenzen gesetzt.

Doch was selten gut prognostiziert wurde, war der Wandel, der sich im Handeln und Denken der Menschen vollziehen würde. Menschen sind nicht schlecht darin, technische Änderungen in die Zukunft zu extrapolieren und sich vorzustellen, welche Anwendungsgebiete und Vorteile gewisse Techniken bieten könnten. Aber wie neue Techniken das soziale Verhalten ändern oder wie eine Veränderung in ihrem Denken das Interesse an gewissen Technologien abebben oder aufleben lassen kann, das können sie nur schwerlich vorhersagen. Und so ist es kein Wunder, dass Menschen in der Vorstellung der Futurist*innen des 19. Jahrhunderts in Walgondeln sitzen oder Post an ihrem Balkon von den fliegenden Postbot*innen annehmen.

Auch unterscheiden sich zukünftige Menschen kaum im Aussehen ihrer Kleidung und ihrem Verhalten von denen, die die Bilder zeichnen. Noch in den 1960er-Jahren schwärmten Wissenschaftler im Rahmen einer Sendung zu neuen technischen Errungenschaften, welche großartigen Haushaltsgeräte im Jahr 2000 verfügbar sein würden, um der Hausfrau das Leben zu erleichtern. Dass das Konzept »Hausfrau« bis dahin nicht mehr in der damaligen Form existieren würde, wurde nicht einmal annähernd behandelt. Visionäre sahen technische Entwicklung als etwas Dynamisches, kulturelle und soziale Konstrukte hingegen eher als etwas Statisches – eine nachvollziehbare Haltung, wenn man noch mal bedenkt, wie lange es dauert, Gewohnheiten im Verhalten zu ändern.

Wenn Menschen heute in die Zukunft blicken, dann sehen sie dort kostenlose Energie aus kalter Fusion, Künstliche Intelligenz, die die menschliche Denkleistung übertrifft, Flugtaxis und das Hochladen ihres Geistes in die Cloud. Sie stellen sich ein Morgen voller funkelnder neuer Spielzeuge vor. Wertvorstellungen ändern sich in diesen Vorstellungen jedoch kaum – diese sind meist eins zu eins dieselben wie heute. Und das ist der größte Trugschluss: Dass Menschen davon überzeugt sind, dass sich alles um sie herum verändert, während sie selbst und ihre Nachkommen allen bekannten Werten treu bleiben werden. Sobald sich jedoch von der Entstehung der Zukunft als eine rein technische »Entwicklung« gelöst wird, sieht man die Dynamik der gesamten Gesellschaft. Hier sieht man viele weitere Arten der Innovation. Unter ihnen: Soziale Innovationen. Denn natürlich hat es auch immer Denker*innen gegeben, die sich mit sozialen Utopien beschäftigt haben und andere Formen des gesellschaftlichen Zusammenlebens entworfen haben.

Leider hat die Menschheit im Vergleich zu technischen Innovationen in den letzten Jahrzehnten weit weniger Zeit, Energie und Geld für die Erforschung Sozialer Innovationen aufgebracht. So fehlen an vielen Stellen noch genaue Daten und ein klares Verständnis von Sozialen Innovationen. Doch nachdem sich immer mehr Forscher*innen und Praktiker*innen mit dem Thema befassen, kommen auch in schnellerer Folge immer mehr neue Erkenntnisse zutage, und es ist abzusehen, dass in den nächsten Jahrzehnten ein immer klareres Verständnis darüber erlangt werden wird, was genau Soziale Innovationen ausmacht und wie sie am besten zu fördern sind.

In Deutschland hat sich in den letzten Jahren einiges in diesem Feld getan. Im Jahr 2014 kam mit der Erklärung »Soziale Innovationen für Deutschland« eine durch das Bundesministerium für Bildung und Forschung (BMBF) geförderte Publikation heraus[47], die Soziale Innovationen in den Fokus stellte. Dort heißt es:

> »Soziale Innovationen im Sinne neuer Praktiken zur Gestaltung sozialer Veränderungen sind allgegenwärtig und tragen zur gesellschaftlichen Entwicklung bei. Als eigene Form der Innovation rücken sie bisher jedoch kaum ins Bewusstsein. Wer an ›Innovationen‹ denkt, stellt sich meist technische Innovationen vor. Wenn es darum geht, wie unsere Mobilität umweltschonender, Krankheiten weniger bedrohlich oder die Energiewende erfolgreicher werden sollen, suchen die meisten nach

technischen Lösungen, anstatt neue soziale Praktiken zu entwickeln bzw. Lebensstile zu verändern. Ein einseitig nur auf Technologie ausgerichtetes Innovationsverständnis begrenzt das Lösungsspektrum. Ohnehin sind komplexe Probleme mit technischen Innovationen allein nicht zu lösen. Bildung, gesellschaftliche Integration und gute Arbeit brauchen vor allem neue Denkweisen (Change of Mentalities) und veränderte Praktiken. Die Potenziale neuer Technologien lassen sich nur dann entfalten, wenn diese in die Veränderungen sozialer Praktiken eingebettet sind. Insofern brauchen wir eine ganzheitliche Perspektive, in der sich technologische und Soziale Innovationen gegenseitig verstärken und so zur Lösung der großen gesellschaftlichen Herausforderungen beitragen.«

Seit dieser Erklärung rücken Soziale Innovationen in immer mehr Bereichen in den Fokus und werden auch auf die politische Agenda gesetzt.

Mit dem Impulspapier »Soziale Innovationen« für das Hightech-Forum der Bundesregierung wurde im Jahr 2019 der Begriff genauer definiert und seine Relevanz als Instrument zur Lösung großer gesellschaftlicher Herausforderungen weiter untermauert.[48] Außerdem wurde für eine Soziale Innovationsstrategie plädiert. Die Empfehlung des Hightech-Forums fand Anklang und wurde in die Hightech-Strategie für das Jahr 2025 des Bundes aufgenommen. Dort heißt es:[49]

»Neue Geschäftsmodelle, kreativwirtschaftliche Pionierlösungen, organisatorische Praktiken oder neue Formen des Lernens, Arbeitens und Zusammenlebens können eine größere Wirkmacht haben als einzelne Technologien. Häufig bedingen sie einander. Deshalb werden wir die Forschungsförderung verstärkt für Soziale Innovationen [sic!] öffnen und auf wichtige gesellschaftliche Ziele ausrichten.«

Daraufhin zeigte das BMBF im »Ressortkonzept zu Sozialen Innovationen«[50] Maßnahmen auf, mithilfe derer die Bundesregierung bereits auf die Etablierung Sozialer Innovationen hinarbeitet. Doch trotz der staatlichen Förderung einiger Programme zu Sozialen Innovationen ist das Gesamtergebnis bis dato noch eher ernüchternd – insbesondere verglichen mit den Investitionen, die in technische Innovationen fließen. Aber der Anfang ist gemacht und die Aufmerksamkeit für Soziale Innovationen steigt in vielen Bereichen.

Auch die Wirtschaft richtet sich allmählich auf die Möglichkeiten und die Notwendigkeit Sozialer Innovationen aus. Angeführt wird diese Entwicklung durch Sozialunternehmer*innen. Sie setzen in ihren Gründungen zuvorderst auf soziale und ökologische Ziele und nutzen Gewinne als Motor, um ihre gesellschaftlichen Ziele zu erreichen. Sie stehen damit im starken Kontrast zur Gewinnmaximierung der konventionellen Wirtschaft, aber im Einklang mit den Zielen der Weltgemeinschaft unter den Nachhaltigkeitszielen der Vereinten Nationen. Zunehmend werden sie auch in der Berichterstattung der Medien präsent, wo Social Entrepreneurship als Möglichkeit für die Lösungen der Herausforderungen der heutigen Zeit in Magazinen und Zeitschriften immer öfter beschrieben wird.

Durch diese Entwicklungen ist es zu erwarten, dass das Konzept Sozialer Innovationen in den nächsten Jahren in Politik, Wirtschaft und Zivilgesellschaft immer mehr Anklang finden wird. Der Grundstein ist gelegt. Und so kann sich die Menschheit schon jetzt auf einige neue soziale Praktiken freuen, die das Leben der Zukunft verändern wird. Genauso wenig wie die Technokrat*innen der 1960er-Jahre können auch wir nicht mit der Glaskugel in die Zukunft blicken. Aber einige sozialinnovative Trends zeichnen sich bereits jetzt ab, die mit großer Sicherheit das zukünftige Leben prägen können.

Einer dieser Trends ist die Kreislaufwirtschaft. Bei ihr geht es darum, dass die Ressourcen, die wir nutzen, nicht einfach am Ende ihres Gebrauchs als Zahnbürsten, Haustüren oder Handys auf der Mülldeponie landen oder verbrannt werden. Stattdessen geraten sie als Grundstoffe wieder ins System zurück. Die Zahnbürste wird zu Rohplastik eingeschmolzen, die Haustür findet in einem neuen Haus Verwendung und das Handy ist komplett in seine Einzelteile trennbar, die alle für sich an anderen Stellen wiederverwendet werden können. Nichts wird verschwendet; alles kehrt in den Kreislauf zurück. Damit dies möglich ist, erfordert es allerdings eine neue Art der Produktion, des Konsums und der Wiederverwertung. Verbundwerkstoffe, die beispielsweise unterschiedliche Metalle unzertrennbar miteinander verschmelzen, wären in diesem Produktionssystem nicht mehr verwendbar. Falls Menschen diesen Trend annehmen (eine Soziale Innovation!), würden sie ihre Kaufentscheidungen nicht mehr nach der neuesten Mode ausrichten, sondern nach Langlebigkeit und Wiederverwertbarkeit. »Fast Fashion« wäre damit Vergangenheit. Außerdem würden sich rund um das Recycling unzähliger Produkte und Stoffe neue Industrien entwickeln. Wo Deutschland heute versucht, Papier, gewisse Metalle und Plastikarten wieder in den Wertstoffkreislauf münden zu lassen, müssten in Zukunft alle Stoffe und alle Arten von Produkten wiederverwertbar sein. Angesichts der begrenzt verfügbaren Ressourcen ist dies ein Trend, der in der Zukunft zwangsläufig kommen wird.

Dieser Trend greift aber nicht nur bei offensichtlichen Konsumprodukten, sondern auch an Stellen an, wo sie nicht unbedingt erwartet werden – zum Beispiel bei der Verknappung der Phosphorvorkommen. In einem menschlichen Abfallprodukt ist nämlich viel Phosphor enthalten: in den Exkrementen. Technisch ist es verhältnismäßig einfach zu bewerkstelligen, die in Ausscheidungen enthaltenen Stoffe wiederzugewinnen. Doch geht das nicht sehr gut mit dem Wasserklosett, das heute in Deutschland genutzt wird. Denn hier gehen die wertvollen Fäkalien einfach den Bach runter – oder zumindest in eine Kläranlage. Mit dem Wasser gelangen jedoch sehr viele andere Stoffe in die Kläranlagen, die am Ende nicht herausgefiltert werden können. Dazu gehören Krankheitserreger, krebserregende Stoffe und Mikroplastik. Auf diese Weise gehen wichtige Stoffe wie Phosphor, Kalium, Stickstoff oder Magnesium in großen Mengen verloren. Mit den enthaltenen Wertstoffen könnten bis zu 25 Prozent der konventionellen synthetisch-mineralischen Dünger ersetzt werden. Stattdessen werden sie verbrannt oder in Deponien gelagert. Außerdem werden in diesem Sanitärsystem erheblich große Mengen an Wasser zum Transport der Fäkalien genutzt – ein Rohstoff, der durch die Klimakrise zu einem raren Gut wird. Demzufolge müsste das deutsche Sanitärsystem umgestellt werden, damit die Stoffe effizient aus den Abfallstoffen zurückgewonnen werden können, ohne dabei Unmengen an Wasser zu verwenden. Eine Sanitärwende ist nötig![51] Wasserspar- oder Trockentoiletten müssen die neue Norm werden, Gesetze müssen geändert werden, aber vor allem: Die Deutschen müssen ihre Routinen beim Aufs-Klo-Gehen ändern, damit diese Neuerung Fuß fassen kann.

Ein weiteres Beispiel ist das bedingungslose Grundeinkommen. Während wir dieses Buch schreiben, handelt es sich beim »BGE« um eine soziale Erfindung, die noch keine verbreitete Anwendung gefunden hat. Auch wenn schon einige Testläufe durchgeführt wurden, handelt es sich bisher nur um eine Idee. Das bedingungslose Grundeinkommen möchte allen Menschen ein gesichertes Einkommen geben, ungeachtet ihrer Herkunft, ihrer Beschäftigung, ihres Wohlstands oder ihres Alters – es ist bedingungslos. Jede*r Bürger*in erhält monatlich eine festgelegte Summe Geld überwiesen, ohne dass er oder sie etwas anderes tun muss als zu existieren.

Die Idee hinter dem bedingungslosen Grundeinkommen ist schon recht alt; bereits Thomas Morus schrieb im 15. Jahrhundert darüber. Es wird jedoch heute unter neuen Vorzeichen besonders stark diskutiert: Technische Hilfsmittel automatisieren immer mehr Arbeit, die bisher von Menschen erledigt wurde. An sich wäre dies noch nicht so schlimm. Schließlich ist dies einer der Gründe, wieso Menschen sie erfinden: Die Arbeit fällt leichter. Ist der Mensch aber von Erwerbsarbeit abhängig, um seinen Lebensunterhalt damit zu bestreiten, zerreißt ihm die Technik seine Gehaltsabrechnung. Immer mehr menschliche, bezahlte Tätigkeiten werden von Maschinen, Robotern, Künstlicher Intelligenz und automatisierten digitalen Prozessen übernommen. Durch die neuesten technischen Erfindungen, wie den neuesten Ergebnissen aus dem Machine Learning, werden nicht mehr nur die manuellen Tätigkeiten wegrationalisiert. Hier werden auch Berufe wie Jurist*innen, Künstler*innen und Bänker*innen angegriffen. Viele Menschen fragen sich zu Recht, wo dies enden wird. Wie viel Erwerbsarbeit wird es noch geben, sobald vor allem Künstliche Intelligenz ihren nächsten Reifegrad erreicht hat? Die Antwort derer, die im Bereich Künstlicher Intelligenz arbeiten, ist recht eindeutig: Es wird nicht mehr viele Jobs für Menschen geben – und dies wird schneller passieren, als man denkt. Das bedingungslose Grundeinkommen könnte damit zu einer Notwendigkeit werden, um die negativen Auswirkungen der neuen Technik auf die gesellschaftliche Struktur abzufangen. Hier findet sich ein Beispiel, bei dem technische Innovationen das Bedürfnis Sozialer Innovationen wecken beziehungsweise Soziale Innovationen eine Reaktion auf eine technische Novität sind. Ob das bedingungslose Grundeinkommen am Ende umgesetzt wird, ist unklar. Zumindest ist es ein Trend, den man im Auge behalten sollte.

Es gibt viele weitere Soziale Innovationen, die das Zusammenleben der Menschen in den nächsten Jahren beeinflussen werden. Bisher zeichnen sich einige schon als »soziale Erfindungen« ab, sind aber noch nicht weit genug in der Gesellschaft verbreitet. Diese sind oft Reaktionen auf Unstimmigkeiten oder auf das Versagen von Systemen.

Diesem Gedanken folgend, können gesellschaftliche Systeme in ihrer Funktionalität gemessen werden: Je besser sie die Funktionen erfüllen, die Menschen benötigen, desto weniger bedürfen sie Neuerungen. Je stärker ein

System versagt – da es beispielsweise die Bedürfnisse der Menschen nicht mehr befriedigen kann oder es von Veränderungen in anderen, angrenzenden Systemen überholt wurde –, desto mehr wächst der Änderungsdruck. Das deutsche Bildungssystem ist ein Bereich, der sich bisher stark vor zu großer Änderung gescheut hat. Auch die Systeme, die große Wohlstandsunterschiede zwischen Ländern und innerhalb von Ländern ermöglichen, sträuben sich gegen Neuerungen. Wir sind jedoch der Meinung, dass diese und viele weitere Institutionen reif sind für Soziale Innovationen. Mit dem richtigen Wissen über die Nutzbarmachung von gesellschaftlichem Wandel kann die Menschheit auch tief verankerte und hochkomplexe Systeme, die nicht mehr funktionieren, ändern und an aktuelle Bedarfe anpassen. Sicherlich sind dafür viel Geduld und Anstrengung notwendig, doch eine zukunftsfähige und nachhaltige Gesellschaft ist dieses Investment wert.

Einmal in die Hände gespuckt: Was jede*r tun kann

Was in diesem Buch hoffentlich deutlich geworden ist, sind die vielen Anknüpfungsstellen, bei denen angesetzt werden kann, um Soziale Innovation zu gestalten oder zu unterstützen. Im Folgenden listen wir einige Quellen und Ideen auf, die den Einstieg in eine konkrete und weiterführende Beschäftigung mit dem Thema erleichtern sollen.

Die folgenden und viele weitere Ressourcen haben wir auch auf unserer Website zusammengestellt:

- **sozialinnovation.de**

Mehr erfahren

Es gibt bereits viele spannende Bücher und Websites zum Thema Soziale Innovationen, Wirkung und systemischer Wandel, zum Beispiel:

- **Atlas Sozialer Innovationen:** Der Atlas Sozialer Innovationen zeigt auf einer interaktiven Karte und in zwei umfangreichen Publikationen, wo es bereits Soziale Innovationen gibt und wie sie funktionieren.[52]

- **Das hat System:** In der Studie »Das hat System« haben Odin Mühlenbein und Martina Zelt 16 Beispiele Sozialer Innovationen untersucht, die gesellschaftliche Strukturen verändern. Kurz, knackig und prägnant.[53]

- **Wirkung verstehen lernen:** Um besser zu verstehen, wie eine sozial und ökologisch positive Veränderung in der Gesellschaft gestaltet werden kann, ist eine Auseinandersetzung mit dem Thema Wirkung unabdingbar. Das Kursbuch Wirkung ist ein in der Praxis getesteter und von uns häufig angewandter Leitfaden für den Aufbau von Wirkungsmodellen.[54]
- **In Systemen denken:** Der Klassiker *Thinking in Systems – a Primer* von Donella Meadows ist ein niedrigschwelliger und spannender Einstieg in die Welt des systemischen Denkens. Das Buch öffnet und schärft den Blick für die Hebelwirkungen, die die Veränderung von Systemen ermöglichen.[55]
- **Schlanke Wirkung:** In vielen Fällen liegt man mit Annahmen falsch, und erst das Ausprobieren in der Realität bringt funktionierende Ideen zum Vorschein. In ihrem Buch *Lean Impact* beschreibt Ann Mei Chang, wie Wirkungsmodelle kostengünstig und realitätsnah entwickelt, ausprobiert und implementiert werden können.[56]
- **Sozialunternehmen kennenlernen:** In den Publikationen und der Website des Social Entrepreneurship Netzwerk Deutschland finden sich zahlreiche anschauliche Beispiele und Materialien für einen tieferen Einblick in Sozialunternehmertum.[57]

Mehr mitreden

Soziale Innovationen entstehen oft im informellen Rahmen, wenn Menschen sich über ihre Wertvorstellungen, Wünsche und Ängste austauschen. Überall gibt es Menschen, die sich Gedanken über Nachhaltigkeit und die Zukunft der Gesellschaft machen. Über soziale Netzwerke lassen sich entsprechend Gleichgesinnte finden und Diskussionsrunden organisieren. Für eine größere Bandbreite könnte reihum jeweils eine Person über ein für sie interessantes Thema rund um gesellschaftliche Herausforderungen sprechen, über dessen Ursachen und erste Lösungsmöglichkeiten anschließend in der Gruppe diskutiert wird.

Demonstrationen sind eine klassische Form, Probleme in den Fokus der Gesellschaft zu rücken. Die »For-Future-Bewegung« beispielsweise bietet hier einen guten ersten Startpunkt.[58]

Dank digitaler Zugänge kann heutzutage jede*r Texte publizieren. Magazine, Internetforen oder Kommentarsektionen bieten die Möglichkeit, über die gesellschaftlichen Herausforderungen zu sprechen beziehungsweise sie überhaupt bekannt zu machen. Denn nur diejenigen Probleme, die öffentlich besprochen werden, können letztendlich Beachtung durch Politik, Wirtschaft oder Zivilgesellschaft erhalten. Eine sehr aktive Community zum vertiefenden Austausch und zum Finden von Gleichgesinnten findet sich zum Beispiel auf der speziell für diesen Bereich errichteten Plattform reflecta.network.[59]

Politisch aktiv werden und sich einer Partei anzuschließen ist ein weiterer Weg, um für Werte einzutreten und Entscheidungen für eine nachhaltigere Zukunft mitzugestalten. Auf kommunaler Ebene gibt es Anlaufstellen der Parteien und Veranstaltungen, die für alle Interessierten offen sind. Politische Arbeit benötigt oft lange Zeit und ist meist von vielen Kompromissen und Rückschlägen geprägt. Doch mit einem langen Atem und einer diplomatischen Herangehensweise kann man durchaus neue Themen einbringen.

Wer an einer Hochschule oder einem Forschungsinstitut arbeitet, dessen Arbeit kann von großer Wichtigkeit für die zukünftige Lösung gesellschaftlicher Herausforderungen sein. Die gezielte Auswahl von Forschungsgegenständen rund um Soziale Innovationen kann dazu beitragen, die Ursache von Problemen und Zusammenhänge besser zu verstehen und passende Lösungsansätze zu entwickeln. Die Ergebnisse können nicht zuletzt den wissenschaftlichen und öffentlichen Diskurs prägen und die Grundlage für in der Praxis getroffene Entscheidungen sein.

Mehr unterstützen

Als Individuum kann man bestehende Soziale Innovationen auf unterschiedliche Arten auch im Alltag unterstützen. Eine der Möglichkeiten ist, Produkte zu kaufen, die von Sozialunternehmen hergestellt und/oder vertrieben werden, denn sie gehören zu den wichtigen Akteuren bei der Verbreitung Sozialer Innovationen. Auf der zum Buch gehörigen Website listen wir einige Onlineshops auf, die Produkte und Dienstleistungen von Sozialunternehmen anbieten.

Arbeitskraft wird immer gebraucht, sei es als hauptamtliche*r Mitarbeiter*in oder als ehrenamtliche*r Freiwillige*r: Sozialinnovator*innen, NGOs oder Sozialunternehmen benötigen tatkräftige Unterstützung in ihrem Wirken. Neben der konkreten Hilfe bei der Verbreitung von Sozialen Innovationen eröffnen sich dadurch auch Möglichkeiten, eine sinnstiftende Tätigkeit zu finden. Einige Onlineplattformen, die gezielt solche Stellen vermitteln, finden sich auf der zum Buch gehörigen Website.

Mehr selbst starten

Wer sich für gesellschaftliche Themen interessiert, hat meist auch die ein oder andere gesellschaftliche Herausforderung, die ihm oder ihr besonders am Herzen liegt. Vielleicht geht man auch schon mit ersten Ideen schwanger, wie sie zu lösen sein könnten. Doch selbst und allein aus einer Idee eine Innovation zu machen, ist nicht einfach, vor allem, wenn das Ganze in der Gründung eines Unternehmens oder einer anderen Organisation geschehen soll. Auch wenn noch keine strukturelle Förderung existiert, gibt es einige Organisationen, die auf dem Weg zur*m Sozialinnovator*in unterstützende Begleitung anbieten. Eine Liste dieser Organisationen und mit weiteren Links zur Gründung findet sich auf der Website zum Buch.

Man muss nicht gleich Gründer*in werden, um soziale Ideen umzusetzen. Genauso gut ist es, innerhalb bestehender Strukturen Soziale Innovationen umzusetzen. Ob als Verwaltungsmitarbeiter*in, Angestellte*r in einem Unternehmen oder Berater*in: Das berufliche Umfeld kann man entsprechend beeinflussen. Niedrigschwellig kann man sich etwa dafür einsetzen, dass Einkäufe für die Firma bei nachhaltigen Händler*innen getätigt werden – das geht schon beim Fairtrade-Kaffee für die Pausenküche los.

Ein etwas größerer Schritt ist es, als Social *Intra*preneur*in aktiv zu sein. Das bedeutet, die Organisation, in der man tätig ist, auf einen sozial, ökologisch und ökonomisch nachhaltigen Weg zu bringen. So könnte man Projekte starten, um Menschen aus benachteiligten Gruppen in der Organisation zu fördern beziehungsweise gezielter einzustellen; man könnte mit NGOs zusammenarbeiten, um die Produkte des Unternehmens für einkommensschwache Bevölkerungsgruppen erschwinglich zu machen oder man könnte dafür sorgen, dass die Lieferketten auf möglichst viele Sozialunternehmen als Zulieferer umfassen.

Schlusswort

In diesem Buch sind wir in die Welt der Sozialen Innovationen eingetaucht. Zu Beginn beleuchteten wir, wieso Technik und technische Innovationen nicht ausreichen, um die heutigen und morgigen gesellschaftlichen Herausforderungen anzugehen. Mit der Betrachtung einiger drängender gesellschaftlicher Herausforderungen unterstrichen wir diesen Punkt und leiteten eine genauere Erklärung ein, wieso: Die Welt ist komplex. Um Lösungen zu erarbeiten, die auch wirklich funktionieren, braucht es Soziale Innovationen. In den letzten Kapiteln haben wir erklärt, wie Soziale Innovationen aufgebaut sind, welche Hürden sie noch von der Entfaltung ihres vollen Potenzials abhalten und was du als Leser*in machen kannst. Damit sollte ja alles klar sein! Ein paar Maßnahmen, ein paar Aktivitäten, schon kann man loslegen und alles besser machen, ist doch ganz einfach, nicht wahr?

Nein, das ist es natürlich nicht, und wir beide können ein Lied davon singen. In unserer Arbeit versuchen wir seit über acht Jahren, das Konzept von Social Entrepreneurship als unternehmerische Variante von Sozialen Innovationen in Deutschland voranzubringen. Als wir anfangs in Mainz starteten, bekamen wir dank der kurzen regionalen Wege recht schnell die Möglichkeit zu Gesprächen mit Kommunal- und Landesregierungen. Doch das Thema zog noch nicht so recht, und als zwei vereinzelte Fürsprecher*innen waren wir nicht relevant genug. Man hörte uns zu, lobte unser Engagement und konnte weiter nichts für uns tun. Uns fehlten Netzwerk und Legitimation. Unser Hebel war einfach noch zu schwach, um wirklich Druck auf das System auszuüben. Neben unserer fortgesetzten inhaltlichen Arbeit entstand die Idee, einen Verband für Social Entrepreneurs zu gründen, um eine größere Anzahl an Menschen mit einer Stimme sprechen zu lassen. Durch Zufall kamen wir in Kontakt mit einer Handvoll Personen in Berlin, die genau das Gleiche vorhatten, und wir legten unsere Anstrengungen zusammen. Zunächst galt es, zu schauen, ob es überhaupt einen Bedarf an einem Verband geben würde. Testlauf war eine Crowdfunding-Kampagne, bei der wir nicht nur Gelder für den Beginn der operativen Arbeit einsammeln wollten, sondern vor allem viele Unterstützer*innen und Sozialunternehmer*innen zusammenbringen, die auf genau so ein Netzwerk zum Austausch und Verbünden gewartet hatten. Die Kampagne war erfolgreich und der Grundstein für die weitere Arbeit.

Durch den Verband erhielten unsere Gespräche mit Entscheidungsträger*innen in Politik, Verwaltung, Forschung und ähnlichen Stellen ein neues Gewicht. Doch je engagierter wir bessere Rahmenbedingungen forderten, desto mehr Legitimation wurde auch uns abverlangt. So fehlten schlicht offizielle Zahlen und Daten zu Social Entrepreneurship – also riefen wir einen Monitor zur Datenerhebung ins Leben. Dieser Monitor ist inzwischen zusammen mit anderen Publikationen eine der wichtigsten Grundlagen für Gespräche mit Entscheidungsträger*innen aus Politik, Zivilgesellschaft oder der Stiftungswelt. Die kontinuierliche inhaltliche Aufarbeitung der Bedürfnisse von Social Entrepreneurs in Verbindung mit einer stetig wachsenden Mitgliederzahl gab unseren Anstrengungen endlich den notwendigen Rückenwind. Die Hebel in Hinsicht auf Zugänge zu Institutionen und Personen sowie die finanziellen und zeitlichen Aufwände konnten nur in einem großen Netzwerk betätigt werden. Doch mit diesen Hebeln sind endlich wichtige Anstöße zu einem Ausbau von Social Entrepreneurship und Sozialen Innovationen in Deutschland gelungen.

Wir schauen mit Stolz und Freude zurück, dennoch war die Zeit von großer Anstrengung, Unsicherheit und Rückschlägen geprägt. Uns ist deshalb sehr genau bewusst, wie viel Mühe die Etablierung von Sozialen Innovationen bedeutet. Und dabei ist unsere Arbeit für bessere Rahmenbedingungen auch nur ein Puzzleteil.

Und wir sehen, was noch vor uns – uns allen – an Aufgaben liegt, um Soziale Innovationen zu einem Standard in der Innovationslandschaft zu etablieren, in der Menschen wie unsere Gastautor*innen auf eine gut ausgestattete Begleitstruktur zugreifen können. Es ist noch ein langer Weg dorthin. Doch er ist es wert, denn die anstehenden Herausforderungen sind für uns als Gesellschaft, als Menschheit, zu groß, um nicht jede Möglichkeit zu ihrer Bewältigung zu ergreifen. Soziale Innovationen bergen jede Menge ungehobenes Potenzial. Ihre systematische Förderung und Anwendung bieten eine Chance, auf die zu verzichten wir uns schlicht nicht leisten können.

Bisher mögen Soziale Innovationen noch nicht bekannt genug sein, als Konzept nicht greifbar genug und für viele noch ein blinder Fleck. Das Wissen darüber, wie man Soziale Innovationen gezielt und zielgerichtet aufbauen und anwenden kann, steckt noch in den Kinderschuhen und wurde noch nicht systematisch zusammengetragen.

Doch die ersten Schritte sind getan und mit den begonnenen Entwicklungen in Wirtschaft, Zivilgesellschaft, Forschung und Politik wird es unserer Ansicht nach in den nächsten zehn Jahren zu einer Wissensexplosion rund um Soziale Innovationen kommen. Und dieses Wissen kann uns allen bei der Bewältigung sehr vieler Krisen helfen und verwandelt die Sorge vor der Zukunft in die Zuversicht, dass wir als Menschen jederzeit etwas tun können und auch in schwierigen Zeiten handlungsfähig bleiben.

Danksagung

Wir wollen ganz herzlich unseren Interviewpartner*innen danken, die uns ihre Erfahrungen und Expertise zur Verfügung gestellt haben: Christoph Schmitz (Acker), Dr. Friedericke Hardering (Uni Münster), Dr. Jutta Deffner (ISOE), Dr. Jürgen Howaldt (TU Dortmund), Odin Mühlenbein (Ashoka Deutschland), Laura Kromminga (Berliner Senat für Wirtschaft, Energie und Betriebe), Philipp von der Wippel (ProjectTogether) und Zarah Bruhn (SocialBee, Beauftragten für Soziale Innovationen).

Ein großer Dank gilt auch unseren Gastautor*innen. Mit ihrem Engagement für soziale und ökologische Nachhaltigkeit sorgen sie für ein Umdenken in Deutschland. Ihre Beiträge erleuchten beispielhaft, wie die Zukunft aussehen könnte. Danke an Anika Oppermann, Christina Schulze, Dr. Christoph Harrach, Fabian Gebert, Inke Magens, Kevin Herschbach, Marcus Maxeiner, Mona Knorr und Timm Duffner.

Außerdem sprechen wir einen herzlichen Dank unseren Gastleser*innen aus, die durch ihr kritisches, aber immer wohlwollendes Feedback unsere Publikation auf das nächste Level gehoben haben: Arian Ajiri, Cem Canpolat, Katrin Elsemann, Laura Haverkamp, Lisa Heilig, Marian Lukacsev, Robert Plaß und Sabine Wunsch.

Anmerkungen

Kapitel 1
Einleitung

1 Statistisches Bundesamt (ohne Datum): Lebenserwartung von Männern und Frauen in Deutschland; https://www.destatis.de/DE/Themen/Gesellschaft-Umwelt/Bevoelkerung/Sterbefaelle-Lebenserwartung/_inhalt.html; zuletzt aufgerufen am 06. 05. 2023.

2 Alle Daten berechnet mithilfe von Gapminder: https://www.gapminder.org/. BIP pro Einwohner*in, inflationsbereinigt, PPP.

3 Wie falsch wir liegen können, sehen wir an diesem ausgesprochen spannenden Quiz von Gapminder: https://upgrader.gapminder.org/.

4 Statistisches Bundesamt (ohne Datum): Erwerbstätigkeit; https://www.destatis.de/DE/Themen/Arbeit/Arbeitsmarkt/Erwerbstaetigkeit/_inhalt.html; zuletzt aufgerufen am 06. 05. 2023.

5 Clarke A. C. (2013): Profiles of the Future; Orion.

6 Wikipedia (ohne Datum): Sklaverei im Römischen Reich; https://de.wikipedia.org/wiki/Sklaverei_im_R%C3%B6mischen_Reich; zuletzt aufgerufen am 06. 05. 2023.

7 Walk Free (2018): Global Slavery Index – Findings; https://www.globalslaveryindex.org/2018/findings/global-findings/; zuletzt aufgerufen am 06. 05. 2023.

8 Umweltbundesamt (2023): Energieverbrauch nach Energieträgern und Sektoren; https://www.umweltbundesamt.de/daten/energie/energieverbrauch-nach-energietraegern-sektoren#allgemeine-entwicklung-und-einflussfaktoren; zuletzt aufgerufen am 06. 05. 2023.

9 Vgl. Armaroli N., Balzani V. (2011): Energy for a Sustainable World: From the Oil Age to a Sun-Powered Future, S. 29.

10 Berechnet bei einer Wattleistung von 80 pro Stunde pro Person, bei 14 Stunden Arbeit pro Tag und arbeitsfreien Sonntagen.

11 Wissenschaftsrat (2015): Zum wissenschaftspolitischen Diskurs über große gesellschaftliche Herausforderungen; herunterladbar unter: https://www.wissenschaftsrat.de/download/archiv/4594-15.html; zuletzt aufgerufen am 06. 05. 2023.

12 Willetts S. D. (2011): The Pinch: How the Baby Boomers Took Their Children's Future – And Why They Should Give It Back, Atlantic Books.

13 Bostrom N. (2011): Existential Risks: Analyzing Human Extinction Scenarios and Related Hazards; https://nickbostrom.com/existential/risks; zuletzt aufgerufen am 06. 05. 2023.

14 Rockström J., Steffen W., Noone K., Persson Å., Chapin III F. S., Lambin E., Lenton T. M., Scheffer M., Folke C., Schellnhuber H. J., Nykvist B., de Wit C. A., Hughes T., van der Leeuw S., Rodhe H., Sörlin S., Snyder P. K., Costanza R., Svedin U., Falkenmark M., Karlberg L., Corell R. W., Fabry V. J., Hansen J., Walker B., Liverman D., Richardson K., Crutzen P., Foley J. (2009): Planetary Boundaries. Exploring the Safe Operating Space for Humanity; in: Ecology and Society, Band 14, Nr. 2.

15 Vgl. https://www.overshootday.org/; zuletzt aufgerufen am 06. 05. 2023.

16 Vgl. Kate Raworth (2017): What on Earth is the Doughnut?…; https://www.kateraworth.com/doughnut/; zuletzt aufgerufen am 06. 05. 2023.

17 Die Klimakrise ist hier ein gutes Beispiel. Eine wichtige Annahme, um sie als relevant einzustufen, ist: Wissenschaftler*innen haben das Beste für die Menschheit im Sinne und produzieren glaubhafte Ergebnisse. Folgt man dieser Annahme nicht, sondern der Vorstellung, dass hinter den Berichten über die Klimakrise eine »Elite steckt, die nur Geld machen will«, ist die Wahrscheinlichkeit groß, dass man auch den Prognosen der Klimaforscher*innen keine Relevanz beimisst und sie als unglaubwürdig abtut.

Kapitel 2
Die Herausforderungen unserer Zeit

1 UN Environment (2017): Land Degradation – Factsheet; abrufbar unter: https://www.unep.org/resources/factsheet/land-degradation-factsheet; zuletzt aufgerufen am 06. 05. 2023.

2 Bundesinformationszentrum Landwirtschaft (zuletzt aktualisiert 2022): Boden in Gefahr: Erosion in der Landwirtschaft; https://www.landwirtschaft.de/landwirtschaft-verstehen/wie-funktioniert-landwirtschaft-heute/boden-in-gefahr-erosion-in-der-landwirtschaft; zuletzt aufgerufen am 06. 05. 2023.

3 Bodenwelten (ohne Datum): Wie entsteht Humus?; https://www.bodenwelten.de/content/wie-entsteht-humus; zuletzt aufgerufen am 06. 05. 2023.

4 taz (2020): Umstellung auf Biolandwirtschaft: Schwieriger Wechsel; https://taz.de/Umstellung-auf-Biolandwirtschaft/!5654326/; zuletzt aufgerufen am 06. 05. 2023. In Verbindung mit: NABU (ohne Datum): Vorteile das Ökolandbaus: Basisinfos zur ökologischen Bewirtschaftungsform; https://www.nabu.de/natur-und-landschaft/landnutzung/landwirtschaft/anbaumethoden/oekolandbau/oekolandbau.html; zuletzt aufgerufen am 06. 05. 2023.

5 Bodenwelten (ohne Datum): Mögliche Auswirkungen auf den Boden; https://www.bodenwelten.de/content/moegliche-auswirkungen-auf-den-boden; zuletzt aufgerufen am 06. 05. 2023.

6 Netzwerk Solidarische Landwirtschaft (ohne Datum): Was ist Solidarische Landwirtschaft?; https://www.solidarische-landwirtschaft.org/startseite; zuletzt aufgerufen am 06. 05. 2023.

7 Netzwerk Solidarische Landwirtschaft (ohne Datum): Vision und Grundprinzipien; https://www.solidarische-landwirtschaft.org/das-konzept/vision-und-grundprinzipien; zuletzt aufgerufen am 06. 05. 2023.

8 Mehr zu diesem Thema findet sich hier: WirGarten (2022): Mit Bürgergenossenschaften die Zukunft sichern; in: Ökologie & Landbau, Ausgabe 3, 2022, S. 46 f.; hier abrufbar: https://www.wirgarten.com/wp-content/uploads/sites/9/2022/06/OEL_2022_03_46_47_WirGarten.pdf; zuletzt aufgerufen am 06. 05. 2023.

9 Statistisches Bundesamt, Wissenschaftszentrum Berlin für Sozialforschung, Bundesinstitut für Bevölkerungsschutz (2021): Datenreport 2021: Ein Sozialbericht für die Bundesrepublik Deutschland; https://www.destatis.de/DE/Service/Statistik-Campus/Datenreport/Downloads/datenreport-2021.html; zuletzt aufgerufen am 06. 05. 2023.

10 Bundeszentrale für politische Bildung (2021): Verteilung von Armut + Reichtum: Grundsicherung und Armutsbekämpfung; https://www.bpb.de/themen/soziale-lage/verteilung-von-armut-reichtum/325377/grundsicherung-und-armutsbekaempfung/; zuletzt aufgerufen am 06. 05. 2023.

11 Bundeszentrale für politische Bildung (2021): Verteilung von Armut + Reichtum: Erosion der Mittelschicht?; https://www.bpb.de/themen/soziale-lage/verteilung-von-armut-reichtum/272028/erosion-der-mittelschicht/; zuletzt aufgerufen am 06. 05. 2023.

12 Statistisches Bundesamt, Wissenschaftszentrum Berlin für Sozialforschung, Bundesinstitut für Bevölkerungsschutz (2021): Datenreport 2021: Ein Sozialbericht für die Bundesrepublik Deutschland; https://www.destatis.de/DE/Service/Statistik-Campus/Datenreport/Downloads/datenreport-2021.html; zuletzt aufgerufen am 06. 05. 2023. Vgl. auch: Statistisches Bundesamt (ohne Datum): Lebensbedingungen und Armutsgefährdung; https://www.destatis.de/DE/Themen/Gesellschaft-Umwelt/Einkommen-Konsum-Lebensbedingungen/Lebensbedingungen-Armutsgefaehrdung/_inhalt.html; zuletzt aufgerufen am 06. 05. 2023.

13 Robert Koch-Institut (2014): Soziale Unterschiede in der Mortalität und Lebenserwartung; in: GBE KOMPAKT, Ausgabe 2, 2014, 5. Jahrgang.

14 Bundesministerium für Arbeit und Soziales (2021): Lebenslagen in Deutschland: Der Sechste Armuts- und Reichtumsbericht der Bundesregierung; hier abrufbar: https://www.armuts-und-reichtumsbericht.de/DE/Bericht/Der-sechste-Bericht/sechster-bericht.html; zuletzt aufgerufen am 06. 05. 2023.

15 Zeit Online (2020): Das obere Prozent; https://www.zeit.de/wirtschaft/2020-07/vermoegensverteilung-deutschland-diw-studie-ungleichheit; zuletzt aufgerufen am 06. 05. 2023. In Verbindung mit: Credit Suisse Research Institute (2022): Global Wealth Report 2022: Leading perspective to navigate the future, S. 31; abrufbar unter: https://www.credit-suisse.com/about-us/en/reports-research/global-wealth-report.html; zuletzt aufgerufen am 06. 05. 2023.

16 Die Daten beziehen sich auf die Jahre 2018 für Einkommen und 2021 für Vermögen.

17 Diese Freibeträge z. B. bei BAföG oder Bürgergeld/ALG2 wurden zum 01. 01. 2023 allerdings angehoben. Vgl. bspw.: https://www.bafoeg-aktuell.de/bafoeg-vermoegen/#Welche-Freibetraege-auf-das-Vermoegen-gelten; zuletzt aufgerufen am 06. 05. 2023.

18 Zeit Online (2020): Das obere Prozent; https://www.zeit.de/wirtschaft/2020-07/vermoegensverteilung-deutschland-diw-studie-ungleichheit; zuletzt aufgerufen am 06. 05. 2023.

19 Ebenda.

20 Statistisches Bundesamt (2021): Durchschnittliche Schulden je Gläubigerart, 2021; https://www.destatis.de/DE/Themen/Gesellschaft-Umwelt/Einkommen-Konsum-Lebensbedingungen/Vermoegen-Schulden/Tabellen/durchschnittliche-schulden-privaterpersonen.html; zuletzt aufgerufen am 06. 05. 2023.

21 Boniversum (2022): SchuldnerAtlas Deutschland 2022: Überschuldung von Verbrauchern; abrufbar unter: https://www.boniversum.de/aktuelles-studien/schuldner-atlas; zuletzt aufgerufen am 06. 05. 2023.

22 Kommunikation und Presse Johannes Gutenberg Universität Mainz (2011): Überschuldete Menschen sind häufiger krank: Mainzer Studie zeigt Zusammenhang zwischen schlechtem Gesundheitszustand und Überschuldung; https://presse.uni-mainz.de/ueberschuldete-menschen-sind-haeufiger-krank/; zuletzt aufgerufen am 06. 05. 2023.

23 Rüger H., Löffler K. I., Ochsmann E., Alsmann C., Letzel S., Münster E. (2010): Psychische Erkrankung und Überschuldung. Psychische Erkrankung, soziale Netzwerke und finanzielle Notsituation bei Überschuldung; in: Psychotherapie – Psychosomatik – Medizinische Psychologie, Ausgabe 60, S. 250–254; abrufbar unter: https://www.thieme-connect.de/products/ejournals/abstract/10.1055/s-0029-1202364; zuletzt aufgerufen am 06. 05. 2023.

24 Bertelsmann Stiftung (2023): Factsheet: Kinder- und Jugendarmut in Deutschland; abrufbar unter: https://www.bertelsmann-stiftung.de/de/publikationen/publikation/did/factsheet-kinder-und-jugendarmut-in-deutschland; zuletzt aufgerufen am 06. 05. 2023.

25 Bundeszentrale für politische Bildung (2021): Verteilung von Armut + Reichtum: Verteilungsdimensionen – Verteilung von was?; https://www.bpb.de/themen/soziale-lage/verteilung-von-armut-reichtum/237395/verteilungsdimensionen-verteilung-von-was/; zuletzt aufgerufen am 06. 05. 2023.

26 Bundeszentrale für politische Bildung (2021): Verteilung von Armut + Reichtum: Gefährdung des gesellschaftlichen Zusammenhalts; https://www.bpb.de/themen/soziale-lage/verteilung-von-armut-reichtum/272035/gefaehrdung-des-gesellschaftlichen-zusammenhalts/; zuletzt aufgerufen am 06. 05. 2023.

27 Bundeszentrale für politische Bildung (2015): Verteilung von Armut + Reichtum: Bildungsaufstieg – (K)eine Frage von Leistung allein?; https://www.bpb.de/themen/bildung/dossier-bildung/205371/bildungsaufstieg-k-eine-frage-von-leistung-allein/; zuletzt aufgerufen am 06. 05. 2023.

28 Bundeszentrale für politische Bildung (2021): Verteilung von Armut + Reichtum: Gefährdung des gesellschaftlichen Zusammenhalts; https://www.bpb.de/themen/soziale-lage/verteilung-von-armut-reichtum/272035/gefaehrdung-des-gesellschaftlichen-zusammenhalts/; zuletzt aufgerufen am 06. 05. 2023. In Verbindung mit: Tagesspiegel (2016): Reichtum und Verteilung: »Ungleichheit hat desaströse Folgen«; https://www.tagesspiegel.de/politik/reichtum-und-verteilung-ungleichheit-hat-desastroese-folgen/13972784.html; zuletzt aufgerufen am 06. 05. 2023.

29 Hanauer N. (2014): The Pitchforks Are Coming… For Us Plutocrats, in: Politico Magazine; https://www.politico.com/magazine/story/2014/06/the-pitchforks-are-coming-for-us-plutocrats-108014/; zuletzt aufgerufen am 06. 05. 2023.

30 NASA (ohne Datum): Global Precipitation Measurement: How does climate change affect precipitation?; https://gpm.nasa.gov/resources/faq/how-does-climate-change-affect-precipitation; zuletzt aufgerufen am 06. 05. 2023.

31 Wikipedia (ohne Datum): Northern Sea Route; https://en.wikipedia.org/wiki/Northern_Sea_Route; zuletzt aufgerufen am 06. 05. 2023.

32 Deutsche Bundesregierung (2019): Auswirkungen des Klimawandels: Konsequenzen für Deutschland und die Welt; https://www.bundesregierung.de/breg-de/themen/klimaschutz/auswirkungen-klimawandel-1669160; zuletzt aufgerufen am 06. 05. 2023.

33 Statista (ohne Datum): Güterbeförderung in der deutschen Binnenschifffahrt im Zeitraum der Jahre 1950 bis 2022; https://de.statista.com/statistik/daten/studie/38262/umfrage/gueterbefoerderung-in-der-deutschen-binnenschifffahrt-seit-1950/; zuletzt aufgerufen am 06. 05. 2023. In Verbindung mit: Tagessschau (2022): Niedrige Pegelstände: Zu wenig Wasser – was das für Flüsse bedeutet; https://www.tagesschau.de/wissen/klima/niedrigwasser-fluesse-folgen-101.html; zuletzt aufgerufen am 06. 05. 2023.

34 Bundesministerium für Wirtschaft und Energie (2014): Klimacheck: Leitfaden zum Management von Klimarisiken im industriellen Mittelstand; abrufbar unter: https://adelphi.de/de/publikationen/klimacheck-leitfaden-zum-management-von-klimarisiken-im-industriellen-mittelstand; zuletzt aufgerufen am 06. 05. 2023.

35 Umweltbundesamt (2016): Ergebnispapier des Stakeholderdialogs zur Klimaanpassung: Indirekte Effekte des globalen Klimawandels auf die deutsche Wirtschaft; https://www.umweltbundesamt.de/sites/default/files/medien/656/dokumente/ergebnispapier_indirekte_effekte_des_globalen_klimawandels_auf_die_deutsche_wirtschaft_final.pdf; zuletzt aufgerufen am 06. 05. 2023. In Verbindung mit: Umweltbundesamt (2020): Folgen des globalen Klimawandels für Deutschland: Abschlussbericht: Analysen und Politikempfehlungen; abrufbar unter: https://www.umweltbundesamt.de/publikationen/folgen-des-globalen-klimawandels-fuer-deutschland-0; zuletzt aufgerufen am 06. 05. 2023.

36 UNHCR (2021): Global Trends: Forced Displacement in 2021; S. 10 f.; abrufbar unter: https://data.unhcr.org/en/documents/details/93791; zuletzt aufgerufen am 06. 05. 2023.

37 Umweltbundesamt (2022): Ressourcennutzung in Deutschland; https://www.umweltbundesamt.de/themen/abfall-ressourcen/ressourcenschonung-in-produktion-konsum/ressourcennutzung-in-deutschland; zuletzt aufgerufen am 06. 05. 2023.

38 Umweltbundesamt (2022): Erdüberlastungstag: Ressourcen für 2022 verbraucht; https://www.umweltbundesamt.de/themen/erdueberlastungstag-ressourcen-fuer-2022-verbraucht; zuletzt aufgerufen am 06. 05. 2023.

39 Schweizerische Akademie der Technischen Wissenschaften (2010): SATW Schrift Nr. 41: Seltene Metalle; abrufbar unter: https://www.satw.ch/fileadmin/user_upload/documents/02_Themen/06_Rohstoffe/SATW-Seltene-Metalle_DE.pdf; zuletzt aufgerufen am 06. 05. 2023.

40 Die acht weiteren planetaren Grenzen sind Klimawandel, Versauerung der Weltmeere, die Ozonschicht, Stickstoff, Trinkwasser, Landnutzung, chemische Verschmutzung, Aerosolbelastung und Biodiversität.

41 Die anderen zwei Grundstoffe von Düngemittel sind Stickstoff und Kalium.

42 Cordell D., White S. (2011): Peak Phosphorus: Clarifying the Key Issues of a Vigorous Debate about Long-Term Phosphorus Security; in: Sustainability 2011, Ausgabe 3, S. 2027–2049; abrufbar unter: https://www.mdpi.com/2071-1050/3/10/2027; zuletzt aufgerufen am 06. 05. 2023.

43 Riffreporter (2021): Phosphor in Zahlen: Konzentrierte Macht auf dem Weltmarkt; https://www.riffreporter.de/de/umwelt/phosphat-reserven-preis; zuletzt aufgerufen am 06. 05. 2023.

44 Cordell D., White S. (2011): Peak Phosphorus: Clarifying the Key Issues of a Vigorous Debate about Long-Term Phosphorus Security; in: Sustainability 2011, Ausgabe 3, S. 2027–2049; abrufbar unter: https://www.mdpi.com/2071-1050/3/10/2027; zuletzt aufgerufen am 06. 05. 2023.

45 Bertelsmann Stiftung (2022): Megatrend-Report #04: Die Rückkehr der Knappheit: Wie globale Demografie, Deglobalisierung und Dekarbonisierung Verteilungskonflikte verschärfen, S. 32; abrufbar unter: https://www.bertelsmann-stiftung.de/de/publikationen/publikation/did/megatrend-report-4-die-rueckkehr-der-knappheit; zuletzt aufgerufen am 06. 05. 2023.

46 Prognos (2022): Extremwetterschäden in Deutschland seit 2018; abrufbar unter: https://www.prognos.com/sites/default/files/2022-07/Prognos_Klimawandelfolgen Deutschland_Kurzzusammenfassung_Extremwettersch%C3%A4den%20seit%202018_AP2_3d_.pdf; zuletzt aufgerufen am 06. 05. 2023.

47 Flaute M., Reuschel S., Stöver B. (2022): Volkswirtschaftliche Folgekosten durch Klimawandel: Szenarioanalyse bis 2050. Studie im Rahmen des Projektes Kosten durch Klimawandelfolgen in Deutschland; in: GWS Research Report 2022/02; abrufbar unter: https://gws-os.com/de/publikationen/gws-research-reports/detail/volkswirtschaftliche-folgekosten-durch-klimawandel-szenarioanalyse-bis-2050; zuletzt aufgerufen am 06. 05. 2023.

48 Aktuar (2021): Welche Folgen hat der Klimawandel für die Versicherungen?; abrufbar unter: https://aktuar.de/fachartikelaktuaraktuell/2021_AA54_Klimawandel.pdf; zuletzt aufgerufen am 06. 05. 2023.

49 Bundesministerium für Wirtschaft und Klimaschutz (ohne Datum): Deutsche Klimaschutzpolitik: Verbindlicher Klimaschutz durch das Bundes-Klimaschutzgesetzhttps://www.bmwk.de/Redaktion/DE/Artikel/Industrie/klimaschutz-deutsche-klimaschutz politik.html; zuletzt aufgerufen am 06. 05. 2023.

50 Falls wir nicht bereit sein werden, Maßnahmen zu finanzieren, die die Klimakrise abschwächen wird, werden stattdessen die oben beschriebenen Folgekosten durch extreme Wetterevents steigen. Wie auch immer wir uns entscheiden: Die Kosten werden wir so oder so tragen müssen.

51 International Energy Agency (2021): World Energy Outlook 2021; S. 38; abrufbar unter: https://www.iea.org/reports/world-energy-outlook-2021; zuletzt aufgerufen am 06.05.2023.

52 Bertelsmann Stiftung (2022): Megatrend-Report #04: Die Rückkehr der Knappheit: Wie globale Demografie, Deglobalisierung und Dekarbonisierung Verteilungskonflikte verschärfen, S. 32 ff.; abrufbar unter: https://www.bertelsmann-stiftung.de/de/publikationen/publikation/did/megatrend-report-4-die-rueckkehr-der-knappheit; zuletzt aufgerufen am 06.05.2023.

53 Statistisches Bundesamt (2021): Tag der Jugend: Anteil der Menschen zwischen 15 und 24 Jahren auf Tiefststand; https://www.destatis.de/DE/Presse/Pressemitteilungen/Zahl-der-Woche/2021/PD21_32_p002.html; zuletzt aufgerufen am 06.05.2023.

54 Statistisches Bundesamt (2021): Bevölkerung: Demografischer Wandel; https://www.destatis.de/DE/Themen/Querschnitt/Demografischer-Wandel/_inhalt.html; zuletzt aufgerufen am 06.05.2023. In Verbindung mit: Statistisches Bundesamt (2019): Bevölkerung im Wandel, Annahmen und Ergebnisse der 14. koordinierten Bevölkerungsvorausberechnung; abrufbar unter: https://www.destatis.de/DE/Presse/Pressekonferenzen/2019/Bevoelkerung/bevoelkerung-uebersicht.html; zuletzt aufgerufen am 06.05.2023. In Verbindung mit der interaktiven Webseite des Statistisches Bundesamtes: https://service.destatis.de/bevoelkerungspyramide/#!y=2059&v=2; zuletzt aufgerufen am 06.05.2023.

55 Sverdrup H. U., Koca D., Ragnarsdóttir K. V. (2013): The world 5 model. Peak metals, minerals, energy, wealth, food and population. Urgent policy considerations for a sustainable society; Conference Paper; abrufbar unter: https://www.researchgate.net/publication/259737392_The_world_5_model_Peak_metals_minerals_energy_wealth_food_and_population_Urgent_policy_considerations_for_a_sustainable_society; zuletzt aufgerufen am 06.05.2023.

56 Ebenda.

57 Robert Koch-Institut (2015): Gesundheit in Deutschland 2015; abrufbar unter: https://www.rki.de/DE/Content/Gesundheitsmonitoring/Gesundheitsberichterstattung/GesInDtld/GesInDtld_node.html; zuletzt aufgerufen am 06.05.2023.

58 Robert Koch-Institut (2021): Psychische Gesundheit in Deutschland: Erkennen – Bewerten – Handeln: Schwerpunktbericht Teil 1 – Erwachsene; S. 6; abrufbar unter: https://www.rki.de/DE/Content/Gesundheitsmonitoring/Themen/Psychische_Gesundheit/Psychische_Gesundheit_node.html; zuletzt aufgerufen am 06.05.2023.

59 Ebenda.

60 Robert Koch-Institut (2015): Bericht Gesundheit in Deutschland 2015, S. 111 ff.; abrufbar unter: https://www.rki.de/DE/Content/Gesundheitsmonitoring/Gesundheitsberichterstattung/GesInDtld/GesInDtld_node.html; zuletzt aufgerufen am 06.05.2023.

61 Dieser positive Trend ist leider bei Menschen mit Schizophrenieerkrankung nicht gleichermaßen gegeben. Vgl.: Deutsche Gesellschaft für Psychiatrie und Psychotherapie, Psychosomatik und Nervenheilkunde (ohne Datum): Für Akzeptanz – gegen Ausgrenzung; https://www.dgppn.de/schwerpunkte/stigma.html; zuletzt aufgerufen am 06.05.2023.

62 Robert Koch-Institut (2015): Beiträge zur Gesundheitsberichterstattung des Bundes: Daten und Fakten: Ergebnisse der Studie Gesundheit in Deutschland aktuell 2010, S. 40 ff.; abrufbar unter: https://www.rki.de/DE/Content/Gesundheitsmonitoring/Gesundheitsberichterstattung/GBEDownloadsB/GEDA2010.html; zuletzt aufgerufen am 06. 05. 2023.

63 Mauz E., Walther L., Junker S., Kersjes C., Damerow S., Eicher S., Hölling H., Müters S., Peitz D., Schnitzer S., Thom J. (2022): Time trends of mental health indicators in Germany's adult population before and during the COVID-19 pandemic; abrufbar unter: https://www.medrxiv.org/content/10.1101/2022.10.09.22280826v1; zuletzt aufgerufen am 06. 05. 2023.

64 Flucht oder Angriff etwa ist bei einem Säbelzahntiger sinnvoll, in einem stressigen Büroalltag aber nicht in gleicher Form umzusetzen, obwohl bei einer Stresssituation gegenüber meckernden Chef*innen oder Kund*innen physiologisch exakt die gleiche Reaktion im Körper abläuft.

65 Robert Koch-Institut (2021): Psychische Gesundheit in Deutschland: Erkennen – Bewerten – Handeln: Schwerpunktbericht Teil 1 – Erwachsene, S. 18 ff.; abrufbar unter: https://www.rki.de/DE/Content/Gesundheitsmonitoring/Themen/Psychische_Gesundheit/Psychische_Gesundheit_node.html; zuletzt aufgerufen am 06. 05. 2023.

66 Bundesanstalt für Arbeitsschutz und Arbeitsmedizin (2016): Arbeit und Mentale Gesundheit; abrufbar unter: https://www.baua.de/DE/Angebote/Publikationen/Berichte/F2250-2.html; zuletzt aufgerufen am 06. 05. 2023.

67 Umweltbundesamt (2016): Psychosoziale Auswirkungen des Klimawandels; abrufbar unter: https://www.umweltbundesamt.de/themen/klima-energie/klimafolgen-anpassung/werkzeuge-der-anpassung/projekte-studien/psychosoziale-auswirkungen-des-klimawandels; zuletzt aufgerufen am 06. 05. 2023. In Verbindung mit: Deutsche Gesellschaft für Psychiatrie und Psychotherapie, Psychosomatik und Nervenheilkunde (2022): Extreme Zeiten für die Psyche; in: Psyche im Fokus; Ausgabe 1, 2022, S. 32–36; abrufbar unter: https://www.dgppn.de/_Resources/Persistent/ea7bd27abd2bf44e19d40a88fefdb957d3b4b78e/PIF_01_2022_DS.pdf; zuletzt aufgerufen am 06. 05. 2023.

68 Ebenda.

69 Umweltbundesamt (2021): Klimawandel und psychische Gesundheit; https://www.umweltbundesamt.de/themen/gesundheit/umwelteinfluesse-auf-den-menschen/klimawandel-gesundheit/klimawandel-psychische-gesundheit#belastung-durch-die-bedrohung; zuletzt aufgerufen am 06. 05. 2023. In Verbindung mit: Umweltbundesamt (2016): Psychosoziale Auswirkungen des Klimawandels; abrufbar unter: https://www.umweltbundesamt.de/themen/klima-energie/klimafolgen-anpassung/werkzeuge-der-anpassung/projekte-studien/psychosoziale-auswirkungen-des-klimawandels; zuletzt aufgerufen am 06. 05. 2023.

70 Bundes Psychotherapeuten Kammer (2023): Koalitionsvertrag jetzt umsetzen und Wartezeiten reduzieren!; https://www.bptk.de/koalitionsvertrag-jetzt-umsetzen-und-wartezeiten-reduzieren/; zuletzt aufgerufen am 06. 05. 2023.

71 Institut für Arbeitsmarkt- und Berufsforschung (2020): Wie sich psychische Erkrankungen auf die Teilhabe am Arbeitsmarkt auswirken – ein Überblick; https://www.iab-forum.de/wie-sich-psychische-erkrankungen-auf-die-teilhabe-am-arbeitsmarkt-auswirken-ein-ueberblick/; zuletzt aufgerufen am 06. 05. 2023.

72 Gühne U., Riedel-Heller S. G. (2015): Die Arbeitssituation von Menschen mit schweren psychischen Erkrankungen in Deutschland; abrufbar unter: https://www.dgppn.de/_Resources/Persistent/6f086cca1fce87b992b2514621343930b0c398c5/Expertise_Arbeitssituation_2015-09-14_fin.pdf; zuletzt aufgerufen am 06. 05. 2023.

73 UNESCO (2021): Reimagining our Futures together: A New Social Contract for Education; abrufbar unter: https://unesdoc.unesco.org/ark:/48223/pf0000379381; zuletzt aufgerufen am 06. 05. 2023.

74 Effectuation (ohne Datum): What is Effectuation? Effectuation 101; https://www.effectuation.org/?page_id=207; zuletzt aufgerufen am 06. 05. 2023.

75 Vgl. World Economic Forum (2010): These are the top 10 job skills of tomorrow – and how long it takes to learn them; https://www.weforum.org/agenda/2020/10/top-10-work-skills-of-tomorrow-how-long-it-takes-to-learn-them/; zuletzt aufgerufen am 06. 05. 2023. In Verbindung mit: McKinsey & Company (2021): Defining the skills citizens will need in the future world of work; https://www.mckinsey.com/Industries/Public-and-Social-Sector/Our-Insights/Defining-the-skills-citizens-will-need-in-the-future-world-of-work; zuletzt aufgerufen am 06. 05. 2023.

76 Reiss K., Weis M., Klieme E., Köller O. (Hrsg.) (2019): Grundbildung im internationalen Vergleich; abrufbar unter: https://pure.ipn.uni-kiel.de/portal/de/publications/pisa-2018(bbfbb3ba-7c00-46b5-aa08-93941ac8c406).html; zuletzt aufgerufen am 06. 05. 2023.

77 Wirtschaftswoche (2021): Die größten Baustellen an den Schulen; https://www.wiwo.de/politik/deutschland/bildung-die-groessten-baustellen-an-den-schulen/27551960.html; zuletzt aufgerufen am 06. 05. 2023. In Verbindung mit: Tagesspiegel (2020): Kritik am deutschen Bildungssystem: Durchlässig, aber nicht gerecht; https://www.tagesspiegel.de/wissen/durchlassig-aber-nicht-gerecht-4143847.html; zuletzt aufgerufen am 06. 05. 2023.

78 Welt (2023): Stark-Watzinger – »Das deutsche Bildungssystem steckt in einer tiefen Krise«; https://www.welt.de/politik/deutschland/article244248921/Stark-Watzinger-Das-deutsche-Bildungssystem-steckt-in-einer-tiefen-Krise.html; zuletzt aufgerufen am 06. 05. 2023.

Kapitel 3
Die Grenzen der Technik

1 TED (2005): The accelerating power of technology; https://www.ted.com/talks/ray_kurzweil_the_accelerating_power_of_technology; zuletzt aufgerufen am 06. 05. 2023.

2 TED (2015): What happens when our computers get smarter than we are?; https://www.ted.com/talks/nick_bostrom_what_happens_when_our_computers_get_smarter_than_we_are; zuletzt aufgerufen am 06. 05. 2023.

3 Allen P. G., Greaves M. (2011): Paul Allen: The Singularity Isn't Near, in: MIT Technology Review; https://www.technologyreview.com/2011/10/12/190773/paul-allen-the-singularity-isnt-near/; zuletzt aufgerufen am 06. 05. 2023.

4 Paine C. (2006): Who Killed the Electric Car? [Film]; Electric Entertainment.

5 Dies ist der Grund, weshalb wir den Begriff »technische Entwicklung« vermeiden, da »Entwicklung« ein deterministisches Fortschreiten beschreiben könnte. Der Prozess, wie Technik entsteht und verbreitet wird, ist allerdings nicht deterministisch, sondern sozial konstruiert.

6 WirtschaftsWoche (2008): ZEITDRUCK IM JOB: 20.000 Blitzentscheidungen pro Tag; https://www.wiwo.de/erfolg/trends/zeitdruck-im-job-20-000-blitzentscheidungen-pro-tag/5445178.html; zuletzt aufgerufen am 06. 05. 2023.

7 Wir würden hier gerne eindrucksvolle Beispiele von Ergebnissen verlinken wollen. Aber um ehrlich zu sein, sind die Fortschritte im Feld so schnell, dass jedes Beispiel schnell veraltet und nicht mehr eindrucksvoll wäre.

8 Future of Life Institute (2023): Pause Giant AI Experiments: An Open Letter; https://futureoflife.org/open-letter/pause-giant-ai-experiments/; zuletzt aufgerufen am 06. 05. 2023.

9 Hendrycks D., Mazeika M. (2022): X-Risk Analysis for AI Research; abrufbar unter: https://arxiv.org/pdf/2206.05862.pdf; zuletzt aufgerufen am 06. 05. 2023.

10 Siehe die Truthahn-Illusion weiter vorne.

11 Da diese Algorithmen geheim gehalten werden, wissen wir nicht, inwieweit maschinelles Lernen und neuronale Netze für sie genutzt werden. Allerdings lässt es sich stark vermuten. Einer der größeren Hochfrequenzhändler, Tradebot, postuliert als Beispiel auf seiner (eher spärlichen) Website: »Our edge comes from our technology. We have one of the fastest systems in the industry. Big data makes us smarter.« Tradebot Systems (ohne Datum): Homepage; https://www.tradebot.com/; zuletzt aufgerufen am 06. 05. 2023.

12 VPRO Documentary (2010): Flash Crash 2010 [Film]; abrufbar unter: https://www.youtube.com/watch?v=aq1Ln1UCoEU; zuletzt aufgerufen am 06. 05. 2023. In Verbindung mit: Financial Times Deutschland (2010): 1000-Punkte-Rutsch: Das Geheimnis des großen Börsencrashs; https://web.archive.org/web/20100512164019/http://www.ftd.de/finanzen/maerkte/marktberichte/:1000-punkte-rutsch-das-geheimnis-des-grossen-boersencrashs/50113071.html; zuletzt aufgerufen am 06. 05. 2023. In Verbindung mit: BBC News (2020): Hound of Hounslow: Who is Navinder Sarao, the 'flash crash trader'?; https://www.bbc.com/news/explainers-51265169; zuletzt aufgerufen am 06. 05. 2023. In Verbindung mit: Wikipedia (ohne Datum): 2010 flash crash; abrufbar unter: https://en.wikipedia.org/wiki/2010_flash_crash; zuletzt aufgerufen am 06. 05. 2023.

Kapitel 4
Die Komplexität der Gesellschaft

1 Duden (ohne Datum): kompliziert; https://www.duden.de/rechtschreibung/kompliziert; zuletzt aufgerufen am 06. 05. 2023.

2 Duden (ohne Datum): komplex; https://www.duden.de/rechtschreibung/komplex; zuletzt aufgerufen am 06. 05. 2023.

3 Eine gute Darstellung der Rückkopplungsschleifen in Systemen befindet sich in Meadows D. (2008): Thinking in Systems – A Primer; Chelsea Green Publishing.

4 Spektrum.de (2017): Chaotische Systeme: Aus Prinzip unvorhersagbar; https://www.spektrum.de/video/aus-prinzip-unvorhersagbar/1467171; zuletzt aufgerufen am 06. 05. 2023.

5 Welt der Physik (2011): Schätzwerte helfen bei Massenpanik und Chaos-Stau: Heuristische Techniken verbessern das Simulieren von Menschenmengen und großen Tiergruppen in Bewegung; https://www.weltderphysik.de/gebiet/materie/nachrichten/2011/schaetzwerte-helfen-bei-massenpanik-und-chaos-stau/; zuletzt aufgerufen am 06. 05. 2023.

6 Westley F., Antadze N. (2010): Making a Difference: Strategies for Scaling Social Innovation for Greater Impact; In: The Innovation Journal: The Public Sector Innovation Journal, Ausgabe 15(2).

7 Transformative Urban Mobility Initiative (2023): Corridor Capacity and Infrastructure Costs [Grafik]; abrufbar unter: https://www.transformative-mobility.org/assets/publications/Corridor-Capacity-and-Infrastructure-Costs_2021-09-01-085422_ilqp.pdf; zuletzt aufgerufen am 06. 05. 2023.

8 Blumgart J. in: Governing.com (2022): Why the Concept of Induced Demand Is a Hard Sell; https://www.governing.com/now/why-the-concept-of-induced-demand-is-a-hard-sell; zuletzt aufgerufen am 06. 05. 2023.

9 Gigerenzer G. (2020): Intelligence and Decision Making; in: The Cambridge Handbook of Intelligence; Cambridge University Press, S. 580–601. Weitere Verzerrungen der menschlichen Wahrnehmung und Denken finden sich in MCM Institute (ohne Datum): A Map of Cognitive Biases in Decision Making; https://bias-map-v1.web.app/; zuletzt aufgerufen am 06. 05. 2023.

10 Eindrucksvoll dargestellt im Film *The Big Short* über einen Hedgefonds-Manager, von dem sich die Banken mit faulen Krediten entgegen aller finanzwirtschaftlicher Vernunft aushebeln lassen. Adam McKay (2015): The Big Short [Film]; Paramount Pictures.

11 Parrique T., Barth J., Briens F., Kerschner C., Kraus-Polk A., Kuokkanen A., Spangenberg J. H. (2019): Decoupling Debunked: Evidence and Arguments against Green Growth as a Sole Strategy for Sustainability; abrufbar unter: https://eeb.org/library/decoupling-debunked/; zuletzt aufgerufen am 06. 05. 2023.

12 Das kann beispielsweise damit zusammenhängen, dass durch weiter auseinanderliegende Arbeits- und Wohnorte die Organisation des Tagesablaufs für Familien kompliziert wird und ein zweites Auto benötigt wird.

13 Parrique T., Barth J., Briens F., Kerschner C., Kraus-Polk A., Kuokkanen A., Spangenberg J. H. (2019): Decoupling Debunked: Evidence and Arguments against Green Growth as a Sole Strategy for Sustainability, S. 37–40; abrufbar unter: https://eeb.org/library/decoupling-debunked/; zuletzt aufgerufen am 06. 05. 2023. In Verbindung mit: Umweltbundesamt (2019): Rebound-Effekte; https://www.umweltbundesamt.de/themen/abfall-ressourcen/oekonomische-rechtliche-aspekte-der/rebound-effekte; zuletzt aufgerufen am 06. 05. 2023.

14 Delestrac D. (2016): Seeblind – Der wahre Preis der Frachtschifffahrt [Film]; https://programm.ard.de/TV/daserste/seeblind---der-wahre-preis-der-frachtschifffahrt/eid_2810617096842030; zuletzt aufgerufen am 06. 05. 2023.

15 Vgl. Brunnermeier, M. K. (2021): Die resiliente Gesellschaft; Aufbau Verlag.

16 Ebenda.

17 Nicht zu vergessen hatten insbesondere Familien durch das »Nichtstun« oft vielfache Arbeit durch Kinderbetreuung, Homeschooling-Kontrolle und die eigene Arbeit im Homeoffice. Für solche Menschen kippte die Passivität durch das Nichtstun in Überlastung, und das Gefühl, einen »Beitrag für das Ganze« zu leisten, äußerte sich vor allem in Stress und Frustration.

18 Zeit Online (2023): Stark-Watzinger sieht alarmierende Spätfolgen nach Schulschließungen; https://www.zeit.de/politik/2023-01/corona-schulschliessungen-lernluecke-stark-watzinger; zuletzt aufgerufen am 06. 05. 2023.

19 Deutsche Welle (2020): Engpässe bei Medikamenten: Was die wirklichen Gründe sind; https://www.dw.com/de/engp%C3%A4sse-bei-medikamenten-was-die-wirklichen-gr%C3%BCnde-sind/a-55617307; zuletzt aufgerufen am 06. 05. 2023.

20 Presse- und Informationsamt der Bundesregierung (2023): EEG 2023: Ausbau erneuerbarer Energien massiv beschleunigen; https://www.bundesregierung.de/breg-de/themen/klimaschutz/novelle-eeg-gesetz-2023-2023972; zuletzt aufgerufen am 06. 05. 2023. In Verbindung mit: Presse- und Informationsamt der Bundesregierung (2023): »Wind-an-Land-Gesetz«: Mehr Windenergie für Deutschland; https://www.bundesregierung.de/breg-de/themen/klimaschutz/wind-an-land-gesetz-2052764; zuletzt aufgerufen am 06. 05. 2023.

21 Institut für sozial-ökologische Forschung (ohne Datum): SuPraStadt – Lebensqualität, Teilhabe und Ressourcenschonung durch soziale Diffusion von Suffizienzpraktiken in Stadtquartieren; https://www.isoe.de/nc/forschung/projekte/project/suprastadt/; zuletzt aufgerufen am 06. 05. 2023.

22 Öko-Institut (ohne Datum): Obsoleszenz – Strategien gegen die Wegwerfgesellschaft; https://www.oeko.de/forschung-beratung/themen/konsum-und-unternehmen/obsoleszenz-strategien-gegen-die-wegwerfgesellschaft; zuletzt aufgerufen am 06. 05. 2023.

23 Deutscher Wetterdienst (2023): Neuer Temperaturrekord für Spanien erwartet; https://www.dwd.de/DE/wetter/thema_des_tages/2023/4/25.html; zuletzt aufgerufen am 06. 05. 2023.

24 Agrarheute (2023): Dürre in Spanien: Europas Gemüsegarten vertrocknet; https://www.agrarheute.com/land-leben/duerre-spanien-europas-gemuesegarten-vertrocknet-605167; zuletzt aufgerufen am 06. 05. 2023.

25 Vgl. Howaldt J., Kaletka C., Schröder A., Zirngiebl M. (2018): Atlas of Social Innovation: New Practices for a Better Future; abrufbar unter: https://www.socialinnovationatlas.net/; zuletzt aufgerufen am 06. 05. 2023.

26 Heise online (2022): 30 Jahre AT&T VideoPhone 2500: Ein Bild von einem Telefon; https://www.heise.de/hintergrund/30-Jahre-AT-T-VideoPhone-2500-Ein-Bild-von-einem-Telefon-7141249.html; zuletzt aufgerufen am 06. 05. 2023.

27 Süddeutsche Zeitung (2014): Gescheiterte Innovationen: Was Nutzer nicht mögen; https://www.sueddeutsche.de/digital/gescheiterte-innovationen-was-nutzer-nicht-moegen-1.2142747; zuletzt aufgerufen am 06. 05. 2023.

28 Vgl. Nutzungsanteile der Videotelefonie: Bundesnetzagentur (2022): Bundesnetzagentur veröffentlicht Ergebnisse einer Verbraucherbefragung zu Online-Kommunikationsdiensten; https://www.bundesnetzagentur.de/SharedDocs/Pressemitteilungen/DE/2022/20220127_Onlinekommunikation.html; zuletzt aufgerufen am 06. 05. 2023.

29 Deutschlandfunk (2020): Endlich mal erklärt: Was wurde aus 3D im Kino?; https://www.deutschlandfunk.de/endlich-mal-erklaert-was-wurde-aus-3d-im-kino-100.html; zuletzt aufgerufen am 06. 05. 2023.

Kapitel 5
Soziale Innovationen

1 Bundesministerium für Bildung und Forschung (2018): Forschung und Innovation für die Menschen: Die Hightech-Strategie 2025; S. 11; abrufbar unter: https://www.forschung-fachhochschulen.de/SharedDocs/Publikationen/de/bmbf/1/31431_Forschung_und_Innovation_fuer_die_Menschen.pdf?__blob=publicationFile&v=6; zuletzt aufgerufen am 06. 05. 2023.

2 Für diese Definition haben wir uns unter anderem auch von Howaldt & Schwarz inspirieren lassen. In: Howaldt J., Kreibich M., Streicher J., Thiem C. (Hrsg.) (2022): Zukunft gestalten mit Sozialen Innovationen: Neue Herausforderungen für Politik, Gesellschaft und Wirtschaft; Campus, S. 25; abrufbar unter: https://www.campus. de/buecher-campus-verlag/wissenschaft/politikwissenschaft/zukunft_gestalten_mit_sozialen_innovationen-17309.html; zuletzt aufgerufen am 06. 05. 2023.

3 Graeber D. (2015): The Utopia of Rules: On Technology, Stupidity, and the Secret Joys of Bureaucracy; Melville House. Eigene Übersetzung.

4 Wir finden Suchmaschinen, die sich für das Thema Nachhaltigkeit einsetzen, wie etwa ecosia (https://www.ecosia.org/) oder Good Search (https://good-search.org/en/), nützlich.

5 Howaldt J., Kaletka C., Schröder A., Zirngiebl, M. (Hsg.) (2019): Atlas of Social Innovation: 2nd Volume: A World of New Practices, oekom; abrufbar unter: https://www.socialinnovationatlas.net/; zuletzt aufgerufen am 06. 05. 2023.

6 Howaldt J., Kreibich M., Streicher J., Thiem C. (Hrsg.) (2022): Zukunft gestalten mit Sozialen Innovationen: Neue Herausforderungen für Politik, Gesellschaft und Wirtschaft, Campus, S. 25; abrufbar unter: https://www.campus.de/buecher-campus-verlag/wissenschaft/politikwissenschaft/zukunft_gestalten_mit_sozialen_innovationen-17309.html; zuletzt aufgerufen am 06. 05. 2023.

7 Howaldt J., Kaletka C., Schröder A., Zirngiebl M. (2018): Atlas of Social Innovation: New Practices for a Better Future, S. 69 ff.; abrufbar unter: https://www.socialinnovationatlas.net/; zuletzt aufgerufen am 06. 05. 2023.

8 Campact (ohne Datum): Campact ist eine Bürgerbewegung, mit der über 2,5 Millionen Menschen für progressive Politik streiten; https://www.campact.de/campact/; zuletzt aufgerufen am 06. 05. 2023.

9 Wikipedia (ohne Datum): Antibabypille; https://de.wikipedia.org/wiki/Antibabypille; zuletzt aufgerufen am 06. 05. 2023.

10 Wikipedia (ohne Datum): Frauenbewegung in Deutschland; https://de.wikipedia.org/wiki/Frauenbewegung_in_Deutschland; zuletzt aufgerufen am 06. 05. 2023.

11 Howaldt J., Kaletka C., Schröder A., Zirngiebl M. (2018): Atlas of Social Innovation: New Practices for a Better Future, S. 29; abrufbar unter: https://www.socialinnovationatlas.net/; zuletzt aufgerufen am 06. 05. 2023.

12 Ebenda, S. 13.

13 Ebenda. In Verbindung mit Howaldt J., Kaletka C., Schröder A., Zirngiebl, M. (Hsg.) (2019): Atlas of Social Innovation: 2nd Volume: A World of New Practices; oekom; abrufbar unter: https://www.socialinnovationatlas.net/; zuletzt aufgerufen am 06. 05. 2023. In Verbindung mit: Anheier H., Krlev G., Mildenberger G. (2019): Social Innovation: Comparative Perspectives, S. 277, Routledge.

14 Stroh D. P. (2015): Systems Thinking for Social Change, S. 100 f., Chelsea Green Publishing.

15 Pathways Housing First (ohne Datum): Pathways Housing First Homepage; https://www.pathwayshousingfirst.org/; zuletzt aufgerufen am 06. 05. 2023. In Verbindung mit: Housing First Hamburg (ohne Datum): Housing First Hamburg Homepage; https://housing-first.hamburg/start/; zuletzt aufgerufen am 06. 05. 2023.

16 Weitere Einblicke, Beispiel und Daten findest du in den Veröffentlichungen des Deutschen Social Entrepreneurship Monitors: https://www.send-ev.de/projekte-items/dsem/; zuletzt aufgerufen am 06. 05. 2023.

17 Boehringer Ingelheim (ohne Datum): Making More Health [Grafik]; https://www.boehringer-ingelheim.com/de/bipdf/infografikmmh; zuletzt aufgerufen am 06. 05. 2023. In Verbindung mit: Boehringer Ingelheim (ohne Datum): The Journey of Making More Health; https://www.makingmorehealth.org/the-journey-of-making-more-health; zuletzt aufgerufen am 06. 05. 2023.

18 Boehringer Ingelheim (2021): EUR 50 million for social businesses – Boehringer Ingelheim launches Boehringer Ingelheim Social Engagements; https://www.boehringer-ingelheim.com/press-release/boehringer-ingelheim-social-engagements; zuletzt aufgerufen am 06. 05. 2023.

19 Howaldt J., Kreibich M., Streicher J., Thiem C. (Hrsg.) (2022): Zukunft gestalten mit Sozialen Innovationen: Neue Herausforderungen für Politik, Gesellschaft und Wirtschaft, S. 26, Campus; abrufbar unter: https://www.campus.de/buecher-campus-verlag/wissenschaft/politikwissenschaft/zukunft_gestalten_mit_sozialen_innovationen-17309.html; zuletzt aufgerufen am 06. 05. 2023.

20 Ebenda, S. 107 ff. In Verbindung mit: Raffl C., von Lucke J., Müller O., Zimmermann H.-D., vom Brocke J. (2014): Handbuch für offene gesellschaftliche Innovation: Beiträge des Forschungsprojektes »eSociety Bodensee 2020« der Internationalen Bodensee-Hochschule zur offenen gesellschaftlichen Innovation; Band 11 der Schriftenreihe des The Open Government Institute | TOGI der Zeppelin Universität Friedrichshafen; https://www.zu.de/institute/togi/assets/pdf/TOGI-150218-TOGI-Band-11-Raffl-OGI-Handbuch-V2.pdf; zuletzt aufgerufen am 06. 05. 2023.

21 Wir sprechen hier das Thema Kipppunkte an, dass einige Leser*innen schon aus dem Klimabereich kennen. Vgl. Blümm F. (2023): 13 Klima-Kipppunkte: Kommt es zur Klimakatastrophe?; https://www.tech-for-future.de/klima-kipppunkte/; zuletzt aufgerufen am 06.05.2023.

22 Anheier H., Krlev G., Mildenberger G. (2019): Social Innovation: Comparative Perspectives, S. 274, Routledge.

23 Bundeszentrale für politische Bildung (ohne Datum): Das Lexikon der Wirtschaft: Schöpferische Zerstörung; https://www.bpb.de/kurz-knapp/lexika/lexikon-der-wirtschaft/20588/schoepferische-zerstoerung/; zuletzt aufgerufen am 06.05.2023.

24 Ein Beispiel ist die vermehrte Diskussion um Insekten als Nahrungsmittel. Nur weil das Essen von Insekten eine nachhaltige Lösung für viele der Probleme sein kann, die mit der Landwirtschaft und Ernährung zu tun haben, überzeugt das Menschen noch nicht vom Essen. Den anerzogenen Ekel in Kulturen des globalen Nordens auszuschalten ist nicht einfach. Am Ende des Testens findet sich jedoch eine Kombination an Aktivitäten, die das System in eine gewünschte Richtung bewegen können. Beim Verzehr von Insekten könnten das Informationskampagnen über dessen Gesundheitsnutzen und ökonomische und ökologische Vorteile und eine appetitliche Aufbereitung sein. Vgl. Ros-Baró M., Sánchez-Socarrás V., Santos-Pagès M., Bach-Faig A., Aguilar-Martínez, A. (2022): Consumers' Acceptability and Perception of Edible Insects as an Emerging Protein Source; In: International Journal of Environmental Research and Public Health, Ausgabe 19.

25 Howaldt J., Kreibich M., Streicher J., Thiem C. (Hrsg.) (2022): Zukunft gestalten mit Sozialen Innovationen: Neue Herausforderungen für Politik, Gesellschaft und Wirtschaft, S. 246, Campus; abrufbar unter: https://www.campus.de/buecher-campus-verlag/wissenschaft/politikwissenschaft/zukunft_gestalten_mit_sozialen_innovationen-17309.html; zuletzt aufgerufen am 06.05.2023.

26 UN Environment (2017): Land Degradation – Factsheet; abrufbar unter: https://www.unep.org/resources/factsheet/land-degradation-factsheet; zuletzt aufgerufen am 06.05.2023

27 Deutscher Industrie. und Handelskammertag (2021): Report Fachkräfte 2021: Fachkräfteengpässe schon über Vorkrisenniveau; abrufbar unter: https://www.dihk.de/de/themen-und-positionen/fachkraefte/beschaeftigung/fachkraeftereport-2021; zuletzt aufgerufen am 06.05.2023.

28 Eduardo S., Brondizio S. E. in: Global Issues (2019): Loss of Biodiversity Puts Current and Future Generations at Risk; https://www.globalissues.org/news/2019/05/07/25271; zuletzt aufgerufen am 06.05.2023.

29 Mit »Orten« meinen wir hier gesellschaftsübergreifende Dialog- und Innovationsprozesse, spezialisierte Organisationen, Fördereinrichtungen und weitere Institutionen, die sich mit Sozialer Innovation beschäftigen sollten.

30 Siehe bspw. Arbeiterkind.de (https://www.arbeiterkind.de/) oder Netzwerk Chancen (https://www.netzwerk-chancen.de/).

31 Vgl. Permakultur Institut (ohne Datum): Was ist Permakultur?; https://www.permakultur.de/was-ist-permakultur/; zuletzt aufgerufen am 06.05.2023.

32 Siehe bspw. Zuverdienst (https://mehrzuverdienst.de/).

33 Vgl. Bundesministerium für Familie, Senioren, Frauen und Jugend (ohne Datum): Was ist ein Mehrgenerationenhaus?; https://www.mehrgenerationenhaeuser.de/mehrgenerationenhaeuser/was-ist-ein-mehrgenerationenhaus; zuletzt aufgerufen am 06. 05. 2023.

34 Siehe bspw. Acker (https://www.acker.co/).

35 Ashoka Deutschland, McKinsey & Company (2019): Wenn aus klein systemisch wird: Das Milliardenpotenzial sozialer Innovationen; abrufbar unter: https://www.ashoka.org/de-de/story/studie-von-ashoka-und-mckinsey-zeigt-milliardenpotenzial-von-sozialen-innovationen; zuletzt aufgerufen am 06. 05. 2023.

36 Apeiros (ohne Datum): Infos für Jugendämter; https://www.apeiros.de/standortauswahl/wuppertal/jugendamt; zuletzt aufgerufen am 06. 05. 2023.

37 Ashoka Deutschland, McKinsey & Company (2019): Wenn aus klein systemisch wird: Das Milliardenpotenzial sozialer Innovationen; abrufbar unter: https://www.ashoka.org/de-de/story/studie-von-ashoka-und-mckinsey-zeigt-milliardenpotenzial-von-sozialen-innovationen; zuletzt aufgerufen am 06. 05. 2023.

38 Laut einem Interview mit Odin Mühlenbein, einem der Autoren der Studie, handelt es sich hierbei um eine konservative Hochrechnung.

39 McGrath R. in Harvard Business Review (2013): The Pace of Technology Adoption is Speeding Up; https://hbr.org/2013/11/the-pace-of-technology-adoption-is-speeding-up; zuletzt aufgerufen am 06. 05. 2023.

40 Kiefl S., Scharpe K., Wunsch M., Hoffmann P. (2022): 4. Deutscher Social Entrepreneurship Monitor 2021/2022; abrufbar unter: https://www.send-ev.de/projekte-items/dsem/; zuletzt aufgerufen am 06. 05. 2023.

41 High-Tech Gründerfonds (ohne Datum): Der High-Tech Gründerfonds; https://www.htgf.de/de/ueberuns/; zuletzt aufgerufen am 06. 05. 2023.

42 Wihlenda M., Brahm T., Greger L. (Hrsg.) (2020): Social Innovation Education: Transformierende Lernprogramme für Hochschulen; Tübingen Library Publishing; abrufbar unter: https://socialinnovation.education/produkt/buch-social-innovation-education/; zuletzt aufgerufen am 06. 05. 2023.

43 IKEA Social Entrepreneurship (ohne Datum): IKEA Social Entrepreneurship Homepage; https://www.ikeasocialentrepreneurship.org/; zuletzt aufgerufen am 06. 05. 2023.

44 IKEA (ohne Datum): The business of the future? It's fair and inclusive; https://about.ikea.com/en/sustainability/fair-and-equal/social-entrepreneurship; zuletzt aufgerufen am 06. 05. 2023.

45 PwC Deutschland (2019): Studie: Verbraucher wollen schnell und nachhaltig shoppen: PwCs Global Consumer Insights Survey 2019 zeigt, wie sich der Handel bis 2025 verändert; https://www.pwc.de/de/handel-und-konsumguter/studie-verbraucher-wollen-schnell-und-nachhaltig-shoppen.html; zuletzt aufgerufen am 06. 05. 2023. In Verbindung mit: Utopia (2022): Die Utopia-Studie 2022: Die Grüne Mitte: Wie

Nachhaltigkeit den Konsum grundlegend verändert; abrufbar unter: https://utopia-insights.de/app/uploads/2022/04/utopiastudie2022.pdf; zuletzt aufgerufen am 06. 05. 2023.

46 Bundeszentrale für politische Bildung (2017): Gesundheitspolitik: Die gesetzliche Krankenversicherung im System der sozialen Sicherung; https://www.bpb.de/themen/gesundheit/gesundheitspolitik/252394/die-gesetzliche-krankenversicherung-im-system-der-sozialen-sicherung/; zuletzt aufgerufen am 06. 05. 2023.

47 Institut für Soziale Innovationen (2014): Erklärung: Soziale Innovationen für Deutschland, Version 2.0; abrufbar unter: https://www.h-brs.de/de/isi/news/erklaerung-soziale-innovationen-fuer-deutschland; zuletzt aufgerufen am 06. 05. 2023.

48 Fraunhofer-Gesellschaft zur Förderung der angewandten Forschung (2019): Soziale Innovationen: Ein Impulspapier für das Hightech-Forum; abrufbar unter: https://www.hightech-forum.de/publication/soziale-innovationen/; zuletzt aufgerufen am 06. 05. 2023.

49 Bundesministerium für Bildung und Forschung (2018): Forschung und Innovation für die Menschen: Die Hightech-Strategie 2025, S. 48; abrufbar unter: https://www.forschung-fachhochschulen.de/SharedDocs/Publikationen/de/bmbf/1/31431_Forschung_und_Innovation_fuer_die_Menschen.pdf?__blob=publicationFile&v=6; zuletzt aufgerufen am 06. 05. 2023.

50 Bundesministerium für Bildung und Forschung (2021): Ressortkonzept zu Sozialen Innovationen; abrufbar unter: https://www.bmbf.de/SharedDocs/Publikationen/de/bmbf/1/168520_Ressortkonzept_zu_Sozialen_Innovationen.html; zuletzt aufgerufen am 06. 05. 2023.

51 Netzwerk für Nachhaltige Sanitärwende (2021): Ressourcen aus der Schüssel sind der Schlüssel; https://www.naehrstoffwende.org/diskussionspapier-naehrstoff-und-sanitaerwende/; zuletzt aufgerufen am 06. 05. 2023.

52 Atlas of Social Innovation: https://www.socialinnovationatlas.net/; zuletzt aufgerufen am 06. 05. 2023.

53 Ashoka Deutschland (2021): Das hat System – Wie soziale Innovationen gesellschaftliche Strukturen verändern – 16 Beispiele; abrufbar unter: https://www.ashoka-deutschland.org/wp-content/uploads/2021/08/Ashoka-Das-hat-System.pdf; zuletzt aufgerufen am 06. 05. 2023.

54 Phineo (2015): Kursbuch Wirkung; abrufbar unter: https://www.phineo.org/kursbuch-wirkung; zuletzt aufgerufen am 06. 05. 2023.

55 The Academy for Systems Change (ohne Datum): Dana's Writing; https://donellameadows.org/donella-meadows-legacy/danas-writing/; zuletzt aufgerufen am 06. 05. 2023.

56 Chang A. M. (2019): Lean Impact; Wiley; Weitere Informationen unter: https://www.annmei.com/.

57 Social Entrepreneurship Netzwerk Deutschland: http://www.send-ev.de/.

58 For-Future-Bündnis: https://www.for-future-buendnis.de/.

59 Reflecta Network: https://www.reflecta.network/.